U0510478

本书获得河北师范大学历史文化学院“双一流文库”学科建设经费资助出版

河北师范大学历史文化学院
双一流文库

柳诒徵史学研究

孙文阁 著

Historiography of Liu Yizheng

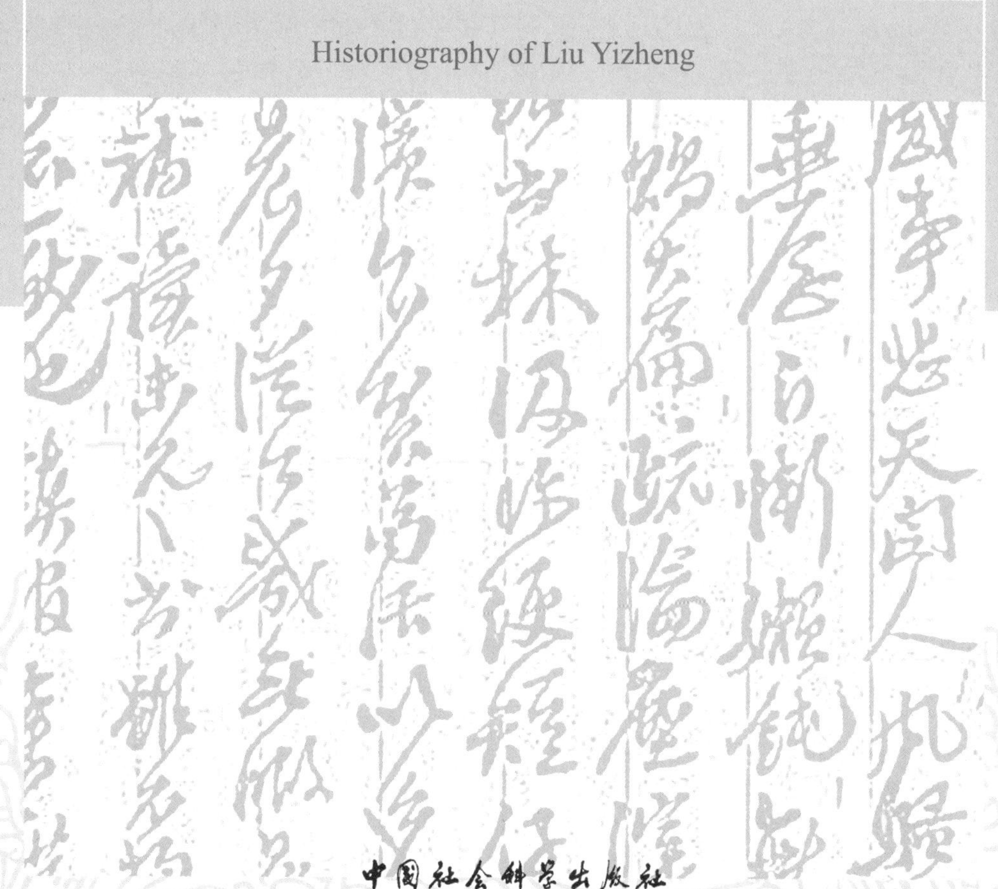

中国社会科学出版社

图书在版编目(CIP)数据

柳诒徵史学研究／孙文阁著．—北京：中国社会科学出版社，2021．3
(河北师范大学历史文化学院双一流文库)
ISBN 978－7－5203－7773－7

Ⅰ．①柳…　Ⅱ．①孙…　Ⅲ．①柳诒徵(1880－1956)—史学思想—思想评论　Ⅳ．①K092

中国版本图书馆CIP数据核字(2021)第016558号

出 版 人　赵剑英
责任编辑　宋燕鹏
责任校对　闫　萃
责任印制　李寡寡

出　　版　中国社会科学出版社
社　　址　北京鼓楼西大街甲158号
邮　　编　100720
网　　址　http://www.csspw.cn
发 行 部　010－84083685
门 市 部　010－84029450
经　　销　新华书店及其他书店

印　　刷　北京明恒达印务有限公司
装　　订　廊坊市广阳区广增装订厂
版　　次　2021年3月第1版
印　　次　2021年3月第1次印刷

开　　本　710×1000　1/16
印　　张　14
插　　页　2
字　　数　225千字
定　　价　78.00元

《河北师范大学历史文化学院双一流文库》

编辑委员会

《河北师范大学历史文化学院双一流文库》

序　　言

河北师范大学历史学科学脉源远流长，底蕴深厚，1952 年独立建系。1996 年由原河北师范学院历史系、原河北师范大学历史系合并组建成河北师范大学历史文化学院。

在长期的演进中，张恒寿、王树民、胡如雷、黄德禄等曾在此弘文励教，苑书义、沈长云等仍耕耘在教学科研第一线，这些史学名家为学科发展奠定了坚实基础。多年来，几代学人筚路蓝缕，以启山林，学院一直呈现良好的发展态势。

目前，学院拥有中国史、考古学两个一级学科博士学位授权点、世界史一级学科硕士学位授权点，设有中国史博士后科研流动站。本科开设历史学、考古学、外国语言与外国历史三个专业。历史学专业是河北省强势特色学科、教育部第三批品牌特色专业。钱币学二级学科博士学位授权点为国内独家。考古学专业拥有河北省唯一涵盖本、硕、博的考古人才培养完整体系。2016 年，我院中国史入选河北省“国家一流学科建设项目”，考古学入选河北省“世界一流学科建设项目”。2019 年，历史学入选国家一流本科专业。

河北师范大学历史文化学院作为学校的重点学科，秉承“怀天下，求真知”校训，坚持学术立院、学术兴院的基本精神，瞄准国际和学科前沿领域，做真学问、大学问。以“双一流”建设之契机，本院决定编辑《河北师范大学历史文化学院双一流文库》，出版我院学者的学术论著，集中展示河北师范大学历史文化学院的整体学术面貌，从而更好地传承先辈学者的治学精神，光大学术传统，进一步推动学科和学术的发展。

《河北师范大学历史文化学院双一流文库》编辑委员会

目　录

前　言

从19世纪末开始，到1949年中华人民共和国成立，中国近代社会经历了极为动荡复杂的变迁。民族矛盾尖锐，阶级矛盾复杂，社会动荡多变。在这极为复杂的中国近代社会变迁时期，中国史学界也一样发生着重大变革，这一时期的历史学者也一样经历着重大考验，柳诒徵就是其中的一例。

柳诒徵（1880—1956），生于清代末叶，主要生活于动荡的民国时期，在新中国度过晚年。他是清末的秀才、南京江南师范学堂的教习，民国时期，他成为南京高等师范学校、东南大学的历史教授，又是南京国学图书馆的馆长、教育部部聘教授、“中央研究院”院士，成为著名的历史学家与文化名流。他的学术经历可以说是近代中国社会的缩影，他的史学学术发展历程可视作近代中国史学发展演变的缩影，因此研究柳诒徵的史学思想是探索近代中国史学发展的途径之一。

对柳诒徵的史学研究，应从他学术经历的梳理开始，本书围绕柳诒徵的文化观、史学思想、治史方法、史学研究成就、柳诒徵和相关史学团体的关系、与其他近代学者的关系等方面进行了探讨论述。

柳诒徵的文化观是他史学思想的基础和出发点。20世纪初，随着中国社会的变迁和发展，中国史学开始逐步走向近代化，但传统史学依然有巨大的影响力。柳诒徵以中国传统文化的卫道者面目出现于学界，并主张保留中国传统文化的精髓。特别是关于中国传统伦理道德方面的内容，更应在新的社会形势下坚持。他提出了“明伦”“尚德”的文化主张。他的著作《中国文化史》和在《学衡》杂志上发表的论文阐明了这一主张。这是柳诒徵史学思想的文化基础。

柳诒徵作为史学家，他的史学思想继承了中国历代以来传统史学家的史学思想，高扬“治史以经世”的思想大旗。他有强烈的社会责任意识，认为史学家研究历史要注重“以史为鉴”“史以教民”。在史家道德修养方面，他注重史家的史德，认为史家要首先提高自己的道德水平，而后才能谈到治学。在历史编纂学方面，他继承了中国传统史学的治史传统，注重学术源流，并有信古思想。但他在新的形势下对新史料的处理还是主张“新者宜新”的原则，也并不是完全保守的。

柳诒徵的史学成就主要有以下方面：20 世纪初期，他编纂了《历代史略》《中国商业史》《中国教育史》等著作，在近代史学教育领域做出了贡献，同时也进行着新史学研究的开拓与探索；在中国文化史研究上，他的《中国文化史》是影响深远的名著；在史学理论方面，他试图以中国传统的史学概念对现阶段中国的史学理论进行阐释，《国史要义》就是其成果；在地方史和文献整理方面，他也有突出的贡献，参与了《江苏通志》的编写工作，整理影印了大量的古籍文献，在目录版本学方面也有重要的贡献。

柳诒徵是近代著名史学家，在他半个世纪的学术生涯中，积极投入史学团体的建立和发展活动中，为中国史学体系建设不断地努力。他和学术同人一道创建了“史地研究会”“中国史地学会”“中国史学研究会”等史学学术团体，参与主办了《史地学报》《史学与地学》《史学杂志》等史学刊物，为史学的发展做出了重要贡献。

柳诒徵在中国近代史学领域有重要的地位。在学术上，他是文化保守主义者，是以保护和弘扬中华文化为己任的史学家；但他又是引领史学学术的领军人物，在他的引领下，缪凤林、向达、郑鹤声、张其昀等著名史学家脱颖而出。因此，1948 年柳诒徵能够当选为中央研究院院士，也是学界对其在史学领域地位的肯定。

绪　　论

一　研究课题的提出及选题意义

（一）选题的缘起

历史是每一个文明民族的自我认知与自我确证。每一个文明民族都有自己的史学。近代以来，随着中国近代化的发展，中国政治、经济、文化思想等方面也都在发生翻天覆地的变化，在中国史学的近代化过程中，仍然有史学家们力图坚持中国的文化传统，尤其是在史学研究上，仍然宣扬中华传统文化，成为近代中国史学一支不可忽视的力量。柳诒徵就是其中之一。

柳诒徵是近代中国极具传统色彩的史学家。当新史学的学者们对传统史学进行批评，并运用新史料、新史学方法研究新问题之时，继承传统的史家柳诒徵是如何应对的？他是如何研究中国史的，又是如何在近代用传统方法来研究史学界的新问题，如何应对新史学挑战的？柳诒徵研究中国史的过程中，其史学理论、史学观念和研究方法又发生了怎样的变化，对史学的近代化又有着怎样影响？

近代中国自鸦片战争以来，闭关锁国的社会逐渐被打破；中国的文化学术也相应地开始发生变化，西方的文化传入后，对中国的传统文化学术形成冲击。在学术思想领域，以经学为主的学术体系逐渐瓦解，新的学术体系在孕育形成中。在近代学术的发展史上，坚守中国传统史学的学者是如何在学术舞台上发表自己的看法、如何进行学术研究的呢？对这些文化观念上较为保守的学者进行考察，正在成为重要研究课题，而且当前也已经有众多的研究成果问世①。

20 世纪初，自梁启超提出“史界革命”的口号以来，新的史学学科在旧史学的窠臼中逐渐脱颖而出，特别是新式的学校教育和新史学学术刊物的出现，使史学发生了重大的变化。正如近代著名史学家陈寅恪所说的，“一时代之学术，必有其新材料与新问题。取用此新材料，以研究问题，则为此时代学术之新潮流”②。在史学史研究方面，近代史学学术新潮流成为我们现今史学界研究的热门课题。对史学家梁启超、王国维、陈寅恪、胡适、顾颉刚、傅斯年、钱穆等人的研究已经成为史学史和文化史方面研究的热点。但在中国近代史学发展史上，具有传统色彩或者极力颂扬中国传统文化的史学家也具有很大的影响力。他们虽然没有运用或者不相信新材料，但他们面对中国的社会形势和学术的发展，在史学研究领域也付出了巨大的努力，在史坛也产生了重要的影响。著名的学者如活跃在上海的张尔田、四川的蒙文通、北京的邓之诚等都是近代极具影响的学者，而活跃于东南大学后来又任职江苏国学图书馆馆长、以传统保守的史学学者面孔出现的柳诒徵也是其中之一。笔者不揣鄙陋，欲对柳诒徵及其史学予以研究，希望对中国史学史的研究

① 近年来，已经有许多学者在这方面开始关注这一问题，并有众多著作问世。以“国学”作为问题作为研究课题的，我们可以参考的著作也有很多：著名的如罗志田《国家与学术：清末民初关于国学的思想论争》（生活·读书·新知三联书店 2003 年版）、《经典淡出之后：20 世纪中国史学的转变与延续》（生活·读书·新知三联书店 2013 年版）；桑兵《国学与汉学：近代中外学界交往录》（中国人民大学出版社 2010 年版）、《晚晴民国的学术与学人》（中华书局 2008 年版）；陈平原《在东西方文化碰撞中》（华东师范大学出版社 2014 年版）、《新文化的崛起与流播》（北京大学出版社 2015 年版）。这仅是笔者所关注到的几部著作，其他著作还有不少，不再一一列举。在史学史研究方面，以传统史学和旧史家为课题进行研究的也不少，尤其是陈寅恪、陈垣、王国维、钱穆等史学大家是史学界研究的热点人物，但对于柳诒徵的研究还不多，香港学者许冠三的《新史学九十年》也没有提到柳诒徵。而在大陆，吴泽主编的《中国近代史学史》（江苏古籍出版社 1989 年版）中，也仅仅在近代通史教材编纂方面提及柳诒徵与其《历代史略》的成就，而胡逢祥《近代史学的思潮和流派》，则把柳诒徵归入落后保守的史学家。关于柳诒徵研究的专著，主要有范红霞《柳诒徵文化思想研究》（人民出版社 2010 年版），还有几篇博士、硕士论文问世，主要有：李绍坤《学衡派背景下的柳诒徵思想研究》，博士学位论文，黑龙江大学，2016 年；李中平《前学衡时期的柳诒徵：1921—1925》，硕士学位论文，南京大学，2015 年；郭奕彤《柳诒徵的文化观研究》，硕士学位论文，西北大学，2015 年等。还有研究性论文百余篇，当然与对其他学者研究的热度相比，对柳诒徵的研究还不够，研究的深度不足，尚有进一步研究的必要。

② 陈寅恪：《陈垣敦煌劫余录序》，见《金明馆丛稿二编》，上海古籍出版社 1980 年版，第 236 页。

有所补益。

（二）本课题选题的意义

柳诒徵是中国近代知名的史学家，一直活跃于中国的史学界和教育界，从20世纪初在江楚编译局译书、编译教材开始，先后在南京江南高等学堂、商业学堂、两江师范学堂任教习，1916年开始在南京高等师范学校任教，南高与东南大学合并以后在东南大学历史系任教授，1927年开始担任江苏国学图书馆馆长直到1949年退休，期间还曾给中央大学研究生讲授课程，并被民国政府教育部聘为部聘教授兼学术评议会委员，1947年当选为中央研究院院士。柳诒徵作为著名的史学家，许多著名的学者名家出自他的门下，许多近代的史学、文化大师和他有密切交往。

柳诒徵作为近代知名的史学家，史学领域的第一批中央研究院院士，为我们留下了许多史学遗产。研究柳诒徵及其史学，挖掘柳诒徵史学成就中的精华，是我们研究近代史学史的重要任务。同时研究柳诒徵及其史学，也能挖掘中国近代史学中老一辈学者，特别是传统史学学者的学术成就，对挖掘史学遗产、弘扬中国传统史学学术具有重要的学术意义和现实意义。

柳诒徵是一个传统学术素养深厚的学者。他对中国传统史学学术，在近代新的社会形势下如何发挥作用、如何使旧的史学变为新的史学，如何对社会有所贡献、传统的史学理论在新的学术形态下如何坚持自己的文化立场、如何弘扬中国传统文化、如何保存中国古籍文献等一系列重要问题都提出了自己的见解。虽然其中有些陈腐俗套、有些落后保守，但其中不乏真知灼见。把他们挖掘出来予以研究，对史学的发展、对史学遗产的继承都有重要的意义。

柳诒徵虽是传统学识浓厚的学者，但他又是著名的教育家和学术活动的组织者。在东南大学期间，他担任史地研究会的指导员和《史地学报》顾问，后来他又和自己的学生缪凤林等人创办《史学与地学》《史学杂志》《国风》等刊物，他还是学衡派的主要人物之一。在近代的史学和文化思潮中，柳诒徵是非常活跃的人物。他的学术活动常常能够带动史学界特别是东南地区学术的开展，在他的周围聚集着许多学者，成为当时很具影响的学术群体。所以研究柳诒徵，我们才能够比较全面地考察和了解当时史学的发展动向和学术思潮，探寻近代史学、现代化的发展规律。

二 柳诒徵研究状况的回顾

柳诒徵在晚年，“曾手订《劬堂类稿》目，包括《劬堂文录》《劬堂读书录》《劬堂诗录》《劬堂随笔》《劬堂杂俎》等五种。”[①] 但真正对柳诒徵及其史学进行学术性研究开始于1970年，在中国台湾，乔衍琯于这一年编纂了《柳翼谋先生文录》（台湾广文书局出版）。也有台湾学人回顾柳诒徵先生学术生活的文章，可算柳诒徵及其史学研究的先声[②]。

在中国大陆，较早对柳诒徵进行研究是在20世纪80年代初期。据笔者所掌握的材料，1982年纪维周的《卓越的图书馆事业家——柳诒徵》[③]，是所能见到的最早研究柳诒徵及其学术的论文，其次是张文建的《柳诒徵与目录版本学》[④]。这两篇文章都不长，所涉及的都是柳诒徵关于中国的图书文献事业方面的学术研究。1986年，镇江市政协举办了“柳诒徵逝世三十周年纪念学术讨论会”并刊印《柳翼谋先生纪念文集》。学术界开始对柳诒徵及其史学进行关注。比较全面研究柳诒徵及其史学学术的文章要算张文建所撰《柳诒徵史学研究》[⑤]。这篇文章比较系统地论述了柳诒徵的史学成就。该文把柳诒徵的史学分为“‘五四’前后两大时期。前期史学著作主要有《历代史略》《中国商业史》《中国教育史》，后期史学著作主要有《中国文化史》《国史要义》”[⑥]。文章认为，柳诒徵前期的史学是在洋务派“中体西用”论思潮的影响下开始的，“从属于洋务派思想体系，虽有向资产阶级史学转化的趋势，但基本上是具有变革倾向的封建史学系统”[⑦]。后期史学“受

---

① 柳曾符、柳佳主编：《劬堂学记》，上海书店出版社2002年版，第371页。

② 在台湾，柳诒徵的弟子张其昀在《传记文学》（第十二卷）第二期（1968年）上曾发表纪念文章：《吾师柳翼谋先生》，是最早对柳诒徵及其学术作全面介绍的文章。而早在1963年张其昀在《中华五千年史》自序中对柳诒徵的治学和方法多有叙述，只是欠全面。

③ 刊载于《江苏图书馆工作》1982年第2期。

④ 刊载于《图书馆杂志》1984年第3期。

⑤ 刊载于吴泽主编《中国史学集刊》（第一辑），江苏古籍出版社1987年版，第173—191页。

⑥ 吴泽：《中国史学集刊》，江苏古籍出版社1987年版，第173页。

⑦ 同上书，第178页。

到‘五四’前后社会大变动和现实政治斗争的深刻影响，形成了具有资产阶级色彩的半封建史学形态”①。并且认为柳诒徵史学的特征是：中西杂糅，新旧交错，具有爱国主义和强烈的民族意识，而柳诒徵史学的这些特征是由其特定的时代和阶级地位所决定的。

此外，对柳诒徵有所论述的还有张舜徽和蔡尚思。张舜徽在《中国历代史学家传》中，撰写了《柳诒徵传》。此文结合柳诒徵主要的史学著作《历代史略》《中国文化史》《国史要义》等对柳诒徵的史学成就作了评价。他认为，柳诒徵的《历代史略》：“采用了新的编书体式，是对旧纲鉴体例一次大的革命。而这种体例，从清末传到现在，除写作上由文言变为语体，观点上由旧变新外，大体上还是保存这种编写形式。柳诒徵开创之功，是不可磨灭的。”柳诒徵的《中国文化史》“条理旧闻，分题纂述”，“在一些问题上有自己的创见”。他的《国史要义》则“条例源流，厘析义例，无证不信，语多通核，是继刘知几《史通》、章学诚《文史通义》之后，在史评书籍方面，对旧史义例的综合概括，另辟了一条新的途径”②。而蔡尚思主要是通过撰写对柳诒徵的学术回顾与纪念文章，对柳诒徵的史学学术成就和活动予以评价。比较有代表性的一篇文章是《柳诒徵先生学述》，此文是柳诒徵的后人编写的纪念回顾柳诒徵学术与生平的《劬堂学记》的序文。此文以柳氏后辈的身份对柳诒徵的学术和学行进行了概括，并回顾了柳诒徵对自己的教益。认为柳诒徵值得学术界纪念的主要在柳先生“担任大图书馆馆长时间最久”“编出大图书馆藏书总目最先”“编著多种历史专书最早”，他的《中国文化史》“是解放前各种《中国文化史》的‘老母鸡’”。在学行方面说柳诒徵“一生读书讲学，注重身体力行”，是“提倡新学的教育家”，“广事吸收西方学术文化不断随着时代前进，至老不变”，“发扬祖国传统文化不遗余力”③。

20世纪90年代，随着史学学术的发展，对柳诒徵的研究开始不断深入。首先是郑师渠论文《学衡派史学思想初探》，把柳诒徵放入“学衡派”，对柳诒徵的学术主张和思想进行了开掘。文章认为，“在20世

① 吴泽：《中国史学集刊》，江苏古籍出版社1987年版，第188页。

② 均见张舜徽主编《中国史学家传》，辽宁人民出版社1984年版。

③ 均见柳曾符、柳佳《劬堂学记》，上海书店出版社2002年版，第1—7页。

纪二三十年代，是现代意义上的中国史学由20世纪发凡起例，过渡到40年代初步发展重要的转折时期”，这一时期，“学衡派中的柳诒徵、张荫麟、缪凤林诸人，还是一批著名的史学家，其史学见解同样独具特色”，“学衡派得风气之先”，“对中国史学发展趋势的总体把握，富有前瞻性”①。其次，乔治忠在《近九十年史学理论要籍提要》一书中，对柳诒徵的史学理论著作《国史要义》作了简要评价，认为柳诒徵的《国史要义》一书“各篇分别围绕一个专题，以极为赞赏的态度介绍和阐发中国的史学传统”，“作者对中国古代史学所作的某些理论概括，亦有启迪之效，而其欲将古之史学观念、史学方法贯彻于现代的主张并不足取”②。

《柳诒徵评传》的出版，可以说是学术界对柳诒徵研究进入新阶段的标志。1993年，百花洲文艺出版社出版了孙永如撰著的《柳诒徵评传》。此书是百花洲文艺出版社出版的国学大师丛书的一部。此书对柳诒徵的学术成就，特别是对柳诒徵的主要史学著作——《历代史略》《中国文化史》《国史要义》作了较为全面的论述。到目前为止这是关于柳诒徵学术研究的唯一专著。在和梁启超的对照之下，对柳诒徵的学术作了简单的评价，说柳诒徵一生“学术思想是稳定、逐步发展的”，“对儒家学说基本要义的肯定始终没有改变”，并“以儒学精神作为治学的基本支点”，他的治学特色是“讲求平和，坚持立场，力求谨严”③。

但此书对柳诒徵的分析和研究还不够，还有进一步发掘研究的必要，特别是关于柳诒徵与《学衡》及其学术团体、与《史地学报》及其史地研究会的学术关系、与《史学杂志》《国风》等杂志的学术关系，以及柳诒徵在抗战胜利后建立的国史馆中的学术活动都没有提及，并且回避了柳诒徵与学衡派的关系，对柳诒徵的史学思想和治学方法研究还不够。而这些都是研究近代史学学术，特别是柳诒徵在近代史学界活动的重要内容。所以进一步研究柳诒徵的史学学术，是有必要的。

1991年《柳诒徵先生年谱》在台北中国文化大学出版，同年《柳

---

① 《北京师范大学学报》（社会科学版）1998年第4期，第31、38页。

② 刘泽华：《近九十年史学理论提要》，书目文献出版社1991年版，第128页。

③ 孙永如：《柳诒徵评传》，百花洲文艺出版社1993年版，第204—208页。

诒徵史学论文集》正编、续编在上海古籍出版社出版。2015 年，中国人民大学出版社出版中国近代思想家文库，其中出版了《张尔田、柳诒徵》卷，收入柳诒徵《国史要义》以及几篇重要论文。特别值得一提的是在 2018 年，《柳诒徵文集》由商务印书馆出版发行，这套文集由北京师范大学历史学院点校整理，共分 12 卷，550 万字，包括柳诒徵先生在文、史、地、哲各门著述，其中许多文稿为首次整理出版。这对于柳诒徵思想学术研究的开展无疑也是个好消息。

以柳诒徵史学作为研究课题，进入 21 世纪以后，研究逐步深入。对柳诒徵进行专题研究的专著和研究性论文出现不少。范红霞著《柳诒徵文化思想研究》（人民出版社 2010 年版）可谓该方面第一部研究专著，重点对柳诒徵之文化思想进行了专题性研究。其他学术著作方面，郑先兴撰著《文化史研究的理论与实践》一书，把柳诒徵及其撰写的《中国文化史》作为一个专门的章节进行了研究叙述，此书认为柳诒徵是新人文主义者，在文化史研究的基本理论和观点上，体现了新人文主义的特征，在文化史研究的方法上恪守着新人文主义的批评与实证的方法，在“在文化史观、文化史研究的性质和方法上，柳著《中国文化史》都有着独特的贡献”[①]。在杂志上登载的学术论文也不少，如郑先兴撰写的论文《论柳诒徵的汉代史研究》[②]，纪振奇撰写的论文《柳诒徵中国文化史学的理论与方法》[③]，张旗撰写的论文：《柳诒徵对“以礼为核心之史”的论证》[④]。这些论文把柳诒徵的史学学术放在了具体的史学学术中作具体的个案研究，对柳诒徵在近代的史学学术中的具体贡献做了详细的分析和评价。而瞿林东《探索建设史学理论的道路——谈谈〈史学要论〉和〈国史要义〉的启示》[⑤] 则从李大钊和柳诒徵两个近代各有代表性的两个史学家的两部史学理论著作出发，对近代史学理论的成果如何成为我们今天史学理论建设的借鉴做了探讨。当然其他学者的相关学术论文还有不少，在此不再一一列举叙述。

---

① 郑先兴：《文化史研究的理论与实践（1900—2000）》，中央编译出版社 2004 年版，第 137 页。

② 刊载于《南都学刊》2003 年第 1 期。

③ 刊载于《晋阳学刊》2004 年第 3 期。

④ 刊载于《史学史研究》2004 年第 4 期。

⑤ 刊载于王俊义主编《炎黄文化研究》，大象出版社 2004 年版。

三 本书的基本思路与框架

以往对史家及其史学的研究，主要着重于史家的学术成就和史学领域内的建树。本书也不例外。但是，中国史学的近代化，不仅仅是史学学术研究内容的变化，还有知识体系、研究途径、学术制度的发展变化，这也是研究近代史学史、探究史学发展规律应当重视的。柳诒徵作为史学家，不仅在史学学术研究上做出了重要贡献，而且在中国史学的学术体系建设方面有自己的理论和实践，并做出了重要建树。所以笔者对刘诒徵的史学研究也划分为两个方面：一是他在史学学术成就上的建树，一是在史学学术制度上的贡献。本书的基本框架和内容是这样安排的：

第一章：柳诒徵的学术生涯。本章主要叙述柳诒徵是怎样成为一个史学家的、他成为史学家以后的学术活动。他作为一个保持传统文化色彩很浓厚的学者，他的成长和晚清民初的缪荃孙、陈庆年等人的影响分不开。柳诒徵早年的学术活动也基本上是属于清末“洋务派”的学术，这一时期撰写的代表著作有《历代史略》《中国教育史》等。1916 年柳诒徵进入南京高师是他进入史学研究活动的新阶段，在这里他撰写了《中国文化史》等著作，并在《学衡》《史地学报》《国风》等杂志上发表了多篇论文，是柳诒徵史学学术活动的活跃时期。

第二章：柳诒徵的文化观。柳诒徵的文化史研究无疑是柳氏史学学术成就的闪光点，他抱着对中国文化的虔诚和尊敬，对中国文化的发展历程进行了描绘，展示了他的中国文化发展的理想。他认为应该保持中国传统文化中“忠孝”“仁义”等传统的伦理，在新的社会形势下加以发扬；同时接受西方先进的物质文明。他继承中国传统文化的态度是保守的，这一点是我们应该注意的。

第三章：柳诒徵的史学思想主旨。柳诒徵的史学思想是受其文化思想影响的，因为其文化保守主义的倾向，所以对中国传统史学理论津津乐道。这里讨论了柳诒徵史学中宣扬中华传统文化的思想、经世致用思想、信古思想以及在历史编纂学方面的思想主张；并阐述了他作为传统史家的治史特点。

第四章：柳诒徵的史学研究成就——中国历史教科书的编纂。柳诒徵在历史教科书编纂方面的成就是早年史学教材的编撰，开史学知识系统转变之先河；在中国商业史、中国教育史等方面做出了贡献。

第五章：柳诒徵的史学研究成就——《中国文化史》。柳诒徵在文化史方面的研究成就主要代表作品是《中国文化史》。柳诒徵在此书中对中国文化的分期、中国文化的中衰、中国传统文化的前景作了论述，表达了柳诒徵的文化主张。

第六章：柳诒徵的史学研究成就——《国史要义》。《国史要义》是他在史学理论方面，坚持以中国文化精神和中国原有的史学理论为核心解释中国的传统史学，提出了以中国的传统史学“礼”为核心的史学理论。

第七章：柳诒徵的史学成就——地方史研究与文献整理。这一章主要论述了他在社会史、地方史研究和古籍文献整理方面的成就。柳诒徵任江苏省立图书馆馆长期间，利用图书馆中地方典籍宝藏，对江苏的地方历史典籍进行了整理、辑补和研究工作，刻印了大量历史典籍文献。同时他在研究、编辑地方文献的过程中，收集到了一些家谱、族谱，一段时间内家谱、族谱的研究也成为柳诒徵在史学中的一项课题。同时他还主持编纂了《国学图书馆图书总目》《砀山书影》，为图书目录和版本方面做出了贡献。

第八章：柳诒徵与近代史学学术刊物、学术团体——以史地研究会、《史地学报》为中心。在其学术生涯中柳诒徵参加建设的史学学术团体与学术刊物，主要有20世纪20年代的史地研究会及《史地学报》；中国史地学会及其会刊《史学与地学》；南京中国史学会及其会刊《史学杂志》。本章以史地研究会和《史地学报》为中心，讨论他与近代史学学术团体及专业史学刊物的学术关系。

第九章：柳诒徵与近代学人。作为史学家的柳诒徵和近代的众多史学家有学术上的交往，有师承，如缪荃孙、陈庆年；有论争，如章太炎、胡适、顾颉刚；有学术上的吸引，如梁漱溟；有奖掖后进，如张其昀、胡焕庸、缪凤林、陈训慈、范希增、王焕镳、刘剡黎等。本章主要选择了柳诒徵与中国近代学者缪荃孙、胡适、缪凤林、张其昀的学术关系进行讨论，进而分析柳诒徵在中国史学中的地位。

结语：中国近代史学中的柳诒徵。总结柳诒徵的史学成就及治学的特点，并讨论我们当前应该如何继承他留给我们的史学遗产。

四 课题的创新和突破

本书从柳诒徵的文化观和史学思想入手，对柳诒徵在近代历史教科书的编纂、中国文化史的研究、史学理论的探索、地方史研究进行了总体的分析，并探讨了他在史学学科建设和史学学术研究团体中的作用，对近代史学家柳诒徵的史学作了全面的研究。尤其在柳诒徵与近代史学团体的关系、对近代史学学科建设方面的贡献进行了大量研究，并力图在柳诒徵的史学理论研究方面，对他的《国史要义》进行了深入探讨。认为它是近代以中国文化精神和中国原有的史学理论为核心，去解释中国的传统史学，提出了自己的理论。

本书力图在如下方面有所突破：

第一，柳诒徵是学衡派的主要人物之一，他的文化观和史学思想有保守的一面，但又和学衡派的其他人物有不同的一面。本书从史学的角度分析了柳诒徵的文化观与史学思想，认为它作为史学家有弘扬中华传统文化的经世意识，但又有保守的信古思想；其“以史教民”的思想突出了中国传统史学注重教育的一面；他的历史编纂思想有新旧杂糅的特点。

第二，柳诒徵是在中国近代史坛上活跃了半个世纪的史学家，他的史学研究成果卓著，影响巨大。本书认为他早期的著作《历代史略》《中国商业史》《中国教育史》是中国较早的历史教科书，虽然史观保守，但它体裁新颖，是近代中国史书的新形式，也预示着中国史学知识体系的新变化。也就是说柳诒徵的史观是保守的，但在史学教育方面是当时领先的。

第三，中国近代史学是不断走向近代化、不断发展的史学。在这一过程中，史学制度的建设是其中重要的环节。本书认为柳诒徵对中国史学制度的建设做出了重要贡献。具体表现在：他与一些史学团体及史学刊物关系密切。在他的指导和参与下，“史地研究会”“中国史地学会”和“中国史学会”先后建立起来，《史地学报》《史学与地学》《史学杂志》等学术刊物也先后问世，并围绕这些杂志形成了影响很大的史学学术群体。

第一章　柳诒徵的学术生涯

第一节　柳诒徵早期的学术生涯

江苏省丹徒县（今江苏省镇江市丹徒区）是一座具有三千年历史的名城，它位居江苏省中部，长江下游南岸，交通发达。曾名“朱方”，据传，秦统一后，曾派三千赭衣囚徒来此凿山开道，因此更名为“丹徒”。北宋以后又被称为“镇江”。明清时期，这里成为北上漕运的重要通道、重要的商业市镇。历史上留下了不少文人墨客的歌赋诗篇。镇江也曾出过许多名人，从古代的葛洪、刘勰、杨一清到近代的茅以升、马相伯均出于此。近代著名史学家柳诒徵也出生在这里。

柳诒徵，1880 年 2 月 5 日（清光绪五年十二月二十五日）出生于丹徒县城内第一楼街鲍斋的一间小屋当中。柳诒徵的父亲柳泉是教授私塾的先生，家境贫寒。据柳诒徵回忆，“吾家本寒素，道光间有老宅在南门皇佑桥。咸丰三年先本生祖介之公、本生祖妣吴太孺人，祖妣唐太孺人率先伯培三公、先伯母叶孺人、先君逢源公、先叔捷三公仓皇避兵，一家七口携衣物只独轮车两挂，余皆未携出，以故吾有知后，所见先世遗物止先高祖春林公手写《性理汇解附参》手稿一本，朱墨烂然，外此无一卷一页也”①。从柳诒徵对自己家世的回忆可知，柳诒徵的家庭在早年间也属于传统的读书世家。只是由于战乱，致使他的家产房屋遭毁，柳诒徵的祖父、叔父也先后去世。其父在这种情况下，只好一边教授私塾糊口，一边刻苦攻读，以求科举得中，摆脱困境。但不幸的是，他的父亲由于生活的艰辛，积劳成疾，在柳诒徵不满 5

① 柳曾符、柳佳：《劬堂学记》，上海书店出版社 2002 年版，第 21—22 页。

岁时就病故了。

柳诒徵的祖辈本是普通的读书之家。父亲死后，柳家更加艰难。柳诒徵的母亲鲍氏只好带着柳诒徵和他的姐姐回到自己的娘家。母子三人寄居于此，母亲为人做针线来赚取家用，却也难以养家。好在众亲友及当地慈善机构对他们母子的处境十分同情，不断给予接济，一家的生计才得以维持。柳诒徵常常忆及自己的这段艰苦生活，“小时候谈不到营养餐食，经常只有一块红酱豆腐，母亲姐弟三人赖以下饭”①。

柳诒徵外祖父鲍氏是当地名门，柳诒徵的母亲自幼接受传统儒家思想的熏陶，有一定的学识素养。虽然柳诒徵自幼生活贫寒，由于母亲的严格教导他也受到传统知识的教育和培养，自幼熟读经书，学作诗文。这使柳诒徵打下了坚实的学术基础。据柳诒徵回忆：“吾五、六岁，先妣课以字诀，并口授唐人五七律，晨兴即命背之；稍长，口授《四书》《五经》《周官》《尔雅》《孝经》，日有程。”② 随着年龄的增长，柳诒徵开始随舅父在私塾学习，学识日渐长进。柳诒徵也主动访求名师，以逐渐增长自己的学识。孙维琪当时是镇江一代书法名家，因为柳诒徵的舅父是其好友，柳诒徵便寻机专门向他学写篆字。在孙维琪的指导下，柳诒徵摹写了整部的《说文系传》，由此打下了书习篆字的基础，也步入了古文字学的殿堂。柳诒徵还曾向当地诗人李亚白学诗，学识不断增长。1896 年，柳诒徵前往金坛，以童生的身份参加科考。在县试、府试顺利过关以后，又参加了院试，最终成为廪膳生员，也就是成为秀才。中了秀才以后的柳诒徵生活环境开始发生变化，因为从此以后他得到了官府的廪膳资助，并且，他的社会地位得到了提升，柳诒徵开始进入本地知识阶层，这使他有了与当地名流交往的机会。从这一年开始他有了每月 40 两的收入，1898 年，柳诒徵也被聘为私塾先生，开始教授学生。

柳诒徵一面教授学生维持生计，一面读书，为科举入仕作准备。他对学习非常勤奋，常常一听到当地谁家有藏书，就想法借来阅读或者抄写。柳诒徵自己回顾说，他在十六七岁时，曾经抄写了《御纂七经》中的三《礼》，惠定宇、张皋文批的《汉书》。由于柳诒徵的好学，他

① 柳曾符、柳佳：《劬堂学记》，上海书店出版社 2002 年版，第 110 页。

② 同上书，第 26 页。

受到其父的学生陈庆年、陈的好友赵勋禾的赏识，他们经常和柳诒徵谈论清代学者的治学事迹和自己的读书心得。

1901 年，清政府开始实施新政。江苏地方官员响应号召，提出在江苏实施“新政”的具体措施。第一步即要从“兴学”做起，先在南京设立“江楚编译局”，“编译新书，以开风气”。创办编译局、兴办编译之事是由张之洞规划的，而负责编译局总纂的工作是缪荃孙。缪荃孙（1844—1919）字筱珊，晚号艺风，1877 年进士，曾任职翰林院、编修国史馆总纂，是当时蜚声中外的学者。他做过张之洞的幕僚，思想学术方面趋向传统守旧。当时让他来主持江楚编译局，实际上是张之洞要在南方推行新式教育。柳诒徵后来曾经撰《国学书局本末》一文，对此作了专门的介绍。

> 江楚编译局者，光绪辛丑，刘坤一、张之洞会奏变法，议兴学堂，先行设局编译教科书。设局江宁，初名江鄂，后改江楚，以刘坤一自逊无学，编译之事，取裁之洞，宁任费而鄂居名，非合数省之财力为之也。是年秋九月开局，刘世珩为总办，缪荃孙为总纂，陈作霖、姚佩珩、陈汝恭及诒徵等为分纂，作霖为《礼书》、初编《元宁乡土教科书》，诒徵删订《字课图说》，增辑《支那通史》为《历代史略》，（诒徵自辛丑到局，丙午即辞去。）而翻译日本书之事，则罗振玉居沪偕刘大猷、王国维等任之。①

由此可知，柳诒徵是在 1901 年秋天来到江楚编译局的。而他之所以能够到此，是由于陈庆年和茅谦的介绍，他的初衷也许就是为了谋生，但前辈的教诲与引领，使柳诒徵逐渐走上了学术的道路。陈庆年是柳诒徵父亲的学生，茅谦则与柳家有通家之好。柳诒徵来到江楚编译局担任分纂，主要任务是编辑教科书。以此为机缘，他自帖扩制艺的道路转向了译书、编书的新式教育事业。并且由于在江楚编译局受到缪荃孙的学术影响，逐渐走向治史学的道路。

可以说柳诒徵走向社会，留心国事，受陈庆年的引导较多。陈庆年

① 陈学洵主编：《中国近代教育史教学参考资料》（上册），人民教育出版社 1986 年版，第 655 页。

曾经为张之洞的幕僚，张之洞之《洋务辑要》一书即出其手。柳、陈为同乡，同时陈又为柳诒徵父亲的学生，所以二人交往密切，经常在一起探讨学术，在这一过程中，柳诒徵从陈庆年那里“得到许多讲学问的门径”。同时，又受到陈庆年洋务思想的熏陶，使柳氏成为“洋务派的知识分子”①。

江楚编译局是在洋务派“中体西用”的思想下开展编译事业的，柳诒徵的历史教科书的编纂当然也不例外。当时广泛流传于社会和旧书院的历史读物，就是《通鉴辑览》《纲鉴易知录》之类的纲目体史书，已经不适合社会形势发展的需要了。随着西方新知识的相继传入，旧有的历史学术体系和史书体裁已经不能容纳日益复杂的新内容，因此需要新教材来介绍新的史学体系和特点。而且随着新式学校的兴起，许多外国的章节体史学著作传入中国，影响逐渐加深。尤其是日本人那珂通世编写的《支那通史》，对20世纪初年的中国教科书的编纂影响很大。柳诒徵编纂的第一部教科书《历代史略》，即是在此书的基础上编辑而成。

那珂通世（1851—1908），是日本明治时期的著名东洋史学家。他师承日本著名思想家福泽喻吉，以欧洲文明中心框架重新分析中国和东亚。一生致力于中国、日本及朝鲜古代史研究，《支那通史》为那珂通世1890年写成的历史教科书，全书分为四卷，按章节编排，依照时间的顺序，从上古至宋以年代划分历史阶段。唐虞三代至春秋战国为上世史，秦汉三国至宋代为中世史。并且将几个朝代共同领域的问题，如官制、礼俗、学术思想等，因事立题，分篇综论。另附历代世系表、职官沿革表等，是一部被称为“简而赅，质而雅”的历史教科书。柳诒徵于1902年增辑《支那通史》，编为《历代史略》一书。

江楚编译局成立后，编译了一些教材。洋务派的官员为了建立新式学校，实行现代化教育，又派出大量官员和教育人员出国考察。当时清政府派出了许多代表团到日本，考察他们的教育制度。据日本学者阿部洋所著《中国近代的教育与明治时期的日本》第一章所述，当时到日本的教育考察团体和个人有姚锡光、李宗棠、罗振玉、张白熙、吴汝伦等②。而缪荃

---

① 此处采用了张文建观点，参见其论文《柳诒徵史学研究》，刊载于《中国史学研究辑刊》（第一辑），江苏古籍出版社1987年版。

② 参考阿部洋《中国的近代教育和明治时期的日本》，福村出版株式会社1990年版。

孙、柳诒徵等人的考察团也是其中之一。

1903年，柳诒徵随缪荃孙赴日本考察教育。行前，张之洞嘱缪荃孙等“尤当先取吾国近今所能效法者”。他们在日本两月，遍游横滨、大阪、东京、神户等地，参观了各类学校，考察了各项文教事业，见到了嘉纳治五郎等教育家。

嘉纳介绍了日本的教育情况和办学经验，并建议中国宜先办小学和高等师范、实业学校与专门学校。实业学校即农工商学校，专门学校即美术、音乐、邮电等学校。商业学校是实业学校之一，课程设置有商业道德、商业历史、商业地理、商品学、物产学等科目。日本的实业教育，给柳诒徵留下了深刻的印象。更重要的是，日本一游激发了他的爱国热情。他在《日游汇编》中记载：“游九段国光馆，观庚子天津战役油画，其法张画于暗室，用透光法逼现画中彩色。凭栏远视，唯见炮火迷离，田垆狼藉，联军跃马驰突，不见有中国一兵，间有一二裹红巾披辫发仆地不起者，则联军所毙拳匪也。日人以此鼓励国民，有游者，则命一僮，演说日军战胜之状。吾辈至此愤愤交集，归时当以此普告国人。使知国耻民艰，急宜振奋，不可如故之泄沓也。”①

这次赴日考察，使柳诒徵眼界大开，对于他走向史学研究与教育事业，也产生了非常积极的影响。考察归来的当年5月初，柳诒徵就在缪荃孙、陈三立等人资助下，和友人陶逊、陈益创办了思益小学堂。这是一座新式小学，柳诒徵兼任国文、历史两门课程教师，开始了他的新式教育工作。考察归来的又一成果，是《日游汇编》的问世。本来，在赴日考察之前，张之洞就要求缪荃孙在考察日本教育后，要写出考察的报告。但在日本的考察过程中，只有柳诒徵一人有文字记录，所以就让柳诒徵一人撰写了《日游汇编》。此书后来缪荃孙署名，在1902年出版。在《劬堂日记抄》中，柳氏对此书的撰写情况叙述道：“此行也，日人招待甚殷。预由罗叔蕴函托日本东京高等师范学校校长嘉纳治五郎，预定彼国教育专长，排日为吾等讲授教育原理、教授法、管理法等，又有文部省排定每日参观学校，缪师及（极）为厌苦，恒嘱余偕张、孙诸君往听讲，张、孙等亦不暇笔记，予则记之独详。每之学校参

① 缪荃孙：《日游汇编》，1903年江南高等学堂刊本，本书署名为缪荃孙，实际为柳的日记整理而成。

观，亦详记其特色，如女子高等学校之做法，及某学校之柔道等，均缀述不厌其琐。归国后，文襄旬询缪师日记，缪师唯唯；质之同人，均无以应命；惟予有日记且详，乃命予创为《日游汇编》焉。”①

短期的赴日考察，对柳诒徵的思想产生了深远的影响。他开始接受新的教育理念和治学思想，这在他的教育和治学生涯中是十分重要的。柳诒徵后来回忆自己这次考察的感受与收获时说：“到了日本，在东京高等师范听了许多日本教授讲演教育原理、教育学、教授法、管理法，因此知道世界各国教育状况及许多教育家的理论。参观日本各学校，也看出他们办教育的精神。”② 后来，柳诒徵在史学研究与教学中时时强调教育的作用，突出史学的教化功能，可以说是与他到日本考察教育所受的影响有关。

关于柳诒徵是否留学日本，学界一直说法不一，笔者认为柳诒徵未曾留日，关于其留日的说法是误传。陈淞曾在其编著的《五四前后东西方文化问题论战论文选》中对柳诒徵有一介绍：“柳诒徵（1880—1956），字翼谋，江苏镇江人，历史学家。早年留学日本，光绪末年任职编译局，创办学堂多所。”③

沈卫威在他的论著中这样写道：“如刘伯明、梅光迪、胡先肃、吴宓、马宗霍、汤用彤、黄华、李思纯、萧纯锦、柳诒徵、徐则陵等都是留学归来，学有所成的学人，（除李思纯留学法国，柳诒徵留学日本外，其他大都留学美国。）”④

李刚撰写的论文写道：“东南大学的师生有三个不同层面。老师辈的如刘伯明、梅光迪、胡先骕、马宗霍、汤用彤、燕华、李思纯、萧纯金、柳诒徵、徐则陵都是留学归来，学有所成的学人。”“柳诒徵为光绪秀才，曾师从缪荃孙（字筱珊，号艺风老人），后又留学日本，回国后任教于南京两江师范学堂、南京高师、东南大学。”⑤

---

① 柳曾符、柳佳：《劬堂学记》，上海书店出版社 2002 年版，第 41 页。

② 同上书，第 12—13 页。

③ 陈淞编：《五四前后东西方文化问题论战论文选》，中国社会科学出版社 1985 年 2 月第一版，第 580 页。此书中选编了柳诒徵的一篇文章，并在这一文章的页下注中对柳诒徵作了简单的介绍。

④ 沈卫威：《回眸学衡——文化保守主义的历史命运》，人民文学出版社 1999 年版，第 43 页。

⑤ 李刚：《论学衡的作者群》，见《南京晓庄学院学报》2002 年第 1 期。

在《劬堂学记》所收录的柳诒徵《我的自述》中，他对自己的早年经历有一个简单的回顾，“并没有关于其留学日本的记载”。柳诒徵嫡孙柳曾符所编《柳诒徵年谱简编》中，曾提到柳诒徵有过两次到日本的经历，却都不是赴日本留学：一次是1903年随缪荃孙等人赴日本考察教育，另一次是1919年率南京高等师范学校的学生赴日本参观①。

对于柳诒徵赴日教育考察，何时到日本，又何时回国，许多论著都曾提及，但具体的时间上是有差别的。孙永如认为，柳诒徵在1902年曾到日本考察教育，在其书中写道：“1901年12月，清政府着令缪荃孙与徐乃昌赴日本考察学务，第二年正月柳诒徵随同缪荃孙、徐乃昌等人一同踏上了前往东瀛的道路。”② 卞孝萱、孙永如在其《柳诒徵的学术贡献与道德风范》一文沿用了这一说法：“1902年，柳先生随缪荃孙等赴日考察教育，虽只两个月，使他大开眼界，亲身感受到明治维新后日本社会的巨大变化，认识到开发民智的重要，知道了如何兴办新式学校。”③

而另一些论著则认为柳诒徵赴日考察是在1903年。吴泽在其所编著的《中国近代史学史》中写道：“1903年又随缪荃孙赴日考察，在学术上受缪氏影响颇深。可以说柳诒徵是洋务派的知识分子是无疑的。”④ 张文建在《柳诒徵史学研究》一文中说：“1903年，柳诒徵随缪荃孙等赴日考察。行前，受张之洞之嘱‘尤当先取吾国近今所能效法者。’”⑤ 柳诒徵后人柳曾符说，柳诒徵在1903年赴日本进行教育考察。“1903年，先生24岁，张之洞命缪荃孙至日本考察教育，挈先生同行。”⑥

卞孝萱、孙永如等所说柳诒徵1902年赴日考察，主要依据是柳诒徵的《自传与回忆》（此书部分内容刊载于《镇江文史资料》1990年第17辑）其中说，“1902年，（我）随江阴缪艺风先生至日本，考察教育数月”。但柳诒徵这种说法有误，可能是他记忆错误。查柳诒徵早年的日

---

① 柳曾符、柳佳编：《劬堂学记》，上海书店出版社2002年版，第349、353页。

② 孙永如：《柳诒徵评传》，百花洲出版社1993年版，第11页。

③ 卞孝萱、孙永如：《柳诒徵的学术贡献与道德风范》，《宁波大学学报》（人文社科版）1999年第3期。

④ 吴泽主编：《中国近代史学史》（下册），江苏古籍出版社1989年版，第262页。

⑤ 吴泽主编：《中国史学集刊》（第一辑），江苏古籍出版社1987年版，第174页。

⑥ 柳曾符：《柳诒徵与柳诒徵的著作》一文，载柳诒徵《柳诒徵说文化》，上海古籍出版社1999年版，第2页。

记《劬堂日记抄》，其中关于到日本考察的时间有具体的记载，日记中"东游日本考察教育条"记述了赴日考察教育的具体时间，"癸卯正月，由沪赴日，同行者徐乃昌积余"①。另外，缪荃孙在其日记——《艺风老人日记》中也有他们赴日考察教育的具体时间。在光绪二十九年（1903年）日记中，有"十九日乙亥，阴，晨抵长崎，山水雄杰，有类香港"。这是缪荃孙和柳诒徵等人赴日考察教育的具体时间。也就是说，是在1903年阴历正月十七自上海出发，十九日到达日本长琦。在阴历三月七日离开日本，十一日回到上海。这一具体的日期在《艺风老人日记》中也有记录②。据柳诒徵后来回忆，本来按照行程计划他们在日本要多待一些日子，可是由于主要的负责人缪荃孙"不耐居日，在东京月余辄思归，匆匆至大阪观博览会及西京一行，遂道海归。往返不足三月，余等私心以为憾"③。据此，柳诒徵赴日考察时间问题得到了答案。

如果说柳诒徵因陈庆年的介绍到江楚编译局编译教科书，是他走向史学学术的开始，那么随缪荃孙赴日考察则是他进行现代学术研究与教育活动的又一新起点。从此，柳诒徵和史学研究，及学校教育，结下了不解之缘，他从日本归来的当年5月，就与朋友创办了思益小学堂，并把他在江楚编译局所编的《历代史略》作为历史教科书。1905年、1906年江南高等学堂、商业学堂创立以后，柳诒徵又先后到这两所学校任教，担任国文、伦理、历史等课程教学。在此期间，柳诒徵除了教学外，还撰写了《中国商业史》《中国商业道德》《伦理口义》等教材，为以后进行学术研究打下了坚实的基础。

柳诒徵在清末"新政"的潮流中只是其中的参与者，并没有多少自己的理论建树和创新。但是他参与新式教育的工作经历对自己以后从事的教育工作和学术研究产生了深远影响，使他最终成长为新式的教育家和学者。柳诒徵在自传中回忆道：

> 1900年变法兴学，南京开编译书局，诒徵以陈善余先生的介

---

① 柳曾符、柳佳：《劬堂学记》，上海书店出版社2002年版，第40页。

② 缪荃孙：《艺风老人日记》，北京大学出版社1986年版［影印本］。

③ 柳诒徵：《劬堂日记抄》，载柳曾符、柳佳《劬堂学记》，上海书店出版社2002年版，第41页。

绍，至局中编教科书，月薪四十两。1902年随江阴缪艺风先生至日本，考察教育数月。归国后仍在书局编书，次第与友人创办南京思益小学，江南中等商业学堂，及镇江大港小学。办商业学堂时，月薪八十两，遂辞编译局事。后又兼江南高等学堂，两江优级师范教习，月薪一百二十两。在书局及各校所编之书有《历代史略》《中国教育史》《中国商业史》《中国商业道德》《伦理口义》等。①

在柳诒徵编写的讲义中，以《历代史略》在近代史学史中影响最大。

在早期的学术生涯中，两件事情对柳诒徵影响极大：考中秀才使他摆脱了贫困的生活窘境，开始步入知识分子的行列；1901年进入江楚编译局，则使他进入了一个新的学术环境，在这里，他深受缪荃孙等近代学者的提携和影响，使柳诒徵走向新的学术生涯。

第二节　20世纪初柳诒徵的教育生活

一　在陈家私塾与思益小学堂的教育活动

柳诒徵在南京江楚编译局期间，就开始参与中国近代教育的相关活动。当时的江楚编译局位于南京中正街（今白下路），是近代著名学者陈三立的住宅对门。陈三立是近代著名诗人，著名维新派人士陈宝箴的儿子，近代著名史学家陈寅恪之父。戊戌变法失败后，陈宝箴遭革职，回到原籍江西，而陈三立则到南京客居。受到维新思想熏陶的陈三立，在自己家里设立新式家塾，用新的方法教导自家的孩童，同时兼收别家子弟。1901年，柳诒徵因任职江楚编译局来到南京。江楚编译局恰好与陈家对门，又因为陈三立有文名，柳诒徵便常常登门求教。后来柳诒徵也曾在陈家的私塾兼任教师，陈寅恪的弟弟隆恪、侄子怀封以及近代著名桥梁专家茅以升等均曾在此读书，受过柳诒徵的教导。据陈寅恪侄子陈怀封的回忆：

光绪二十六年（1900），三立先生寓居金陵，在家里办学塾，

---

① 柳曾符、柳佳：《劬堂学记》，上海书店出版社2002年版，第8—9页。

> 嗣后又有思益小学之例。寅恪这时与隆恪等陈家子弟及周叔弢、朱伯房、茅以升、以南兄弟等世家子弟共同读书。三立延聘教席，有王瀣、柳诒徵、陶逊、萧厔泉等。与之相约，第一，不打学生，第二，不背书。这与一般教师规范大不相同。故寅恪等人能在较宽松的气氛中读书。①

柳诒徵在陈的家塾教书时主要担任历史课程。但陈怀封的回忆应该稍有错误。据蒋天枢所撰《陈寅恪先生编年事辑》，陈寅恪在1900—1901年是在江西老家，和自己的祖父在一起生活，1902年到南京不久，就与自己的哥哥陈衡恪一起到日本留学，并没有在南京的家塾读过书②。因此当时柳诒徵和陈寅恪并没有交往。柳诒徵在私塾教书，实际教过的应该是陈隆恪、陈怀封和茅以升。

由于在陈家的教学，使柳诒徵与陈三立关系较好，在文学上深受陈的影响。据柳诒徵回忆，他曾经向陈学诗文："在金陵，又见陈伯严（三立）、范肯堂（当世），两先生以诗鸣海内，益不敢云诗，但冀亲炙时贤而知门径耳。"③ 在柳的后人所编的《柳诒徵年谱》中，也提道："时江楚编译局局址在中正街祁门会馆，与陈三立对门，先生时往请益，得闻《诗》《古文绪论》。"④ 柳诒徵在江楚编译局工作之余，与陈家的交往，使他的学识素养得到很大提高。

1903年5月，思益小学堂开办后，陈三立所办私塾的学生都转入该校学习。这所学校的开办，可以说是开南京现代小学教育之先。当时的《南洋官报》对思益小学的开办这样写道：

> 思益小学创议于癸卯夏五，诸同志慨国际杌陧，人才不兴，基于蒙童教育蔽锢。冀以一身一家为之创导，其时明诏屡下，省垣官

---

① 王子舟：《陈寅恪读书生涯》，长江文艺出版社1997年版，第23页。

② 汪荣祖所撰《史家陈寅恪传》，也说陈寅恪于1902年春随长兄陈衡恪一起到日本留学。可见陈寅恪并无在思益小学堂读书之事。

③ 柳诒徵：《我的自述》，载柳曾符、柳佳《劬堂学记》，上海书店出版社2002年版，第19页。

④ 柳曾符：《柳诒徵年谱简编》，载柳曾符、柳佳《劬堂学记》，上海书店出版社2002年版，第348页。

学初有建设，而蒙小学堂未遑兼顾。乃合志协力萃其子弟。方用日东教课。适某某诸君（指柳诒徵、陶逊、陈益等人）游学回国。醉彼中清华各校科学完备，始于办志，终跻国民。①

柳诒徵等人的办学工作受到了多方面关注与支持、除陈三立外，当地官员章希瑗借出自己的房舍数间作为校舍。缪荃孙也让自己的子弟前来就学，以作为表率，激励了社会上的各家子弟前来就读。在学校款项不足时，又有当地的商贾进行了捐助。为了推广新式教育，张之洞到此考察后，提出思益小学的学生可优先录取到三江师范学堂，这给予了思益小学政策上的支持。

思益小学也很受当时文教界的推崇。著名实业家张謇誉为“江南第一文明事业”。校中许多学生后来都成为社会的有用之才，茅以升、宗白华等人都曾在此就读。

除思益小学外，柳诒徵还曾参与创办江南中等商业学堂、镇江大港小学的工作，并在辛亥革命前后短暂担任过镇江中学校长。

柳诒徵早年的这些教育活动对中国新式教育的开拓与探索，虽然只是初步的，但他仍然对教育事业做出了自己的贡献。据茅以升回忆：“柳先生讲课时，声如洪钟，目光四射。讲课深入浅出，层次分明，并且主题鲜明，用语生动，使人听得入神，津津有味；而且系统性强，容易记忆。”“我从先生授业八年，感到最大获益之处，是在治学方法上从勤从严，持之以恒，并认识到‘知识本身只是一种工具，知识之所以可贵，在于它所起的作用’。这对我数十年来治学治事，都有极大的影响。”②

二 20 世纪初期在大学的教学与研究活动

兴学堂、废书院是 20 世纪初清政府实施“新政”的一项重要内容。1902 年，清政府颁布了“壬寅学制”，大办学堂。江苏的三江师范学堂就是在这种情况下，按照学制的规制创办的。

1902 年，三江师范学堂在南京筹建。同年 5 月初，两江总督刘坤一邀请张謇、缪荃孙、罗振玉等商议筹办学堂事宜，达成共识。5 月 15

① 王焕镳：《首都志》，南京古旧书店 1985 年影印 1935 年中正书局本，第 754—755 页。

② 柳曾符、柳佳：《劬堂学记》，上海书店出版社 2002 年版，第 62 页。

日刘坤一即会同江苏巡抚、学政上奏《筹办江南省学堂大略情形折》，并在5月底再上《筹办学堂情形折》。呈请在原有水师学堂、陆路学堂和格致书院之外，另建小、中、高三所学堂，将江南文正书院改为小学堂，钟山书院改设为中学堂，并建立高等学堂。不过不久刘坤一病逝，继任的署理两江总督李有棻负责了具体的筹划工作，而后张之洞继任两江总督，继续进行详细的筹划，委派缪荃孙赴日本考察教育即是此时为学堂的建立进行的准备。到1904年，开始正式招收学生，但当三江师范学堂正式开学时，两江总督已经换成了端方，张之洞已经调任湖广总督。可见三江师范学堂的建立之难。这所学校属于高等学堂，学制三年。教学方式与内容主要参考了日本模式，并聘请了日本教习，这些教习主要担任伦理、教育、物理、化学、农学、商业、博物、工业、医科以及日语等科目教师；而从中国知识分子中选拔一些优秀人才担任修身、历史、地理、文学、算学、体操等科目教师，这一教学安排，体现了张之洞的办学思想，即“中学为体，西学为用”。时人认为，经史之学是中国教育的根基，用适当的“西学”即可以弥补“中学”的不足。三江师范学堂的教育模式已经与过去的书院完全不同，可以说是新式的高等教育机构。

后来，三江师范学堂改名为两江师范学堂。1906年，由李瑞清担任两江师范学堂监督。李瑞清上任后，提倡科学、国学、艺术教育并举，不仅延揽优秀人才担任教师，而且重视教学设备的改进。在教学内容上，广设科目，重视实践教育。在他的主持下，两江师范规模日大，成就斐然。

柳诒徵在三江师范学堂建立之初，就来此学堂担任历史教学工作，所用的教材就是自己编写的《历代史略》。他一边读书教学，一边自己编辑教材。这使他逐步走上了史学研究的道路，形成了自己亦新亦旧的学术思想理念。他之所以被誉为“学衡派”的学者，与这一时期他的学术道路的形成有着重要的关系。他教学所用的讲义，除了《历代史略》以外，还有《中国商业史》《商业道德》《伦理学口义》等，特别是《中国商业史》的编纂，使他的史学学术有了新的特色。

柳诒徵编纂《中国商业史》的意义在于，他用新的知识体系去解释中国历史中的原有内容。从柳诒徵《中国商业史》所引用的书目来看，没有新的材料，但它的知识体系和结论发生了改变。

《中国商业史》讲义在1905年编成，由江南高等商业学堂油印。可以说是中国近代第一部商业史教材。体裁上运用了章节体，详细叙述了中国历代商品、商政、商业措施、商业地理、通商贸易、中外互市等内容。柳诒徵主要从正史以及各省通志、府志、州县志等著作中摄取有关商业史的资料，汇编成该书。他运用自己所学的西方现代知识，在《中国商业史》绪论中，阐述了商业史的范围、性质、研究意义。柳诒徵以人民智力的"竞胜争长"来解释商业历史的发展，虽然明显有时代的烙印。但他对商业的性质和商业史的判断，依然预示着新型商业史的就此诞生。

正如学者所言："在1898年百日维新前夕，中国的思想和体制都刻板地遵从了中国人特有的源于中国古代的原理。仅仅12年后，到了1910年，中国人的思想和政府体制，由于外国的影响，已经起了根本性的变化。从最根本含义来说，这些变化是革命性的。在思想方面，中国的新旧名流（从高官到旧绅士、新工商业者与学术界），改变了语言和内涵，一些机构以致主要传媒也藉此表达思想。"[①] 柳诒徵的学术变化，也是这一思想大潮中的变化之体现。柳诒徵用新的学术框架和理念编辑新式教材，正反映了近代史学学者从传统走向现代的一种蜕变。《中国商业史》即是这一转变的成果。下文有专门的章节论述这一问题，在此不多赘述。

正如当代史家张舜徽所评价的，"柳诒徵从事史学研究，既专且久，他的许多著述，都是结合教学工作进行的"[②]。在教学过程中，柳诒徵运用新的体裁、新的理念、新的知识框架对中国的历史进行新的演绎，编成教科书传授学生，并逐渐形成了自己的治史特色。

第三节　南京高师与东南大学的学术生活

1911年，武汉三镇响起的枪炮声，使早已朽蛀不堪的清王朝轰然崩塌。各省纷纷独立，宣布自治，开议会、定约法，最终在1912年元

① 任达：《新政革命与日本——中国，1898—1912》，江苏人民出版社1998年版，第215页。

② 柳曾符、柳佳：《劬堂学记》，上海书店出版社2002年版，第58页。

旦，中华民国宣告成立。

在这翻天覆地的革命时刻，柳诒徵也被卷入了革命的大潮。早在辛亥革命前，柳诒徵就支持革命者，他曾经掩护资产阶级革命党人赵声进行革命活动。辛亥革命爆发后，他被推举为镇江县临时议会副议长。柳诒徵是一介学者，很快在一次议革农民纳粮缴税的事件中，与县长产生了矛盾，因此辞去了副议长之职，结束了他短暂的政治生涯。

1913 年秋天，柳诒徵应朋友胡元倓之邀，在北京担任了明德大学堂斋务主任兼历史教员。斋务主任主要负责学生的住宿事务，所以要晨夜往返，不久他就因个人原因辞去了斋务主任的职务。当时柳诒徵还兼任交通传习所的工作，他在北京工作了近三年的时间。1916 年，柳诒徵就任南京高等师范学校国文、历史教员，同时又兼任河海工程学校的教员，主要讲授国文课，也兼任历史课程。

柳诒徵于 1916 年进入南京高师，1920 年，随着东南大学的成立，又成为东南大学历史系的教授。在这里，他度过了将近十年的岁月，这是他学术生涯中的第一个高峰期，也奠定了他在中国史学界的学术地位，其代表作《中国文化史》就是撰写于这个时期，也是在这一时期他成为学衡派的代表人物。

南京高等师范学校成立于 1915 年，由近代著名的教育家江谦担任校长。江谦上任以后，聘请了留学美国归来的郭秉文担任教务主任，不久，江谦因病离职，郭秉文被其推荐担任了校长。郭秉文是江苏江浦人，1914 年获美国哥伦比亚大学博士学位，是中国较早获得博士学位的学者，也是中国近代著名的教育家。郭秉文办学，注重学术自治，提倡学术自由，兼容并包。他主张以诚为训，以德为高，以培养学生完善的人格为宗旨。他聘请了许多曾留学外国的学者在南高任教，如刘伯明、吴宓、梅光迪、竺可桢等人，实行科学教育。同时也聘任了许多传统学者，如王伯沆、柳诒徵等人，开设许多文史课程，以增进学生的传统文化学识素养。在他的治理下，南京高等师范学校树立起新的校风。后来，南京高师并入东南大学，郭秉文继续担任东南大学校长。

柳诒徵在南京高等师范学校担任国文、历史教员，还曾担任文史地部主任，他主要讲授中国文化史、亚洲史等课程。1922 年，东南大学成立，南京高等师范学校并入东南大学，柳诒徵继续担任东南大学史地部历史教授。当时东南大学聘任的教授派别不同，学术各异。有后来成为国民党学者的陈去病、顾实；有自由派的学者如陶行知；有新人文主义学者吴宓、梅光迪等人；也有保守派学者，柳诒徵就是其中之一；也有宣扬马克思主义的学者，如杨杏佛、杨贤江等人。

1920 年开始柳诒徵在南京高等师范学校开设中国文化史，又开设了东南亚诸国史、东北亚诸国史等课程，并自己编写讲义。《中国文化史》《安南史》《东北亚史》等讲义就是在这一时期撰写成的，尤其是《中国文化史》是柳诒徵的成名之作。据当时的学生张其昀后来回忆：

> 大学第二年和第三年，柳师连续教我们中国文化史。现在正中书局印行的柳著《中国文化史》三大册，原是我们班上的讲义。那时候柳师随编随印，每周发给毛边纸铅印的讲义，其忙碌可知。这一部流传甚广的巨著影响甚大。到第四年，他又教亚洲史，包含朝鲜、日本、南洋、印度和北亚史，都自编讲义，对中国与邻国间民族迁徙、通商贸易和文化交流，特予注重。①

由于柳诒徵的史学成就后来主要在中国史学和史学理论方面，因而他编纂的有关亚洲史的讲义就被人忽略了。蔡尚思所说柳诒徵“会通中外”，实际就是说柳诒徵在亚洲史的编纂方面的这些成果。

当时的柳诒徵，是东南大学史学方面的领军人物，吴宓曾经在柳诒徵被免除史地部主任时评论说：“南京高师校之成绩、学风、声誉，全由柳先生一人多年培植之功。论现时东南大学之教授人才，亦以柳先生博雅宏通为第一人。而乃取消柳先生多年连任之史地部主任及历史系主任，使屈居徐则陵下，此刘伯明之过，而东南大学之羞也。”②

柳诒徵在东南大学的史学造诣和声望是无人能比的，但是由于他和刘伯明的关系不太融洽，因此在历史系主任的人选上，刘伯明选用了拥有留学经历、并主要研究西洋历史的徐则陵为主任。柳诒徵性格恬淡安

---

① 柳曾符、柳佳：《劬堂学记》，上海书店出版社 2002 年版，第 112 页。

② 吴宓：《吴宓自编年谱》，生活·读书·新知三联书店 1995 年版，第 228 页。刘伯明，江苏南京人，早年受业于章太炎，后赴美留学获博士学位。回国后受郭秉文聘请，担任南京高师训育主任、史地部主任，东南大学成立后担任教务主任。刘伯明是郭秉文校长所倚重的人物，在郭临时离校之时，他常常代理校长职务。

静，在东南大学“屈居”徐则陵之下，并不妨碍他在史学界发挥领袖的作用。无论是在“学衡社”还是“史地研究会”，柳诒徵都是史学方面的主要人物之一。

在东南大学，柳诒徵还参加了著名的《学衡》杂志的创刊工作，和大量学者进行了学术上的交往，这使他成为“学衡”派的重要成员。他在《学衡》杂志上发表了大量的政论文章和学术论文，还在上面发表了许多诗文，许多都是与吴宓、吴碧柳、杨杏佛诸人的唱和之作。他的讲稿即《中国文化史》也在《学衡》杂志上刊载。这一时期，柳诒徵还在其他诸多杂志上发表了大量论文，这些论文大都是围绕中国历史中的文化问题进行研究的，有的是对《中国文化史》中所论述问题的发展和深化，有的则是针对一些学者对文化问题的看法进行辩驳。这一时期的学术生活，奠定了柳诒徵在史学界的地位，成为其学术生涯的活跃时期之一。

这个时期，柳诒徵在东南大学，曾和近代著名学者吴宓、刘伯明、王伯沆、胡先骕，以及梁启超、胡适、章太炎、陈蘅哲等都有学术上的交往。其中尤以吴宓最为密切。

柳诒徵与吴宓的交往，主要是在学衡社的活动与诗文唱和中。吴宓虽然留学美国，受过西方新式的教育，但也是出身传统知识分子家庭，受过中国传统儒家教育的学者。再加上吴宓在美国深受白璧德思想的影响，是新人文主义者，在文化上主张保持传统，使吴宓与柳诒徵在学术上有共同语言。学衡社创办《学衡》杂志时，曾公推柳诒徵撰写发刊词，吴宓以为“甚好”。

吴宓和柳诒徵均有着写作传统诗文的爱好，在教学与学术之余，二人经常相约，一起和学衡社的文友同道在南京的郊外畅游，或者到酒肆聚会，时而讨论学术，时而唱和诗词。在《吴宓自编年谱》中，曾有不少相关记载。下面从该书中摘取两段，可见二人关系之一斑：

> （1923 年）柳翼谋（诒徵）有《校东楼（即口字房）灾，诗以吊之》一诗。又有《雪夜偕杨（杏佛）吴（宓）二君饮酒肆诗》。均见《吴宓诗集》卷末，一五二页。宜参阅。①

① 吴宓：《吴宓自编年谱》，生活·读书·新知三联书店 1995 年版，第 254—255 页。

(1924年）七月下旬，碧柳（近代著名学者、诗人吴碧柳）由长沙到此。……碧柳甚佩服柳翼谋先生，其诗云：江南一柳叟，磊落系沉思。在此之时，适值湘军曾国荃攻破南京城，李臣典所部由地穴冲入，剿灭太平天国之六十年纪念日。是日下午，柳先生特来邀宓与碧柳出太平门，寻观当年湘军破城之处，并游观附近之地。柳先生有《甲子六月十六日，偕吴雨僧、吴碧柳，观龙膊子湘军轰城处作》长诗，见《吴宓诗集》卷五，第十二至十三页。①

后来，吴宓辞职北上时，柳诒徵曾亲自陪送到下关车站，帮助购买车票、托运行李，并作诗送别。可见二人的关系之亲密。

柳诒徵在东南大学的生活中，与学生的交往也比较频繁，“史地研究会”是1920年5月13日成立的，纯粹是一个学生自发组织的学术研究组织。该会聘请柳诒徵、竺可桢等人为指导员，柳主要负责史学方面的指导，竺则主要负责地理学方面的指导。参加这一学术组织的许多人，后来成为中国学术界的著名人物。著名学者缪凤林、张其昀、景昌极、向达、郑鹤声、胡焕庸、陈训慈等均参加过这一学术团体。

柳诒徵作为史地研究会的指导员，经常参加史地研究会的学术活动，并进行了多次学术讲演会。在史地研究会，他还指导学生进行学术研究，写作学术文章，这些文章大量发表在史地研究会的刊物《史地学报》上。史地研究会逐渐成为影响颇大的学术活动团体。柳诒徵参加史地研究会的活动，一直延续到他结束在东南大学的工作。后人又把以柳诒徵为首的学生研究团体称作“史地学报派”，因下面还有专门章节，这里不多赘述。

柳诒徵在东南大学还参加了学衡社，撰写了大量论文。发表了对中国文化史、史学理论等一系列问题的看法，在学术界激起波澜引起争论。著名的有柳诒徵与顾颉刚关于“禹是否为一条虫”的争论；柳诒徵对胡适、章太炎的诸子学研究的批评，在学术界产生重大反响，并成为当时史学界讨论的热点问题。

---

① 吴宓：《吴宓自编年谱》，生活·读书·新知三联书店1995年版，第259页。

第四节　柳诒徵在北方的短暂学术生活

1925 年 2 月，北京政府教育部下令免去郭秉文东南大学校长的职务，任命胡敦复为校长。引起了郭之亲信，以及部分拥护郭秉文的教职员工的反对。他们鼓动部分学生拒绝胡敦复接任校长职务，酿成东大“拒胡风潮”。这一事件使柳诒徵被卷入其中，引起一些人的反对。这些人的反对使他感到伤心，所以在风潮结束之后不久，柳诒徵辞去了在东南大学的教职。此后“抱定宗旨再不入此校”①。

柳诒徵在辞去东南大学教职以后，受他的学生缪凤林邀请，来到了东北大学，当时东北大学正缺乏教师，他便在这里暂时担任了教职，但他只待了短短的半年时间，就来到了北京。因为柳诒徵去东北大学也只是辞去东南大学后的一种权宜之计，并没有长住东北的打算。据吴宓日记记载，柳诒徵于 1925 年 8 月赴东北大学任教，即便如此，柳诒徵依然挂念东南大学的局势，吴宓在日记中慨叹，“柳公仍热心此局，不愿久留奉”。果然，柳诒徵在东北大学仅仅工作了一个学期，便在 1926 年 3 月来到了北京。这一年他接受了北京女子大学之聘，担任教职，不久，又兼任了北京高等师范学校的历史教授。但也仅仅工作了半年的时间。

在北京虽然工作时间不长，但柳诒徵和身在北京的学者也有过一些交往，特别是和吴宓保持着比较多的学术交流。在吴宓的日记中，有这一时期许多和柳诒徵交往的记载。在北京时，柳诒徵除了担任北京女子大学、北京高等师范学校教职外，还曾谋求到清华担任教职。吴宓虽极力促进此事，但终因种种原因未果。

据吴宓的日记记载，吴宓在 1925 年年底，向清华校长咨询过聘任柳诒徵的事情，在 12 月 14 日的日记中，有如下的记载：“旋宓往谒校长，谈研究院发展计划等。校长以将辞去，谓一切可俟缓后再议。又谓柳公在东南（大学）鼓动风潮，断不可聘其来此云云。”② 后来在 1926

① 陈训慈：《劬堂师从游脞记》，载柳曾符、柳佳《劬堂学记》，上海书店出版社 2002 年版，第 96 页。

② 吴宓：《吴宓日记》（Ⅲ），生活·读书·新知三联书店 1998 年版，第 107 页。

年 5 月，在清华大学的教授评议会上，为聘任柳诒徵的事情也有过讨论，但终于没有通过，在日记中，5 月 28 日条记载："是日，评议会中，议聘柳公来此之案，无结果，未通过。"① 为此吴宓十分不满，在 11 月 16 日的日记中，吴宓写道："校中必欲聘傅斯年等以授中国文史，而必不肯聘柳公。不得不为本校惜，且为世局哭也。"②

但在 1927 年 5 月 3 日，清华又通过了聘任柳诒徵为教授的议案："下午 4—7（时）赴评议会。是日，会中迫于外势，卒通过聘柳公为教授，月薪只与 250 元。"③ 在日记中，吴宓流露出对清华当局不满意的情形。而柳诒徵最后也没在清华任职。因为当时柳诒徵已经接到了南京中央大学图书馆（后来的江苏省立第一图书馆、江苏国学图书馆）馆长的聘书，且在 1927 年 6 月时回到南京就任。

柳诒徵在北京的短暂生活中，仍然和自己的学生缪凤林、张其昀、向达等人保持着密切的联系。当时柳诒徵和缪凤林等人组织了"中国史地学会"，他被学生们推举为总干事，并主办《史学与地学》杂志。还撰写了多篇学术论文，登载于《史学与地学》杂志。在北京，柳诒徵在学术研究和教学之余，还经常到北京的古旧书店逗留，他收集了一些文献古籍，还根据其中的资料文献撰写出了文章。如他曾经收购清末内务府的手折数十件，后来依据此资料文献撰写了《清德宗之大婚》一文，发表于《史学杂志》上。文中，柳诒徵交代了自己在北京收购文献的经过："丙寅冬，予于京师小市，购得清室内务府太监所售手折述事实。中有十数折，皆光绪大婚时造办款目。"④

第五节　柳诒徵江苏国学图书馆的学术生涯

1927 年 5 月，柳诒徵回到南京。6 月他参加第四中山大学（后来的中央大学）的筹备工作。该校以东南大学为基础筹建。筹备中的中央大学邀请他担任中央大学文学院院长的职务，但两年前东大的拒胡风潮带

---

① 吴宓：《吴宓日记》（Ⅲ），生活 · 读书 · 新知三联书店 1998 年版，第 172 页。

② 同上书，第 251 页。

③ 同上书，第 335 页。

④ 柳诒徵：《清德宗之大婚》，载柳曾符、柳定生《柳诒徵史学论文续集》，上海古籍出版社 1991 年版，第 290 页。

给他的触动使他拒绝了。在其后不久，他奉江苏教育厅函聘接任江苏省立第一图书馆馆长之职。

江苏省立第一图书馆是近代江苏省第一家公共图书馆，创建于1908年，原名江南图书馆，是中国最早创立的少数几个公共图书馆之一。江南图书馆自创办到1926年的十多年间，一直处于工作时断时续的状态。1927年6月，江苏省教育厅聘请柳诒徵担任该图书馆馆长。以后直到1937年抗战爆发，柳诒徵一直担任此职。是时中国政局相对安定，再加上柳诒徵等学人的努力，江苏省立第一图书馆工作步入正轨。在这里，柳诒徵的学术研究走向了一个新的高度，也是他史学学术生涯的第二个高峰时期。

柳诒徵上任伊始，即下令清查整理馆藏，制订章程。把图书馆藏书楼进行了装修，并命名为陶风楼，图书馆的情况，此后才有所改观，他撰写的《陶风楼记》描述了这一情节。柳诒徵初来之时，江苏国学图书馆"或竟日无人叩扃发箧而诵书者"。经过柳诒徵及其同事的整理，才逐渐改变了这一萧条状况，"余既于故书邀挚友整比，粗有端绪，都中知斯楼来读书者亦渐集"①。同时，柳诒徵还罗致四方学子与门生故旧，充任各部员工。图书馆一时人才济济，各项业务迅速展开。

为了提高图书馆的管理水平，1928年，柳诒徵又聘请了一些学者担任图书馆的参议，其中包括陈汉章、汤用彤、王伯沆等知名人士。图书馆定期请他们到馆，会商图书馆事务，这一制度在当时的图书馆界是一种创举。

柳诒徵上任后，江苏国学图书馆经清理整顿图书以后，即开始影印馆内所藏珍贵古籍，使之广行于世，造福学界。同时以影印古籍，与各地团体或个人交换图书，以此增加馆藏，可谓一举数得。仅在1927—1934年，江苏国学图书馆就影印古籍96种，其中史部40种、子部20种，集部24种。另外，国学图书馆还影印了馆藏宋元刻本、珍本孤本、名家稿本墨迹的书影，每种书影，柳诒徵均撰写了考证文字。

在江苏国学图书馆，柳诒徵不仅是一个图书管理者，也是一个研究型学者。他在任期间做了大量的学术研究工作，同时也创办刊物，组织学术研究活动。结合江苏国学图书馆的业务，柳诒徵先后主持编印了

① 柳诒徵：《陶风楼记》，《国风》创刊号，1932年。

《江苏省立国学图书馆图书总目》三十巨册：正编收录图书三万七千零二种，五万九千二百二十八部，十九万八千八百三十八卷；补编收书二万四千九百二十六册。此书目将四库分类法予以增删，新编分类法为经、史、子、集、志、图、丛七部，将丛书子目又分归各类，检索方便。近代中国自建立图书馆以来，编写图书馆全部藏书之总目，江苏国学图书馆是第一家，柳诒徵功不可没。

在编写国学图书馆总目的同时，柳诒徵还撰写了《国学图书馆小史》。对江苏国学图书馆的源流、创建经过，进行了详细的记述，这是中国较早的图书馆史。

除了主持图书馆馆务，柳诒徵还提倡学术研究，他尽力把江苏国学图书馆办成学术活动基地。为此，他于1928年创办了《国学图书馆年刊》，刊登学术文章，报道馆务，为学术研究开辟了交流的园地；并经常鼓励，提携年轻后辈钻研学术。如著名的中西交通史专家向达，当时即是该馆的一名工作人员，在柳诒徵的提携下，他撰写出《唐代刊书考》。著名目录学家范希曾的《书目答问补正》，也是在柳诒徵的鼓励下写成的，柳诒徵还为此书撰写序言。图书馆的职员王焕镳，曾在柳诒徵的指导下撰成了《首都志》，这是近代比较全面地叙述南京的地方史志，柳诒徵也曾为此书撰写序言，后来此书出版时，署名为叶楚伧、柳诒徵主编。柳诒徵在此书的序中，叙述了此书编纂的原委和经过："甲戌之冬（1934），楚伧叶先生往过砀山讨论文艺，谓党国建都金陵，寻将七稔，未有专志，诵述沿革及建设之懿。中外人士諏访所及，仅以旧肆古书应之。非所以掩张首善之义也。以诒徵尝从事方志之学，珍重陲委，诒徵徇录馆务，未皇兼及，爰举王生焕镳从事编辑，周生悫佐之，六月而成志廿四卷，都五十余万言。"① 柳诒徵为编辑此书，给王焕镳提供了很大的便利，并且，每成一编，柳诒徵都加以体例上和内容上的增补和删定。

《江苏国学图书馆年刊》是柳诒徵就任江苏国学图书馆馆长后创办的馆刊。这一刊物也是柳诒徵学术阵地之一。曾发表许多长篇学术专著，如柳诒徵自己所著的《里乘》《江苏通志稿·风俗志》、范希曾所著的《书目答问补正》等，在学术界产生了很大影响。该刊每年一期，

① 柳诒徵：《首都志》序，1985年，南京地方志编辑委员会影印本。

连续发行了十年，后来因为抗战爆发才被迫中止。

柳诒徵作为一位史学家、图书馆馆长，热心为读者服务。在他的帮助下，培养了许多杰出人才。长期居住在该馆研究著述的有：蔡尚思、吴天石、柳慈明、赵厚生、王诚斋、张叔亮等人，其中以著名的历史学家蔡尚思成就最为突出。在蔡尚思所作的《柳诒徵先生学述》中，他深情地回忆道："就我个人受教益于柳先生这一方面来说，也有几个'最'：柳先生是使我得住大图书馆最多读书的长者。他既允许我住入国学图书馆中，不收房租及其他费用，尤其还给我一个特别优待的权力，他对阅览室的人员说'蔡先生为了著大部头的《中国思想史》一书，特来我馆从历代文集中搜集他人所少收集的宝贵资料。我们必须尽力支持他。他的贡献也等于我图书馆的贡献'。"[①]"柳先生是最多讲历史掌故给我听的长者。在我师友辈中同我接谈之多，没有一个超过柳先生的，听先生执教，犹如是读一部大的活书。我于日间在阅览室赶阅图书，晚上整理笔记，常于夜间八九时以后去向柳先生请教。他从清朝的掌故到民国的时事，无所不谈，如袁子才与戴东原之异同之类，真使我闻所未闻，均为书本上无法得到的知识。"[②]

柳诒徵在江苏国学图书馆工作期间，除了在本职工作中对史学学术有所贡献外，还参加了大量的社会学术活动。柳诒徵在这些学术活动中，逐渐成为东南地区特别是南京史学界的领军人物。

1929 年，行政院通过了《修志事例概要》，通令全国实行。其中规定："各省应于各省会所在地，设立省通志馆，由省政府聘请馆长一人，副馆长一人，编纂若干人组织之。"[③] 并将省通志的编纂办法以及义例作了若干的规定说明。与此相应，1929 年，江苏省通志局成立，设局于镇江焦山。由庄蕴宽担任总纂，柳诒徵和当时的著名学者柳亚子、陈汉章、孟森、丁福保、叶楚伧等十六人被聘为编纂委员会成员。柳诒徵还兼任常务委员，数次前往镇江参加通志局的会议，修订凡例，审查旧稿，并担任了《礼俗志》《书院志》《钱币志》的纂辑。

现代专业学术团体的大量出现，是学术走向独立和专业化的重要标

① 柳曾符、柳佳：《劬堂学记》，上海书店出版社 2002 年版，第 2 页。

② 同上书，第 5 页。

③ 赵庚奇：《修志文献选辑》，北京燕山出版社 1990 年版，第 125 页。

志之一。柳诒徵和学生在东南大学组织史地研究会，就是史学团体进行学术活动的重要尝试。柳在江苏国学图书馆工作之余，仍然在这方面做出努力。1929 年，他与自己的弟子缪凤林在南京组织了中国史学会，创办了《史学杂志》，这是柳与缪凤林等学人力图建立全国性史学学术组织的尝试，但因为各种原因，这一学会没有生存下来。到了 1933 年，柳诒徵与京沪地区的吴敬恒、蔡元培、雷海宗、何炳松、张其昀等 21 位学者，发起了建立中国历史学会的启事，但也因种种原因未果。

柳诒徵还与缪凤林等人组织了国风社，创立《国风》半月刊，并成立了钟山书局。柳诒徵担任了国风社的社长。在柳诒徵为《国风》杂志题写的发刊词中，就指出了国风社的宗旨——发扬中国固有之文化，昌明世界最新之学术，并把这一口号刊载于杂志的封面。可以说，这是学衡社学术精神的继续和发展。（详细论述见第八章）

总之，抗战之前的柳诒徵，在南方史学界具有重要的影响力。一是在图书馆团结了一批自己的同道和学生，一起编辑文献，印行古籍，编写地方志，为地方史的编写和弘扬地方文化做出了自己的贡献。二是在南京和自己的学生以及其他学者，创办学术团体和刊物，以弘扬中华文化为宗旨进行学术交流。因此，这一时期的柳诒徵已经成长为著名的学者，除了创办刊物、指导后辈外，他自己也进行了许多学术研究，在本时期写成了不少著作。为中国史学的发展做出了贡献。

第六节　柳诒徵在抗战时期的学术活动

1937 年，由于日本全面侵华，中国的文化建设受到了极大的破坏。在战争时期，柳诒徵长期处于颠沛流离之中，学术研究受到极大的影响。八一三事变爆发后，南京的形势日趋紧张。身为国学图书馆馆长的柳诒徵，首先考虑的是馆内收藏的珍贵典籍的保存问题。为了保护南京国学图书馆的典籍，柳诒徵费尽了心血，他和图书馆的同人一道，把馆内所藏的宋、元精刊本、稿本、精抄各校本，以及其他罕见善本装成十箱，又把南京国学图书馆所藏，从浙江钱塘丁氏八千卷楼、武昌范氏月楼木樨香馆收集旧藏的善本书，以及从各地收购的佳本，又装了一百箱，藏入了南京朝天宫地库当中。而另外一些较为珍贵的丛书和方志，柳诒徵又组织人员运到苏北兴化的罗汉寺与观音阁收藏。

至于其他的普通图书，就只好留存于图书馆内了。南京失陷后，柳诒徵来到设立在江苏兴化的江苏省立国学图书馆临时办公处，处理馆内事务。

1938 年 4 月，柳诒徵曾辞去国学图书馆馆长职务，但在战事正酣、政局混乱之际，他的辞呈并没有被获准。战时迁徙到兴化的国学图书馆实际上也没有多少政务可办，柳诒徵的学术研究也不能进行下去了。此时他的好友担任浙江大学校长的竺可桢邀请他去讲学。于是他就去了位于泰和的浙江大学临时驻地，进行讲学活动。可惜的是，由于身体原因，他在讲授“非常时期读史要略”的第一次授课中，就晕倒在讲台上，而不得不停止讲学。病中的柳诒徵，被迫移居到乡间休养。病情好转后，随着苏北形势的吃紧和生活的艰难，当年的 8—9 月经长时间的跋涉，柳诒徵来到上海，不过此时的上海，也没有他的谋生之所。年底，身在病中的柳诒徵又回到了苏北，后来的一段时间，他一直过着颠沛流离的生活，直到 1942 年 10 月，迁移至重庆的中央大学，他才在此安居下来，一直到抗战结束。在抗战的前期，柳诒徵基本上是在流亡中度过的，虽也有过短暂的讲学和在编译局的工作，但都没有做出什么成绩。可以说，由于日本的侵华战争，导致柳诒徵的学术活动停止了 6 年之久。

柳诒徵一生都以文化学术为业，对政治不感兴趣。这从他于抗战后期在重庆的几次经历可见一斑。

据柳诒徵的学生陈训慈回忆：“1942 年冬，蒋介石忽由所谓‘新生活’设想妄谋‘制礼作乐’，涂饰太平。闻及柳师夙负江南德望，今方到渝，欲延师主持所拟议之所谓‘礼乐馆’。师初闻即以老弱为辞。”[①]后来虽有学生极力劝请，但仍被柳诒徵辞谢了。可见柳诒徵之意，并不在于国民党服务。

另一件事是为国民党中央训练团讲课之事。当时柳诒徵的学生罗实是国民党大员陈果夫的下属，他极力劝说柳诒徵出面，为国民党的“党政人员训练班”讲课。柳诒徵也以身体不适为由而拒绝了。这说明，柳诒徵是一个纯粹的文人，他有文人的洁身自持，但不是出于他的政治党

① 陈训慈：《劬堂师从游脞记》，载柳曾符、柳佳《劬堂学记》，上海书店出版社 2002 年版，第 70 页。

悟。因为柳诒徵对学术性的活动，哪怕是政府所组织的，他也会积极参加。如当时中研院所组织的“学术审议会”进行的学术会议，柳诒徵还是参加的。

1943 年，柳诒徵在中央大学就任文学院研究生导师，同时兼任复旦大学课程。在两年的时间中，柳诒徵的生活日益安定下来，1944 年，他在中央大学教授了史学理论课程，后来讲义被整理出版，这就是他著名的史学理论著作《国史要义》。

综上所述，柳诒徵在抗战期间的生活是艰辛的，1942 年以前，在江苏、上海等地的颠沛流离，1942 年以后，柳诒徵辗转工作于高校之间，虽有困难，但仍笔耕不辍，尤以《国史要义》为精，可以说，这是柳诒徵在为中国的文艺与学术抗战做出自己的贡献。

第七节　晚年的文化学术活动

抗战胜利以后，柳诒徵回到南京，复任江苏国学图书馆馆长。晚年的柳诒徵，在中国文化事业上主要做的工作，一是在抗战结束后，回收国学图书馆的旧藏书籍，并再次进行编目和保存，同时恢复了国学图书馆的开放；二是在国史馆成立后，被聘为国史馆纂修，进行国史馆的修史工作。中华人民共和国成立后，柳诒徵虽然退休，仍然被聘为上海文物管理委员会委员，为中华人民共和国建立之初的图书收集、检理和保护工作贡献了自己的一分力量。但他的史学学术生涯，随着他的退休也就结束了。

1945 年 8 月 15 日，日本宣布无条件投降，抗战取得胜利。柳诒徵立即与教育部联系，搭船东返，要到南京恢复江苏国学图书馆的工作。但船票十分紧张，他与教育部次长杭立武几次交涉后，才搞到了几张船票。10 月 10 日，柳诒徵回到南京，第二天即到南京龙蟠里视察。当时的江苏国学图书馆藏书楼——陶风楼大致完好，但楼内空无一物，书籍设备大多无存。到国学图书馆后，他立即投入图书馆的恢复工作中。11 月 8 日，柳诒徵从江苏省教育厅领得经费 20 万元，随即召集图书馆旧馆员周启文、戴瑞琪、王焕典、董廷祥等人开始接收工作。首先收回一些藏书。从玄武湖处收回藏书 314 册，又从汉奸梁鸿志处收回被劫取图书 4000 多册，从汉奸马幼铭的遗属处接收被劫取图书 1000 多册。后来他又和自己的职员多处查询国学图书馆的旧书，清点回收。1946 年上半年，又把抗战时寄存在竺桥的藏书清点后运回南京。

经过艰苦努力，到 1946 年 10 月，国学图书馆共收回藏书 177428 册，地图 204 幅，图表照片等 491 份，碑帖 132 函，字画 144 件。抗战前江苏国学图书馆藏书共 22 万册，经 8 年的离乱，回收近 18 万册，特别是 8000 卷楼的珍本，确属不易。这包含着柳诒徵及其同人的许多艰辛和心血。

1946 年 8 月 1 日，江苏国学图书馆重新开放。开放后的国学图书馆，为了使它走向正轨，柳诒徵做了大量的工作。特别是馆藏书目的编订工作，柳诒徵亲自督员编辑，终于在 1948 年 5 月和 8 月分别出版了《江苏省立国学图书馆现存书目》上、下册，再次向世人公布了国学图书馆的藏书情况，为图书事业做出了重大的贡献①。

1946 年，南京政府还都后，开始进行建立国史馆的工作。张继担任国史馆馆长。国史馆是国民政府建立的修史机构，直接隶属国民政府。它的主要职责是修纂中华民国建立以后的国史，其次就是修订《清史稿》，对其匡谬删补。柳诒徵被聘为国史馆纂修，并被推选为志传体总纂。后来他又担任了《国史馆馆刊》的总辑纂，与汪旭初、汪辟疆、刘成禹等轮流主编该刊物。

在这一时期，柳诒徵除了在国学图书馆的工作外，主要便是围绕国史馆的工作开展的。他多次参加了国史馆召开的国史修纂座谈会，对国史的修纂发表了自己的见解。还在国史馆召开的编纂会议上发表了修史的见解。其中主要是官方修史制度，尤其是针对当时修纂国史流程提出的一些见解，包括史料的收集、国史的修纂体例等问题。

关于国史的修纂体例，在国史馆召开的座谈会上，柳诒徵对国史修纂的断限、记日、记时、传的分类发表了自己的意见。这些意见在历次“国史馆纂修人员座谈会记录”中都有记载②。

对于史料的搜集上，柳诒徵认为收集史料，除了国史馆自身加强这方面的工作以外，社会各界也要作些配合，“凡有关史料之书籍，可请

---

① 许廷长:《柳诒徵振兴国学图书馆》，载柳曾符、柳佳《劬堂学记》，上海书店出版社 2002 年版，第 253—263 页。

② 可参见《国史馆馆刊》中的“馆务”栏。

馆内同人多多介绍，以便由馆征集。至于各省县之志书，关系尤大，拟请由馆呈国民政府通饬各地方政府，设法征送。各图书馆所藏之孤本方志，本馆亦可设法借抄”①。但史料的收集，首先在于目录的确定，这也是柳诒徵从中国古代官方史学中所继承的原则。

柳诒徵认为，修当代国史，应该参照过去的官方修史的传统，对国史的断限、记时、记日作具体的规定；国史传记的修纂，也应该分为专传、汇传、类传等三种。他的这些建议，和当时同为国史馆修纂的金毓黻、汪辟疆等人看法不谋而合，后来经他们的努力，定为国史修纂的体例。

在国史馆，柳诒徵参加了国史的修纂工作，主要是撰写了一些个人传记。如《赵伯先传》《柯劭忞传》等。这些传主人物都是柳诒徵熟悉的人。

赵声（1880—1911），字伯先，江苏丹徒人，是我国资产阶级民主革命早期主要领导人之一，曾两次领导发动广州起义。第二次广州起义（黄花岗起义）失败后忧愤而死。赵声是柳诒徵的同乡，又是柳诒徵妻弟吴永龙的同榜秀才，二人十分熟悉。赵声在日本结识黄兴、何香凝等人，加入革命组织以后，回到家乡组织革命活动，并在家乡开展教育。他曾经和柳诒徵一起开办安港小学，后来由于柳诒徵自己在南京的事务离不开身，便请他曾在日本留学的堂兄柳平章任教，柳诒徵后来曾应赵声之约，参加了安港小学的开学典礼。在南京时，柳诒徵利用其在江楚编译局的工作之便，供给赵声大量的书刊。1909 年，赵声在广州起义失败后，曾为了躲避江苏巡抚端方的搜捕，躲藏在柳诒徵家，后来柳帮助赵声化妆逃脱。这些事迹在柳诒徵撰写《赵伯先传》时，都纳入其中。

柯劭忞（1848—1933），字凤孙，晚号蓼园，山东胶州人，近代著名史学家。柯劭忞曾和缪荃孙一起进入清史馆，担任《清史稿》总纂与代馆长，也是《清史稿》的主要撰稿人之一。柯劭忞是柳诒徵十分佩服的史学前辈。在《柯劭忞传》中，柳诒徵以平实的笔调，把柯一生的学术成就作了扼要而全面的概括，赞誉他为：“诗文训故，天算舆地，靡不精究。”其所撰《新元史》“兼邵、魏二史之长，而无其短，

---

① 《国史馆馆刊》，“馆务”栏，第一期，1947 年，第 119 页。

不可谓非不朽之盛业也”[①]。为柯劭忞立传，纯由柳诒徵在文化学术上对其的歆慕而使然。

1947年，柳诒徵被聘为国史馆编纂后。在国史的修纂工作中，使他对中国古代的官方修史制度有所研究。他相继撰写了《记光绪会典馆之组织》《论陆放翁之修史》《与青年论读史》《述实录例》等论文。这些论文是柳诒徵对中国官方修史制度所做反思的结晶。如《记光绪会典馆之组织》，就是对清代光绪时期会典馆的组织机构作了梳理考订。这篇论文首先对会典这一史书的修纂体例作了简要的论述。他说：“明代会典，自弘治、正德、嘉靖迄万历凡四修。清代会典，自康熙、乾隆、嘉庆迄光绪亦四修。重规叠矩，袭故增新，亦政术之渊椒也。言其体裁，则自典制事例混合，而渐区为两书。”[②]

而后，柳诒徵就清《光绪会典》事例及李鸿章等人的奏章，对于光绪朝会典馆的人员遴选、增拨、递补制度进行了考证。柳诒徵对会典馆组织的梳理，纯由当时在国史馆的工作引发。当时，在国史馆工作的纂修人员探讨国史体例、国史的修纂制度等问题时，自然会引发他们对中国历代的修史制度特别是官方修史制度的探讨。《国史馆馆刊》就成为他们发表文章、探讨问题的主要阵地。当时除柳诒徵以外，进入国史馆的其他学者如金毓黻、但焘、吴廷燮等均在这方面也撰写了多篇论文[③]。

这是柳诒徵晚年的又一个学术活跃时期。在1948年9月，柳诒徵的《国史要义》由中华书局出版。这一年，柳诒徵也在中央研究院当选为院士。但当时时局动荡，南京政府已经处于风雨飘摇之中。

1949年，柳诒徵发表了《述实录例》，这是他发表的最后一篇学术论文。本年3月，柳诒徵在中华人民共和国即将建立，南京国民政府即将迁台之际退休了。虽然此后他还担任了国学图书馆的名誉馆长，又担

---

① 柳诒徵：《柯劭忞传》，《国史馆馆刊》，第二卷，1948年。

② 柳诒徵：《记光绪会典馆之组织》，载柳曾符、柳佳《柳诒徵史学论文集》，上海古籍出版社1991年版，第528页。柳诒徵这里的论述有误，清代会典的修订为五次，雍正时还有一次，乔治忠曾有详细考证。详见乔治忠《清代官方史学研究》第一章，清朝的修史制度及其特点，文津出版社1994年版。

③ 详情可参考《国史馆馆刊》有关论文。主要论文有：金毓黻《论史馆制度及其任用法》《唐宋时代设馆修史制度考》《释记注》；但涛《修史杂议》《国史馆制度杂议》；吴廷燮《国史义例》等论文。

任了南京国民政府的考试院考选委员，但在1949年的4月下旬，南京解放之际，他寓居到上海，在上海他跟随自己的儿子居住，直到去世。

上海解放以后，柳诒徵以上海文物委员会委员的身份参加了华东地区的图书收集、检理和保护工作，为中华人民共和国的文化图书事业发挥自己的余热。早在1948年年底，南京政府已处在风雨飘摇之时，南京政府各个机关纷纷向广州、台湾迁移，国立中央图书馆也接到把藏书分批运往台湾的指令。当时的国民政府江苏省教育厅指令，将国立南京图书馆的图书先运往厦门，再伺机运往台湾。教育厅虽多次催促外运藏书，但均被柳诒徵敷衍过去。柳诒徵出于保护馆藏的考虑，反对外迁，他曾经多次拖延教育厅的指令，因当时的江苏教育厅厅长是他的学生，也不好对自己的老师多加指责。柳诒徵将馆藏善本书两万多册，封装八十箱，于1949年1月27日送故宫博物院南京分院朝天宫地库保藏。由于柳诒徵的保护，江苏国学图书馆的藏书终于留存南京。正如有人评价的："柳诒徵把南京国学图书馆的全部藏书交到人民手中，成为今日南京图书馆的主要珍藏，柳先生之功伟矣。"①

1949年5月，上海解放了。8月，上海市市长陈毅下令组织上海市文物管理委员会，聘请李亚农、徐森玉等人为委员，柳诒徵也是被聘的委员之一。当时他担任图书组的主任，负责图书的征集、检理工作。已经70高龄的柳诒徵为了图书的征集与检理不辞辛劳，亲自检书不已。为中华人民共和国的文化事业做出了新的贡献。

在柳诒徵留下的《劬堂日记抄》中，记载了他晚年在上海市文物管理委员会的工作情景：

> 一九四九年八月十九日，晴、凉，诣尹老，谐赴会，到晤苏君，仍谐予等及沈君（迈老）会议本周工作，嘱余写卡片式备印……
>
> 一九四九年十月十八日。晴、寒，换穿丝棉袄，赴会时门尚未开，候程君来，使得入室。从尹君检书。
>
> 一九五零年五月二十九日，晨有晴色。尹命夏、孟等发麻袋悉数倾之堂下。指挥奔走，予仍在楼梯侧整理乱书，逐渐将毕，尹以所检《困学纪闻》等各书嘱予录存，予即逐书记录……予简书至五时半，

① 柳曾符、柳佳：《劬堂学记》，上海书店出版社2002年版，第279页。

室中已黑，不能辨字，始将所检者移至外间理之，近六时始上楼。①

我们仿佛看到，一个已经70余岁的白发老翁，在一堆乱书中，手扒目视，翻检图书的情景。在这近一年的时间里，柳诒徵和他的同事们把中华人民共和国成立以后上海地区所收集到的图书进行了翻检、分类、编目，对一些珍贵的善本、孤本善加保护，进行登记造册，后来这些被简括的图书收入了上海图书馆典藏。

在检书的过程中，柳诒徵详记自己过目的图籍之版本、行款、批识、藏印，前后集成八册《简书小志》，此书藏于柳诒徵后人之手，可惜没有出版。只能从《劬堂学记》中所收录的片断，可见其一斑，现收录其中一段：

一九四九年九月十九日阅：《王韦和刻》四册　项氏玉渊堂刊《王右丞集》六卷二册　《韦苏州集》十卷二册　《王集》目有刘汉臣字麓樵，又字庚甫白文方印，海陵刘氏藏书朱文方印。《韦集》同。《韦集》末叶有陈寿祺墨笔跋八行，述玉渊堂主人项细字书存，故歙籍，寄贾仪征，玉几山人馆其家三十年，项所刻书若《何水部》、《姜白石》、洎《王韦集》皆山人所校订，因又刻《山海经》、《水经注》、《隶辨》，亦具精美。己亥嘉平十有一日②

除此之外，晚年的柳诒徵还为故乡镇江的文化事业有所贡献，为镇江绍宗楼藏书的保存做出了努力，此楼原为镇江人吴寄尘（1873—1935）所建，1933年取名为“绍宗国学藏书楼”，柳诒徵与吴同年中秀才，既为同乡，又是后来南鄗书院的同学，有“三同”之谊，在建楼时，柳诒徵就为此楼的建设出谋划策。吴去世时，即把此楼的后事托付与柳诒徵。后来，柳诒徵建立了绍宗楼董事会，进行管理。但抗战时此楼所藏典籍散失无存。中华人民共和国成立以后，镇江文物局恢复绍宗楼藏书事业时，也请柳诒徵参加，他于是把自己在镇江的藏书1000余

① 柳诒徵：《劬堂日记抄》，载柳曾符、柳佳《劬堂学记》，上海书店出版社2002年版，第269—270页。

② 柳曾符、柳佳：《劬堂学记》，上海书店出版社2002年版，第272页。

册捐给了绍宗藏书楼，并在上海向镇江籍人士倡议，捐赠藏书、文物。使这一藏书宝库又重新焕发青春。这是柳诒徵在晚年，为家乡的文化事业所做出的贡献。

1956 年 2 月 3 日，柳诒徵因病去世于上海家中，享年 77 岁。可以说，作为史学家、图书文献专家的柳诒徵，把自己的毕生精力都献给了文化事业。

第二章　柳诒徵的文化观

柳诒徵的史学思想和理论是独具特色的。柳诒徵的文化观就有其保守的一面，又有弘扬中华传统的积极一面。无论对其臧否毁誉，都应进行研究和分析，因为它不仅是柳诒徵史学理论与实践的基石，也是在近代中国文化面对西方文明强烈的冲击之时的一种反抗。柳诒徵高举弘扬中华传统文化的旗帜，主张“倡明国粹，融化新知”，在今天看来，也具有一定的积极意义。在20世纪80年代后的相当长时期，柳诒徵都被看成中国文化保守主义、甚至封建复古主义思想的代表人物。在21世纪的今天，文化研究者又将柳诒徵当成新人文主义文化的人物①。笔者试着对柳诒徵的文化观作一研究分析。

第一节　柳诒徵的文化知识结构及特点

有学者指出：

> 19世纪末20世纪初，是近代中国新型知识分子形成的重要时期。这些新型的知识分子，不仅因受甲午战争后民族危机的刺激，较之旧式的封建士大夫有更强烈的时代感和变革社会的参与意识；而且，更重要的还在于，他们不同程度都初步形成了包括近代西方

① 关于柳诒徵的文化思想和立场，在1986年张文建曾撰写《柳诒徵史学研究》一文，把柳诒徵的史学分为五四前后的两个时期，前期“从属于洋务派思想体系，虽有向资产阶级史学转化的趋势，但基本上是具有变革倾向的封建史学系统”，而后期则是封建复古的封建史学。后来，郑师渠的《学衡派史学思想初探》则认为，柳诒徵及学衡派的史学是属于“资产阶级史学思潮的范畴”。沈卫威则把“学衡派”视为“借助传统”以防止“自由、激进思潮导致文化失范”的文化守成主义者。而郑先兴则认为柳诒徵的思想观点属于新人文主义者。

> 自然科学和社会科学在内的新知系统，较之后者又具有全然相异的宇宙观和价值趋向。因之，这些新型的知识分子知人论世，视野开阔，既具批判精神，又富有开拓求新的激情。①

柳诒徵就是其中之一。他是从旧的传统的私塾教育中走出来的知识分子，早年与洋务派和革命党人的交往，又使柳诒徵的知识结构与观念发生了重大变化，这是柳诒徵的文化观和史学思想形成基石。

柳诒徵思想变化的过程，可以分为以下几个阶段：从幼年的启蒙到考中秀才是接受传统教育的阶段；青年时期进入江楚编译局、后来在新式学校接触西学、深受“中体西用”思想影响是受洋务派影响的时期；辛亥革命前后，是接受西方资产阶级民主思想的时期。

柳诒徵在20岁以前，接受的全部是中国传统的文史教育，接受的全是儒家的经史与诗文。这种知识体系打下了柳诒徵中国传统文化根基，使他的知识结构以中国传统文化为主。

1903年，柳诒徵随缪荃孙等赴日本考察教育，使柳诒徵的知识结构和思想体系发生了重大的变化。其主要的反映，一是在回国后的五月初，和朋友一起创办了新式小学——思益小学堂，二是撰写了《日游汇编》，此书虽然是奉缪荃孙之命撰写，却表现出柳诒徵的知识结构发生了重大变化。对此，柳诒徵自己也有这方面的认识。他在晚年撰写的《我的自述》中，感叹：

> 但是私心自幸，生在光绪初年，宾叔公至翌年始下世，我在外祖家能从外祖、两舅氏常闻海门诸公及宾叔公以及家乡先哲文章道德经术门径，从旧社会中剽窃绪余，又值国家社会变迁，随着同时的人物逐渐演进，反而觉得比起乾、嘉、道、咸、同、光的人，所见所知不同，遂由八股小楷社会中，渡到科学物质的社会中，这可算我的幸运。②

---

① 郑师渠：《晚清国粹派——文化思想研究》，北京师范大学出版社1997年版，第62页。

② 柳诒徵：《我的自述》，载柳曾符、柳佳《劬堂学记》，上海书店出版社2002年版，第20—21页。

这一时期，柳诒徵受缪荃孙等人的影响，开始大量学习西方的科学文化知识，特别是在他进入江南高等商业学堂担任教习以后，与张謇、黄慎之等人接触后，受他们的影响，翻阅了许多有关新式教育、商业的书籍，使柳诒徵在知识结构上发生很大的变化。但由于这一时期，柳诒徵接受的都是20世纪初洋务派、维新派所翻译的西学著作，所以他接触的西学知识是经过中国人（主要是洋务派）思想改造过的。这也影响了柳诒徵对西学知识的正确理解。

辛亥革命前后，是他接受西方资产阶级民主思想的时期。

柳诒徵从政时间虽短，但他在资产阶级革命运动中，接受了西方民主思想，同时对辛亥革命后的政治腐败、道德沦丧、世风日下的社会现状也产生了深刻的认识。因此，柳诒徵寄希望于用中国传统的人伦道德来纠正当时的这种颓废世风。这种思想认识，和从西方留学归来的吴宓、梅光迪等人的认识有相通之处。所以，柳诒徵在20世纪20年代以后，成为“学衡”派的一员，是由社会环境和个人经历以及由此产生的思想文化观决定的。

柳诒徵的知识结构可以分成这样几个方面：传统的经史、诗文；西方自然科学知识；西方近代的社会科学理论。

第一方面，传统的经史、诗文。这是柳诒徵知识结构中的基石部分。直到中年，柳诒徵还在不断加强自己在这方面的修养。1920年，柳诒徵已经在南京高师任教，但他自认在诗文方面有欠缺，听取国文教师王伯沆谈诗时时有所得。他自己曾叙述过：“民国五、六年任教南京高师、东南大学，与王伯沆共晨夕。往喜谈诗，赣人胡先骕、邵祖平亦昵就。王谈诗，予旁听，久之，亦时有所得。”① 由于柳诒徵的好学不倦，使他具有深厚传统文化素养。他通读了中国传统的儒家经典及《史记》《汉书》《资治通鉴》与诸子著作；通晓古文、骈文、唐诗等古诗文；在版本目录学上，也有深厚的功底，曾著《中国版本略说》等著作；书法上也有深厚的功夫，自成一家。

第二方面是西方近代社会科学方面的知识和理论。20世纪初，柳诒徵从进入江楚编译局开始，就接触了西方的社会科学知识与理论。柳诒徵当时大量阅读了严复等人翻译的西方社会科学书籍，包括《天演

① 柳曾符、柳佳：《劬堂学记》，上海书店出版社2002年版，第20页。

论》《社会学通诠》《论法的精神》等。还阅读了许多日本人撰写的著作。从柳诒徵所撰写的《中国文化史》所引用的著作来看，共引用外国学术著作有20多部。其中包括达尔文的进化论、甄克斯的社会学理论、亚当·斯密的经济学理论以及其他领域如法学、教育学、心理学等知识或理论概念，并初步接受了西方近代资产阶级的民主思想。

第三方面是西方自然科学方面的知识素养。如上所述，柳诒徵已经接触到了近代西方的一些自然科学知识，在他的《中国文化史》中，他就适用了这方面的一些知识。但是对他的文化观影响不大，因为他还是停留在以中国文化提高中国道德素养的层面上，再加上他一生所从事文史专业的关系，因此，他对西方近代自然科学知识的认识是较为简单肤浅的。

从以上的叙述，我们也可以看到，柳诒徵的知识结构也有如下特点：

首先，他的知识是在接受了中国传统教育以后，才逐步接受西方的人文、社会以及自然科学知识与理论，再加上他主要从事中国传统文史教育工作。因此他的知识结构是以"中学"为主体，"西学"只是辅助性的。这一现象恰与柳诒徵在青年时期所处的时代与社会环境有很大关系。

其次，柳诒徵一生没有留学外国，只有短时间在日本考察过。这使他所接受的西学知识大都是间接性的，缺乏对西方知识和理论的深入了解和正确认识，而这就使柳诒徵的"中学"知识在其头脑中根深蒂固。直到晚年，柳诒徵的文化观还深受中国传统儒家的深刻影响，对西方的学术精神还有误解。1947年，当《中国文化史》再版，柳诒徵为此书撰写弁言时，还有明显的流露。例如，他把中国的圣哲遗训归结为西方的平等精神，并以为这圣德遗训不仅可以匡正中国当前社会的腐败与人格的沦丧，还可以影响西方人的文化精神①。

柳诒徵在知识和理论上的这些特点，决定了他的文化观在近代学术界有亦新亦旧的特征。在20世纪20年代，他成为"学衡"派的主要成员，也是由于这一知识结构和思想理念所决定的。

---

① 柳诒徵：《中国文化史》弁言，东方出版中心1988年版。

第二节 “学衡派”的文化主张与柳诒徵的文化思想

一 《学衡》杂志与“学衡派”

1922年1月，当时刚从美国留学归来的吴宓和东南大学的刘伯明、梅光迪、胡先骕、柳诒徵等人决定建立学衡社，同时创办《学衡》这一杂志，该刊由上海中华书局承印发行。根据版权页上所标的时间和刊号所示，《学衡》在1922年1月至1926年12月，以月刊的形式刊行了60期。1927年停刊一年，1928年1月复刊，后以双月刊印行至1929年11月，出版了第61至第72期，1930年又停刊。1931年以后断断续续又出版至1933年7月，其间出版了第73期至79期。历时近12年，共出版79期。

《学衡》杂志“发起同志数人，担任编辑”，但实际上自始至终主持编务的是吴宓一人，他又是总编辑、又是干事，在《学衡》杂志经费困难之时拿出自己的薪水，还曾经请求清华大学研究院的导师梁启超出面向中华书局说情，以减免《学衡》的部分印刷费用。后来，由于吴宓已经在北京的清华任职，他编辑《学衡》也就在北京进行，引起了南京学衡社部分社员不满，而南京的学衡社员也因为吴宓一人独自编辑《学衡》，说他独揽《学衡》。由于这些矛盾，最终导致了学衡社的瓦解，《学衡》杂志也只好停刊。

学衡派是由当时在东南大学工作的学者组成的，主张保持中国文化的传统、批评新文化运动。它是在新文化运动开始以后出现的，以吴宓主编的《学衡》为主要阵地。其主要的人物有：吴宓、梅光迪、柳诒徵、胡先骕、汤用彤等人。按照学术界的看法，他们是被看成文化保守主义的学术派别①。

实际上，学衡派并不像某些人所说的那样的“保守”。梅光迪曾说

---

① 关于“学衡派”的评价，主要是由于它反对新文化运动，同时又有鲁迅等人的激烈批判，使学术界予以保守的称号。实际上，“学衡派”以美国白璧德之新人文主义思想为服膺，主张“昌明国粹、融化新知”。他们并不是反对接受新文化，而主要反对的是当时新文化运动中“工于自饰，巧于语言奔走，颇为幼稚与流俗之人所趋从”的“弊端”和“恶果”（梅光迪语）。

“夫建设新文化之必要，孰不知之”?[①] 吴宓也说，“吾之所以不慊于新文化运动者，非以其新也，实以其所主张之道理，所输入之材料，多属一偏，而有害于中国之人……总之，吾之不慊于新文化运动者，以其实，非以其名也”[②]。这样看来，学衡派与新文化运动的鼓吹者们主张的差异，只是如何建设中国新文化。当时的新文化运动中，激进者动辄要与传统决裂，张口就要欧化，并以此为建立中国新文化的不二法门。在今天看来，这实际上也是一种偏激的做法。而这也正是学衡派所担心的。因此，他们提出了“正确吾国人估定文化价值之态度”[③]《学衡》杂志公开表明其宗旨：“论究学术，阐求真理，昌明国粹，融化新知。以中正之眼光，行批评之职事。无偏无党，不激不随。”[④] 其主张建设的文化内容和新文化运动中所主张的新文化也有重要的区别。但是学衡派不是纯粹保守的派别，《学衡》也绝不是胡适所说的“学骂”[⑤]。

之所以说学衡派在文化主张上不完全保守，是因为它实际上并不排斥西方文化，当然它所称赞的“新人文主义”也是西方的文化派别。它的创始人是美国哈佛大学教授欧文·白璧德（Irving Babbitt，1865—1933），他对近代西方社会过分追求物质利益并最终导致战争的行为持激烈的批评态度，希望人们在追求物欲的同时，应该关注人类的精神家园。他从学术的角度检讨了古希腊罗马以来西方的思想和文艺理论，对其中节欲的观点大加赞赏，而对那些主张放纵的尤其是文艺复兴以来的所谓理性主义观点进行了批评。白璧德认为，创造文化的人类，有两种互相对立的意识与行为，一是追逐物欲的满足、放纵自己的“放纵意志”；二是节制物欲，追求精神富足的“抑制意志”。在这两种意识的矛盾中，人类通过想象选择自己的行为方式，创造着文明。近代以来，世界工业文明的进步、科技的进步，物质财富创造能力的发展，在白璧德看来都是人们注重物欲的结果，但却忽略了精神因素，因而引起了西

---

① 梅光迪：《评提倡新文化者》，《学衡》第一期。

② 吴宓：《论新文化运动》，《学衡》第四期。

③ 李思纯：《论文化》，《学衡》第二十二期。

④ 柳诒徵：《学衡》发刊词。《学衡》第一期。

⑤ 在《胡适日记》1922年2月4日中，胡适这样写道：“东南大学梅迪生等出的《学衡》，几乎专是攻击我的。”并在文后附有一打油诗：“《学衡》出来了，老胡怕不怕？老胡并没有看到什么《学衡》，只是看到了一本学骂。”载胡适《胡适日记》（上册），中华书局1985年版，第258页。

方近代的拜金主义，乃至发生战争等弊端。要想解决这些问题，就必须节制人的欲望，关注人类的精神家园。白璧德的“新人文主义”是近代西方社会发展出现问题后，文化界人士希望解决这些问题而提出的文化主张。在西方，尤其是美国，“新人文主义”是影响不大的文化派别，白璧德的理论影响只局限于学术圈，根本无法和当时的实用主义、行为主义相抗衡①。

学衡社以及相关的文化势力，主要是因反对新文化运动而产生的。虽然它在新文化运动的大潮之下，并没有对中国文化的现代化形成多大阻碍。但是它对新文化运动的批评和反对，以及针对新文化运动所采取的措施，却使“学衡派”和《学衡》杂志赢得了保守主义的名声。

白璧德的“新人文主义”在中国之所以产生影响，产生“学衡派”，原因就在于他在中国的学生们。当白璧德在哈佛大学授课时，吴宓、梅光迪、汤用彤、林语堂等人都曾在白璧德的课堂上听过课。后来，吴宓、梅光迪、汤用彤等都成为“学衡派”的主要人物。而林语堂则因为受胡适的影响较大，“不肯接受白璧德教授的标准说”②。

“学衡派”的文化主张，对当时的中国社会并不完全适合。“学衡派”打着“昌明国粹”的旗号，反对新文化运动，“学衡派”这一文化保守主义群体没有现实政治的具体方案，而完全是一种精神文化上的守旧，是旧文化的卫道者。但他们所指的“昌明国粹”，是要把中国古代传统的文化加以继承并在现阶段加以发展。如吴宓在其《文学与人生》中对“义利”关系，就有如下的阐述：“义利皆就人生实际之行为而言。义利之分辨，指吾人每作一事时，本有许多种作法，而将择定某一种作法而实行之。”③ 选择的标准是什么？在这里吴宓没有去儒家那里寻找依据，而是依据“生活中的要素”去选择。实际上已经跳出了儒家理念的范围。

柳诒徵也是如此，在他看来，现阶段，中国完全坚持儒家的文化传统是不行的，但也不能完全抛弃。如关于“义利”关系，他主张，一

① 沈卫威：《回眸“学衡派”》，人民文学出版社1999年版，第99页。

② 林语堂：《林语堂自传》，河北人民出版社1991年版，第75页。

③ 吴宓：《文学与人生》，载刘梦溪主编《中国现代学术经典：吴宓卷》，河北教育出版社1996年版，第382页。

方面要坚持社会正义，另一方面也要寻求社会利益，他把这种“利”叫作“正义之利”，还为此专门写了一篇文章进行申述。对于中国传统人际关系，柳诒徵也做了新的阐释。他说：“世人习见天子与诸侯、皇帝与宰相，号为君臣，以为君臣专指此类人。其实君臣即首领与从属之谓。无论社会何种组织，皆有君臣，学校有校长，公司有经理，商店有管事，船舶有船主，寺庙有主持，皆君也。凡其相助为理聘任为佐共同治者，皆臣也。故君臣其名，而首领与从属其实。君臣之名可废，首领与从属之实不可废。”① 这实际上是要在新的社会条件下，对中国传统的文化道德进行重新阐释，而非完全的故步自封。这样看来，“昌明国粹”，就是要从中国的传统文化中寻找精华的成分，在新的社会条件下加以发扬。

学衡派毕竟是接受西方文化的新人文主义流派，他们在反对新文化派的时候，大都能遵循慎思明辨的态度平允立言，并不反对现代民主思想和共和精神。它是在接受现代的政治、经济和技术特征的同时，试图从文化发展的承继性和规范化上，“制衡文化激进主义、唯科学主义带来的社会文化观念和人生信念的现代失范，尤其是人文精神、伦理道德的沦丧或异化”②。正是在这一意义上，今天研究“学衡派”及其文化主张，对于我们从学术的层面来厘清近代中国文化界在发展道路上的争论，还是有重要的意义的。

《学衡》杂志创刊于 1922 年 1 月，此时正是北京的新文化运动取得全面胜利之时，但它的胜利并不意味着新文化运动没有问题。虽然，胡适把《学衡》讥讽为“学骂”，不屑于回击“学衡派”对新文化运动的攻击和非难。但历史地看，“学衡派”确实是对新文化运动中的偏激主张有所更正，是一种对中国文化发展的平衡。

柳诒徵是学衡派的中坚人物之一，对此吴宓曾有过极高的评价③。他是学衡社的主要成员，《学衡》的简章就是出自柳诒徵之手。他还是在《学衡》杂志上发表文章最多的作者，据统计多达 55 篇。

---

① 柳诒徵：《明伦》，《学衡》第二十六期。

② 沈卫威：《回眸“学衡派”——文化保守主义的现代命运》，人民文学出版社 1999 年版，第 6 页。

③ 吴宓在其《吴宓自编年谱》中曾经有过这样的议论，对于柳先生（诒徵）是东南大学历史系的核心人物，而历史系的主任不是柳先生而是别人感到大为不解。

柳诒徵对学衡派的主要贡献体现在中国文化史的研究方面。柳诒徵在《学衡》杂志上发表了诸多有关文化史、教育、诗文以及评判社会时政的政论文章。如果说吴宓、梅光迪等对学衡派的贡献主要在“融化新知”方面的话，那么柳诒徵的主要贡献则在“昌明国粹”方面。因此，这一时期也是柳诒徵学术研究的巅峰时期。

二 柳诒徵的思想特点

柳诒徵是学衡派重要的人物之一。但柳诒徵和吴宓、梅光迪、刘伯明等人所不同的是，他没有出国留学的经历，可以说是学衡派中中国的文化传统比较浓厚的人物。当代学者沈卫威把《学衡》的作者队伍大体分为三部分：第一部分为东南大学的师生；第二部分为吴宓在清华读书时的同学和他执教清华时的研究员、清华大学外文系的同事、学生；第三部分为学术思想及文化观念与《学衡》的文化保守主义倾向趋同，赞同《学衡》宗旨和主张的学人①。从文化思想观念上看他只能说是白璧德“新人文主义”的契合者、同路人，新人文主义者主张，西方文艺复兴以来的人文主义，实际上是一种无选择的同情，是一种泛爱的人道主义，而唯有规则和纪律才是人文主义的真意。他们所关切的是个体的自我完善，以及在自我完善下对人类文明传统的同情性评估与继承。

柳诒徵则不同，如果说吴宓等人分析中国的传统文化可以运用白璧德的新人文主义的观念与方法，柳诒徵却不能做到，因为他的思想完全是以中国文化为本位的，这是柳诒徵作为学衡派的主要人物与其他人物的不同之处。

正由于此，柳诒徵的文化观与学衡派中吴宓、梅光迪等人的思想文化是有所区别的。柳诒徵文化观念的出发点是中国传统儒家的道德至上主义，他分析中国传统文化是从人的道德本性出发，而不是西方以白璧德为代表的新人文主义。有学者以为，柳诒徵的文化观是文化保守主义文化观②，但柳诒徵认为，人的道德本性是属于人的属性，他的这一观念源于宋明理学思想，和近代张之洞、缪荃孙的思想一脉相承。柳诒徵分析中国文化，是从中国传统的“圣哲”遗训出发，而不是新人文主

① 沈卫威：《回眸学衡派：文化保守主义的现代命运》，人民文学出版社 1999 年版。

② 郑先兴：《文化史研究的理论与实践》，中央编译出版社 2004 年版。

义。1947年，《中国文化史》再版时，柳诒徵曾撰写过一篇弁言，其中有对中国文化与史学特性及其渊源的分析，他说“学者必先大其心量以治吾史，进而求圣哲、立人极、参天地者何在，是为认识中国文化之正轨”，那么如何“大其心量”？主要是要领会中国古代圣哲的遗训，在这一篇弁言中，柳诒徵大谈中国圣哲之遗训，这就是柳诒徵认为的文化思想的出发点，柳诒徵以中国古代儒家圣哲遗训为出发点，认为，中国文化的兴盛不衰源于此，“彝训炳然，百世奉习，官礼之兴以此，文教之昌以此”①。中国的史学也来自儒家传统的人伦道德至上主义，他说：“约之为史，于是迁、固之学为儒之别于史之族构者，亦即于此。”中国的人伦道德“非史家之心量能翕受其遗产，恶足于知尽性之极功。彼第之研悦文藻，标举语录，钻索名物者，该得其偏而未睹其全。而后史之阘冗，又缘政术日替，各族阑入，虽席圣哲之余绪，而本实先拔。”所以他说：“学者必先大其心量以治吾史，进而求圣哲、立人极、参天地者何在，是为认识中国文化之正轨。”②这就是柳诒徵研究中国文化的思想出发点，也是他“昌明国粹，融化新知”的立足点。而这一思想观念可以说与19世纪中期以来洋务派的思想一脉相承。所以，我们不应只看到柳诒徵是学衡派的重要人物，他在青年时期，其思想还受过洋务派的影响。而在民国建立以后，柳诒徵又接受了西方民主思想的影响。因此，柳诒徵的文化观，有相当的稳定性，变化不是很大。这是由于柳诒徵与其他学衡派人物相比个人经历与意识有很大的不同之处。

所以，我们研究柳诒徵的思想，主要放在他20世纪初的青年时期，和进入民国以后的思想成熟时期，而这两个阶段的思想有相通之处。如前所说，虽然前一阶段他的思想属于洋务派，后来在20世纪20—30年代又属于学衡派，但对柳诒徵而言则属于同一种思想，只是由于历史阶段不同，表现形态有所差异而已。

综上所述，柳诒徵的文化观，可以说是以中国传统文化为主体的保守主义文化观，在一定的程度上和吴宓、梅光迪等人的文化观有相契合之处。柳诒徵正是从这一保守主义文化观出发，进行中国的史学研究，并尝试解决中国的文化问题。

---

① 柳诒徵：《中国文化史》，东方出版中心1988年版，弁言。

② 同上。

第三节 柳诒徵文化思想主旨

柳诒徵的保守主义文化观以中国的传统人伦道德为出发点，这是他的文化观的主要内容，概括起来具有如下几点。

一 “明伦”“尚德”的道德至上主义

1933年，柳诒徵在中国文化学会作了“关于中国文化之管见”的讲演，比较系统地阐述了他的文化观，对中国传统文化特别是儒家的伦理和道德抱着肯定与赞扬的态度。他说，“中国文化，实在有多方面，并且有独到的精神”[①]。他从几个方面历史地分析了中国的文化发展特点。

柳诒徵认为，在政治制度方面，中国有比较系统的法律制度，他说，中国的法制很特别，“秦朝统一中国以来，汉唐宋元明清都是车同轨，书同文，天下一家。就政府管辖的区域而言，秦汉两代与希腊罗马的疆土的广狭比较之下，那中国就大得多”。而“在中国没有方便的交通便利之下，中国何以有如此有效的统治呢？靠的是完善的法制行政制度”[②]。

柳诒徵认为，从学术上讲，中国“自春秋战国以来，就有所谓九流十家之学，儒道墨法各派争荣并茂，后来章句训诂义理之学逐渐演进，分门别类不可胜数。就是实用科学上，中国也有所发明，如印刷术、罗盘针、火药，都是从中国传到欧洲的”[③]。

柳诒徵认为，从经济生活方面讲，“中国文化未尝不存在当中，做衣服原料的丝和麻，就是中国人最先利用的”[④]。在工程方面，中国也有独到之处，如交通的建设，就是显著的例子。

柳诒徵认为，中国在近代衰落了，但这只是物质上的落伍所致，并不是中国的文化落后，因此，他不主张放弃中国传统文化。柳诒徵把世

① 柳诒徵：《对于中国文化之管见》，《国风》半月刊（第四卷）第七期。
② 同上。
③ 同上。
④ 同上。

界上的文化分为这样几个种类：宗教的、法制的、军事强权的和道德的。他把中国文化看成以人伦道德为核心的文化类型，他说，“中国文化的根本便是天性出发的人伦”，而这种精神才造就了中国这样大的国家。在当代他主张要发扬人伦的天性，使中国文化的精神重新发扬起来。他认为这是中国民族复兴的良药，而这就是中国文化的核心，用柳诒徵的话就是“明伦”“尚德”。

明伦，就是在中国当前的社会当中推崇儒家的人伦。

柳诒徵认为，人类的文明在于有人伦，他指出：“人伦有五，亦曰达道，中庸。曰天下之达道五：君臣也，父子也，夫妇也，昆弟也，朋友也。”① 即使在当代社会里，这些伦理关系也会存在不会消除，只不过表现的方式不同而已。

所谓尚德，就是在当前的民主制度下，提倡儒家的忠孝礼义的道德观念。这忠孝礼义的道德观是以儒家的思想为基础，而柳诒徵又增加了新的文化内涵。柳诒徵对此有过详细的阐发，比如对“孝”的看法。柳诒徵认为，“孝”不仅限于家族，“举凡增进人格，改良世风，研求政治，保卫国土之义，无不赅于孝道”；“礼俗相沿，人重伦纪，以家族之肫笃，而产生钜人长德，效用于社会国家者，不可胜纪”②。

柳诒徵坚持认为，中国固有的这些人伦道德观是中国的文化核心，是中国文化中优于西方之处。他说：“西人对于物质文明诚有高过吾国者，至于其为人之道尚多存禽兽及野蛮人之余习，未可目为文明观。”③ 因而他主张应该发扬中国这种固有的文化，并在新的形势下加以发展，他并不反对吸收西方先进的物质文化与民主、科学精神，重要的是在当代社会，还应当保住中国固有的优良文化传统。这也可以说是他及其“学衡派”提出“昌明国粹，融化新知”的原因所在。

柳诒徵的这一人伦道德至上主义，源于中国儒家的自然道德人性论，他认为，人的伦理道德出于天性，他说，“吾国圣哲遗训曰：立天之道曰阴与阳，立地之道曰柔与刚，立人之道曰仁与义。持仁义以为人，爰以参两天地，实即以天地之道立人极”。又说，“人之性根于天

① 柳诒徵：《明伦》，《学衡》第二十六期。

② 柳诒徵：《中国文化史》，东方出版中心 1988 年版，第 82 页。

③ 柳诒徵：《明伦》，《学衡》第二十六期。

地，汩之则日小，而人道以亡；尽之则无疆，而人道大”。而在社会中，人要具有人伦道德，就必须加强个人的修养，这也是中国传统的儒家思想。他说：“自天子以之于庶人，壹是皆以修身为本。庶人修其身，不愧天子；天子不修其身，不足侪庶人。”柳诒徵把这种儒家加强个人修养的思想，和西方的平等精神相提并论。在当前社会不断进步之际，正是应该发扬光大中国固有道德伦理精神的时机，他不仅要把这一精神在中国加以发扬，还要把它推广到世界，这就是柳诒徵的中国文化“西被”思想：“吾人继往开来，所宜择精语详，以招来学，以贡世界，此治中国文化史者之责任。”[①]

柳诒徵在宣扬人伦道德至上的文化观之时，并不反对接受西方的民主思想、共和精神。在他的著作《中国文化史》下册，叙述辛亥革命时，他说道，中国经过辛亥革命而“四千余年帝制之国，遂一变而为民主之国”[②]。他还写道，“中华民国之基础，以民国元年各省代表所组织之参议院制定之《约法》为主”[③]。并且在书中全录《约法》的全文以示重视。

但柳诒徵对民国以来的民主制度并不满意，认为当时中国所采用的民主制度并不能真正体现民治精神，而为政治腐败、道德沦丧的社会风气所败坏，如谈论到选举时说，“今中国之治法，钱治也，非民治也。欲行民治，必自排除金钱选举始。金钱选举莫甚于中国。”[④] 在谈到中国当前的民主制度时说，“中国乃数千年君主专制之国，而其试行民主制度也，甫十四年矣，故大多数人民之心理绝无民主国家主人翁之思想”。要树立这一主人翁的思想，首要的任务在于建立平民的道德、增强平民的智慧[⑤]。但如何建立这一平民的道德与增强平民的智慧的做法，柳诒徵认为，应该“明德”。“明德者，政之本也，新民者，政之的也。”[⑥] 所以，中国在政治上实行民主制度的同时，在文化上应该加强人伦道德修养的改造，以中国古代儒家所提倡的人伦道德为内核，加

---

① 柳诒徵：《中国文化史》，东方出版中心 1988 年版，弁言。
② 同上书，第 826 页。
③ 同上书，第 827 页。
④ 柳诒徵：《选举阐微》，《学衡》第四期。
⑤ 柳诒徵：《正政》，《学衡》第十四期。
⑥ 同上。

以改造发挥，建立新的民德民智，提高人民的民主思想意识。这是柳诒徵的一种政治理想与愿望。当然这也只是作为文人的一种良好愿望而已。

柳诒徵的这种道德伦理文化至上的思想，继承了清末洋务派的“中体西用”思想，并在新形势下有了发展，他试图把中国人伦道德观的精华挖掘摄取出来，用以改造当前的社会，以建成中国固有伦理加西方先进物质文化的民主、科学的社会，这是柳诒徵及其学衡派的社会理想。

二　政治文化观：政治自治中的“尚德主义”

柳诒徵提出“明伦”的主张，在于解决中国当时所面临的政治问题和社会问题。他曾经撰写过几篇文章，刊载于《学衡》杂志上。这些文章主要有《论中国社会之病源》《正政》《选举阐微》《墨化》《中国乡治之尚德主义》等文章，柳诒徵在这些文章中阐述了自己对近代以来，中国社会发生巨变根本原因的反思，提出了根治腐败、树立人伦道德、建立“尚德”社会的设想。

在《论中国社会之病源》一文中，柳诒徵分析了中国近代以来社会落后，政治腐败，屡被列强欺凌的原因。指出近代中国的落后、腐败和所受欺凌，是由于中国近代社会存在以下问题：清朝的封建统治、鸦片对国民的伤害、官场政治腐败、军阀专权以及战争内乱。产生这些问题的根源何在呢？在于中国民族文化道德的沦丧，而文化道德的沦丧，则是由于中国传统文化特别是儒家文化的沦丧。

柳诒徵把近代中国的历史巨变分为四次：鸦片战争、甲午战争、庚子之变、辛亥革命。他指出，鸦片战争前，“官民以吸烟为乐境，商兵以运烟为利薮”，“咸同以来，烟毒遍天下，家家有灯，市市有馆”，“清季迄今，号为禁烟，而军官长吏富人贫子冒禁吸食者自若”[①]，甲午战争以来，国家日益衰败，李鸿章担任国家的外交和军事重任，任用的却是奸诈无赖之徒，这些人直到民国以来还在督军、省长等军政高位上。这些人对民国的国政是没有什么好作用的。柳诒徵认为，民国以来的政治腐败和黑暗，其本源在于“中国近世治病根在清朝之旗人，在鸦片之病夫，在污秽之官吏，在无赖之军人，在托名革命之盗贼，在附会

① 柳诒徵：《论中国近世之病源》，《学衡》第三期。

民治之名流政客，以迨地痞流氓。而此诸人固不奉孔子之教”[①]。所以他说要解决中国的政治问题在于重新建立中国的传统道德：“盖中国最大之病根，非奉行孔子之教，实在不行孔子之教。孔子教人以仁，而今中国大多数之人皆不仁，不仁者，非必如袁世凯、陆建章、陈宧、汤芗铭等杀人者也。拘墟之人，不谋地方之公益，不知国民之义务，固属不仁，而巧诈者托名公益，敛费自肥，其不仁尤甚。”[②] “孔子教人以义，而今中国大多数之人惟知有利，举国上下，汲汲皇皇，惟日不足者，求得利之机会耳。”[③]

因此，柳诒徵特别推崇以《周礼》为主要内容的礼制，他认为，这是中国后来的国家政治制度的源头。而在《周礼》中，所述的西周地方乡遂制度，他有一篇文章：《中国乡治之尚德主义》。在这篇文章中，他对中国西周的乡遂制度进行了阐发论述，他认为，德治和法治是中西文化的根本不同，因此，他认为不能轻易舍弃中国原有的文化精神。在现阶段，中国实行民主法制和提倡中国的传统文化精神应并行不悖，“吾诚不敢谓德治与法治得一即足，不必他求，亦不敢谓尚德者绝对无法治之思想事实，尚法者亦绝对无德治之思想事实”[④]。只是各有侧重，中国的文化虽然强调德治思想，但并不缺乏法治精神。在中国的政治制度中也并不缺乏法治。他以为，西周的地方政权中“比、闾、族、党之首领，皆自人民选举，而所重者则在德行道艺”[⑤]。这种制度在春秋、战国乃至秦汉以后，在中国的政治制度中影响深远，“吾国自邃古至元明，虽为君主政体，然以幅员之广，人口之众，立国之本仍在各地方自跻于善，初非徒恃一中央政府或依赖政府所任命之官吏，而人民绝不自谋”[⑥]。柳诒徵认为，中国的这一地方自治制度具有自己的特色，就是侧重德治，“所重者则在人民之德行道艺”而已。侧重孝悌、忠信、贤良等德行，“当时人民对于国家及地方，须人人各尽其义务，人民之道

① 柳诒徵：《论中国近世之病源》，《学衡》第三期。

② 同上。

③ 同上。

④ 柳诒徵：《中国乡治之尚德主义》，载柳曾符、柳定生《柳诒徵史学论文续集》，上海古籍出版社1991年版，第178页。

⑤ 同上书，第181页。

⑥ 同上。

德，即于其服务时徵之"[①]。

柳诒徵甚至认为，中国秦汉时期，地方的乡老、啬夫等乡亭制度，后来的里、邻长地方制度都可看成这种"地方自治"的遗续，汉代的"清议"和宋、明时期的乡约都是地方自治中的民主评议制度。在中国的政治制度中，自明以前，乡治这一思想意识一直存在，只是到清朝贵族的统治，才使得这一精神中绝。柳诒徵主张，在民国实行地方自治时，应该把地方自治制度和西方的民主制度结合起来。所以，他极力提倡在地方搞自治制度时，应该挖掘中国古代的乡遂制度遗意。

不过从上述来看，柳诒徵对西方的民主制度的认识是有所偏差的。其实，西方近代的民主制度与思想意识，是近代资产阶级在争取国家政权的漫长革命中，逐渐产生的一种社会制度和思想意识形态，和中国古代的地方乡遂制度有根本的不同。从另一个角度来看，柳诒徵已经接受了西方的民主制度，只不过他希望在此基础上要从中国古代的文化传统中继承"德行道艺"而已。

三　对外文化交往中的中西文化观：中国文化西被论

"西方文化的东渐，不可避免地要与中国固有文化发生交汇、碰撞。这就给中国人提出了文化选择的问题，而中西文化问题的论争也就随之而起。"[②] 虽然从明代中期以后，西方的文化学术开始被引进中国，开始了西学东渐，但真正产生中西文化论争，并在中国的社会引起波澜，则是在鸦片战争发生以后的近代。从林则徐、魏源等提出学习西方的主张以后，近代中国在各个时期，几乎都发生过激烈的文化论争。洋务运动时期洋务派与封建顽固派的文化论争；戊戌维新时期维新派与守旧派的文化争论；20 世纪以后，中国资产阶级知识分子中民主共和与君主立宪、"欧化"与"国粹"的争论；乃至后来五四新文化运动时的文化论争，都是近代中国在中西文化观上的争论[③]。这文化的论争，实际上也就是中西文化的交锋。但交锋的结果是西方文化在中国的社会中越来

---

① 柳诒徵：《中国乡治之尚德主义》，载柳曾符、柳定生《柳诒徵史学论文续集》，上海古籍出版社 1991 年版，第 183 页。

② 龚书铎：《中国近代文化概论》，中华书局 1997 年版，第 40 页。

③ 详细的论述可参见龚书铎主编《中国近代文化概论》，中华书局 1997 年版，第三章近代中国文化问题的论争。

越具有重要的影响。在中西文化的论争与交锋中，产生过形形色色的文化观、文化学说，对中国社会产生过重大的影响。其中“中体西用”论、“西学中源”“全盘西化”说等就是颇有代表性的文化观。

柳诒徵有自己别具一格的中西文化观。在当时虽然没有产生太大的社会影响，但剖析它却对我们了解柳诒徵的文化观，了解柳诒徵的史学思想有所裨益。因此在这里稍加分析。

柳诒徵的中西文化观主要反映在他的文章《中国文化西被之商榷》（载于《学衡》第二十七期）和著作《中国文化史》当中，而以前者的阐述比较具体。在这篇文章中，柳诒徵对中国传统文化和西方文化的优缺点作了比较，得出了中国传统文化具有自己优势的结论。他认为近代以来，特别是20世纪以来，西方文明遭遇到前所未有的挑战，要想渡过难关，应该从中国传统文化中汲取精华来加以弥补。“顾自欧战以后，研究东方文化之声，益高于前，其因盖有三端：一则交通进步，渐合世界若一国，昔之秦越肥瘠者，今则万里户庭。我之知彼者既增，彼之知我者亦应有相当之比例也。一则欧人国家主义、经济主义、侵略主义、社会主义、个人主义，既多以经验而得其缺点，明哲之士，亟思改弦更张，如患病者之求海上奇方，偶见其所未经服御者，不问其为参苓溲勃，咸思一嘬为快也。一则吾国之人对于国际地位，渐亦知武力金钱之外，尚有文化一途。前二者既自视坎然，无所贡献，所可谓野人之芹者，仅赖有此。闻他人之需要，亦亟谋自动之输将，如拟印行《四库全书》及津贴各国中国文化讲座之类，皆其发动之机也。”①

那么，中国文化以什么来影响欧洲呢？他认为主要是中国文化中的“人伦道德”。“世界各国皆尚宗教、至今尚未尽脱离。吾国初民，亦信多神，而脱离宗教甚早。建立人伦道德，以为立国中心，沥沥数千年，皆不外此，此吾国独异于他国者也。……故吾国文化，惟在人伦道德，其他皆此中心之附属物。”② “鄙意以为，中国文化可恃以西被者在此，中国文化在今之世界，具有研究之价值者亦在此。”③

可见，柳诒徵的中西文化观，仍然是“中体西用”论的一种表现，

① 柳诒徵：《中国文化西被之商榷》，《学衡》第二十七期。

② 同上。

③ 同上。

是中国自洋务运动以来“中体西用”论的延续和发展。柳诒徵认为，中国传统的人伦道德可以弥补西方文化之不足，仍然是以“我”为中心的文化价值观，是中国文化优越于西方文化，中学优于西学的一种表现。

柳诒徵这种文化观的产生，有深刻的社会背景。当时欧洲经历了第一次世界大战，战争给人类带来了巨大的灾难和创伤，以欧洲为首的西方文明遇到了前所未有的挑战。无论是西方，还是中国的学者，都对这一问题产生忧虑和不安，都在思考解决的方法和路径，如欧洲的施本格勒、中国的梁启超等人。柳诒徵的这一文化观，也在试图解决这一问题。柳诒徵和梁启超一样，他们都在宣扬中国传统文化的优越性，试图以中国传统文化影响西方文明。从这一意义上说，柳诒徵的中西文化观虽然和民国之初的“国粹派”有所不同，但在反对新文化运动这一点上是一致的，即都在捍卫中国传统文化，当然其中不乏对西方文化特别是欧美文化的误解，并影响到他对西方文化的态度。柳诒徵的“中国文化西被”论就是典型代表。

柳诒徵的“中国文化西被”论，还影响到他的史学理论，也影响到他对中西史学的认识。他说：“西方各国古史多属于神话，后来构成国家，也未正式设立史官而注重纪载历史，所有史书，大都是私人编纂，得之传闻，或是事后搜辑材料追想得来的，惟有中国，自从黄帝以来即有史官，注重纪载历史，因而历史神话少，纪载人事的特别多。”① 柳诒徵认为，中国古代史学，从诞生那一刻起就带有政治性，具有以礼赞治的政治功能，他认为：“读殖民史，则驰心于远略；读战争史，则极意于争雄；读外交史，则务夸纵横捭阖之能；读商业史，则醉心于经济侵略之策……世界之祸，遂穷惨极酷，几不可收拾矣。惟吾国史不然，其中固不乏拓地、殖民、耀兵、奋武、纵横、钩距、轻重、贸迁之术，而以儒术为之主宰。乃以开发建树此东亚数千年之世界。”②

因此，柳诒徵的“中国文化西被”论，实际上是一种落后倒退的文化观。这一文化观念，使他对中国古代文化特别是史学的优势颇为自信，20 世纪初，正是中国人大力提倡学习吸收西方文化的时候，他却

① 柳曾符、柳定生：《柳诒徵史学论文集》，上海古籍出版社 1991 年版，第 493 页。

② 柳诒徵：《柳诒徵说文化》，上海古籍出版社 1999 年版，第 118 页。

提出中国的文化也要去以自己的优势影响西方，确实是一件很奇特的事情。柳诒徵的这一认识，由此又影响到他的史学理念。

中西文化之间交流是必然的，抱残守缺，排斥外来文化的态度是错误的，而一切崇洋，采取民族虚无主义的态度也是不可取的。只有不断地总结本土文化，在提高自觉性和自信心的基础上，主动迎接外来文化，才是唯一可取的正确态度。从此意义上讲，柳氏的中西文化观对今人认识西方文化和弘扬中国传统文化，有现实的指导和借鉴作用。

第四节 柳诒徵文化观的特点

柳诒徵的文化观是他的中国传统知识、思想与近代西方的知识与思想相结合基础上的文化观，他的文化观在他的不同时期有不同的面相，清末的新政时期，他的文化观有洋务派的影子，因此被称为洋务派的文化观，20 世纪二三十年代柳诒徵是学衡派的文化人物，因此，柳诒徵的文化观就被称作是学衡派的文化观。但实际上柳诒徵有洋务派的思想和文化，又与学衡派的文化人士思想相契合，但同时也有自己的特点。可以说柳诒徵的文化观是保守、守成的文化观，既是积极入世的文化观，又是中庸的文化观，但同时也是民族主义的文化观。

一 保守、守成的文化观

首先，柳诒徵的文化观是保守与守成。推崇中国传统的人伦道德，政治制度上主张借鉴中国古代的《周礼》中的制度，中西文化交往上主张把中国传统的人伦道德融入西方的文化之中，这无不是保持中国文化传统，以我为主的文化保守主义。

柳诒徵的文化观是保守的、守成的，主要是指思想内容上的落伍。在 20 世纪，世界已经进入资产阶级的民主共和时代，也进入了民族革命时代，新的思想和文化开始在中国传播，马克思主义思想成为中国新文化思潮的主流。而柳诒徵却还在宣扬以中国传统的人伦去匡扶资产阶级的民主共和制度，试图以此来校正资产阶级政治生活中种种腐败与不足，他没有也不愿意正视中国文化在总体上落后于西方文化的事实，只承认是局部或表面的现象，使中国近代文化的现代化这一主要问题被淡化了。他的“融化新知”，也仅仅是在中国传统文化的基础上的修修补补，这与近代中国社会走向现代化和融入世界体系的大潮显得很不合拍，因而确实有保守的一面。但是另一方面柳诒徵又赞成资产阶级民主共和制度，他的保守，只是希望保持住中国文化的传统，匡正种种社会弊病。当这一充满危机、落后的社会尚没有新的社会改造方案时，有深厚传统文化底蕴的柳诒徵自然要从中国的历史和传统社会中去寻找解决的方案，并以此让这一充满危机、落后的社会逐步走向正常发展的轨道。他执着地认为中国传统的历史文化与现实的社会运动有密切的联系，前者可以为后者提供不少可以借鉴和使用的良方。虽然在某些方面显得迂腐守旧，但这种保护中国文化传统的精神追求值得敬佩，也恰恰是对中国近代社会文化发展的一种平衡，制衡了新文化运动中的种种偏激和失误，使中国近代的文化发展沿着中间道路向前。

近年来，当代学者对文化保守主义多有正面的评价。胡逢祥曾经评价：“20 世纪以来的文化保守主义的代表人物大多是深情的爱国主义者，他们的文化主张，容或有其认识上的片面性，但却无不渗透着对祖国文化的热爱和对民族命运的深切关注，其对新文化建设过程中透露出来的某些弱点和将新文化更新简单化的做法，如‘全盘西化’论或民族文化虚无主义的批评，尤闪耀着睿智的火花，足以启人深思。”① 沈卫威也曾这样评价文化保守主义，他说：“文化保守主义借助传统，是要防止自由、激进思潮导致的文化失范。同时，以保守的姿态和偏执话语与新文化运动抗衡，是要重新确立和获得知识话语的权力，以消解对方新的权力话语的霸权性。”②

柳诒徵具有这种保守的文化价值观，与他的知识结构、社会经历，以及所从事的职业有一定的关系。但柳诒徵是具有良知和爱国的知识分子，他以拯救天下为己任，所以他的文化观又是积极入世的。

二　积极入世的文化观

正如柳氏在《中国文化史》弁言中所说，“吾人继往开来，所宜则

① 胡逢祥：《社会变革与文化传统》，上海人民出版社 2000 年版，第 21 页。

② 沈卫威：《回眸“学衡派”——文化保守主义的现代命运》，人民文学出版社 1999 年版，第 82 页。

精语详，以诏来学，以贡世界”，他认为，弘扬中华文化，目的就是要建立现代中国的新文化，以解决当时社会所面临的问题。改变国民的人伦道德、建立社会崇尚德行的风气、奠定推行地方自治的思想基础、建设新兴的民族意识和新的学术。

柳诒徵的这种积极入世的文化观，主要表现就是他在学术舞台上发表了大量的论文，或者在社会公众场合的演讲、学术讲座，以阐述自己的文化观点。其中虽然有些方案带有迂腐的成分，但其态度是积极入世的，是抱着解决问题的态度而提出的方案。

20 世纪二三十年代，柳诒徵在《学衡》《国风》等杂志上，撰写了《论中国近世之病源》《正政》《选举阐微》《墨化》《厉耻》《反本》《解蔽》《明伦》《致知》《罪言》《关于中国文化之管见》《教育之最高权》《论大学生之责任》《说酒》等文章，都是针对当时中国社会所面临的问题而发，抨击时政，揭露社会种种腐败，探讨社会道德沦丧的原因。

当然，柳诒徵的这些看法带有很大的缺陷。例如，当统治阶级已经到了腐朽、没落、无能的地步，对国家的内外大势已经没有清醒的认识，对国家已经缺乏有效管理和统治的时候，谈什么道德的改良、孔子的德教，无疑是一种对牛弹琴，仅仅是一种知识分子的迂腐。

柳诒徵这种积极入世的文化观，渊源于他的知识分子的良知，也是中国传统文人关怀天下的优良传统的继承和发扬。他不是革命者也不是政治活动家，他只是在学校中成长起来的知识分子。他研究中国历史和文化，源于他对中国社会和民族的关心，也是中国传统文人关怀天下的优良传统的继承和发扬。他曾写过一篇文章《顾氏学述》，在这篇文章中，柳诒徵总结了清初学者顾炎武的思想学术。他认为，顾炎武的学术真谛在于“行己有耻”，近代的学者学习顾炎武的思想学术，也应注重“行己有耻”。柳诒徵认为，学习顾炎武，要有“写真器”的精神。所谓“写真器”，就是领会这种学术的精神实质，就是顾炎武的“天下兴亡，匹夫有责”的精神。

三　中庸的文化观

柳诒徵的“中庸”文化立场，是深受传统儒家文化影响的，在柳诒徵的《中国文化史》中，他曾经说中国“自尧、舜以来，以‘中’为立国之道，孔子祖述其说，而有加以‘时’义”[①]。他认为，所谓“中”，指的是一种中道，而“时”则是一种时代的变迁。“至于孔子讲《易》以明人伦日用之道者，则有二义焉，曰‘中’，曰‘时’。”[②]

在对中国人如何建立新文化的问题上，柳诒徵认为当时社会要建立“明伦”“尚德”的社会，也要讲求这“中”“时”，在《明伦》一文中他说，当今社会政治腐败、世风日下，是由于文化偏离了中道，应当保持传统的人伦道德，继承孔子的学术，同时，还要融化西方的“新知”。这就是因时而变，但要有固定宗旨的儒家的“中庸”的文化观。

四　民族主义的文化观

柳诒徵的文化观有强烈的民族主义意识。在西方文化的猛烈冲击下，柳诒徵和学衡派的其他学人一道，呼吁保持中国文化的传统，昌明国粹、融化新知，这本身就带有强烈的民族主义倾向。

但柳诒徵并不是要全盘地、盲目地保存本民族的固有文化。而要非常积极引进西方近代的科学学术，引进民主制度和理性精神，把中国传统的学术和文化在理性的精神下加以提取、整合和发展，以建立新型的文化。他在20世纪30年代创办的《国风》杂志，就大量介绍了西方现代的民主政治制度、文化思想、科学文化等方面的内容。只是柳诒徵自己在这方面不擅长，而没有撰写文章而已。但他在弘扬中国传统文化方面，表现出了民族主义倾向的文化观。

柳诒徵具有“救学”意识。柳诒徵在面临西方文化的冲击之下，感到了中国传统文化逐渐衰微，于是他产生了挽救国学的“救学”意识。在《史地学报》发刊词中，柳诒徵表达出了对中国传统学术在近代逐渐走向衰微的忧虑，所以他要提倡弘扬中华传统文化，使中华传统学术不仅在中国发扬光大，还要走向世界。这正是强烈的民族主义思想的一种表现。

柳诒徵不仅在杂志上撰文呼吁，还在学术讲演会、在讲坛上、在广播电台多次的大声疾呼要弘扬中华传统学术，弘扬民族主义精神。1934年，他曾经在南京中国文化学会做过“对于中国文化之管见”的讲演，

① 柳诒徵：《中国文化史》，东方出版中心1988年版，第238页。

② 同上。

极力主张发扬中国文化的精神，认为这是中国民族复兴的良药。1935年，他在当时的中央广播电台发表演讲："讲国学宜先讲史学"，这些呼吁都表明了柳诒徵的"救学"意识，表明了其文化观中的民族主义倾向。

柳诒徵强烈的民族主义文化观，还表现在其学术研究以民族复兴为依归。1931年，九·一八事变爆发，日本吞并中国东北；1932年，一二八淞沪抗战爆发；紧接着热河发生剧变，长城抗战爆发，中华民族面临着越来越深的危机。柳诒徵在民族危亡的形势下，激于民族大义，在以后几年的时间里撰写了大量的论文，同时利用在国学图书馆的有利条件，刊布了中国古代、特别是明代有关防御倭寇的古籍文献，以资借鉴，激发国民的民族热情、振奋国人的抗敌卫国之心。在《国风》发刊词中，他就表达了这种强烈的爱国主义情感："呜呼噫嘻，吾侪今日尚能强颜持吾国之风而鸣于世耶！淞沪之血未干，榆热之云骤变。"①

第五节　柳诒徵文化观在近代历史中的地位

由于历史和社会的原因，柳诒徵文化观在近代社会有一定的市场，代表了一些阶层的意见。但是关于柳诒徵文化观的研究并没有引起重视。特别是中华人民共和国成立以后，由于形势的发展变化，它的学术价值被长期所忽略从而被历史湮没了。

柳诒徵的文化观提出了解决中西文化交融的新思路，虽然它有缺点，但能给人以启示。但是，从学理的层面上来说，柳诒徵的文化观是落后的，从学术逻辑上有不可克服的矛盾。一方面，柳诒徵认为中国传统文化中的伦理道德是中国文化中的精华，只是近代中国在实业方面落后了，只要吸纳西方先进的自然科技知识，与中国传统的伦理道德结合起来，就能形成完美的社会，因此在政治上也主张"尚德"，甚至西方也可以从中国古老的文化中吸取儒家的根本精神。另一方面他又说中国的文化自汉以后，开始衰退，中国文化吸收印度文化变为中国的文化，"传播发扬，且盛于其发源之地，是亦不可谓非吾国民族之精神也"②。

---

① 柳诒徵：《国风》发刊词，《国风》半月刊，第一期，1932年。

② 柳诒徵：《中国文化史》，东方出版中心1988年版，第345页。

但是，由于他对西方的知识和理论理解的偏差，使他认为西方的民主思想、平等精神在中国古代就已经存在，西方的民主制度在中国古代也已经具备，并撰写文章考证说，西汉的官议制度就是中国古代的议会政治，“官议”就是议会政治，就是言论自由和民主，甚至认为西周的乡遂制度就是中国古代地方的民主选举制度。这实际上是柳诒徵把中国古代的民本思想和西方近代的民主思想混淆了。他在认识上的这一偏差，直接影响到他对西方科学与文化的正确判断，使他自信地认为，中国文化中的人伦、道德是解决近代以来西方社会出现弊病的良方，也是解决当时中国近代社会问题的良方，并以此规划了他对文化建设的远景。柳诒徵的这一文化观有它的缺陷和错误，而这错误和缺陷又直接影响了他的史学思想，使他的许多研究成果都因此而失色不少。

第三章　柳诒徵的史学思想与治史方法

1930 年，史学家张荫麟曾说：

> 就中国史学的发展上来看，过去的十来年可算是这一新纪元中的一小段落；在这十来年间，严格的考证的崇尚，科学的挖掘的开始，湮沉的旧文献的新发现，新研究范围的垦辟，比较材料的增加，和种种输入的史观的流播，使司马迁和司马光的时代顿成过去，同时史界的新风气也结了不少新的、虽然有一部分还是未成熟的果。①

也就是说，中国史学近代化的进程已经开始，并且已经开始开花结果。但“传统史学的内在精神与生命力并没有消失”②，而是以新的姿态向新的方向发展。

柳诒徵的文化观继承了中国传统文化，力图重建中华新人伦、新道德。与此相对应的是，他的史学思想也继承了中国传统的史学思想和精神，意在使中国传统史学重发生机。他继承了清末缪荃孙的考证史学精神和清末黄以周“实事求是”的学术精神，并在新的形势下加以发扬，形成自己的文化观和史学思想理念。其一，他以宣扬中国传统文化为己任，并以此作为自己研究中国史的主要目的，因此中国文化史的研究是柳诒徵史学研究的重点，《中国文化史》就是其主要代表作。其二，柳

---

① 张荫麟：《中国史纲》自序，山西古籍出版社 2001 年版，第 1 页。

② 吴怀祺、林晓平：《中国史学思想通史》（总论 · 先秦卷），黄山书社 2005 年版，第 17 页。

诒徵以宣扬中华文化的传统道德为己任，因此他“以史为鉴”“史以教民”的史学思想理念能够与史事考证、历史阐释相结合。其三，由于柳诒徵对中国文化有深深地崇敬之情，所以他的史学思想中有浓厚的信古成分。其四，在传统学术思想理念下，对中国传统治史方法的继承与发扬。

近代以来，企图使中国传统史学焕发生机和活力的史家并不多见，柳诒徵继承了中国古代传统史学的传统，是一位以中国传统史学思想为基础成长起来的史学家①。

第一节　柳诒徵传统史家的角色意识与宣扬中华传统文化的思想

“在中国史学上，史家作为社会的一员而与社会的关系，史学作为历史进程的反映而与客观历史的关系是十分密切的，也是很复杂的。”②在中国传统文化面临着强烈冲击的情况下，深受中国传统文化熏陶，热爱中国传统文化史家的柳诒徵，不能不忧虑中国传统文化的命运，也不能不抱着强烈的责任感去研究和宣扬中国传统文化。由此，也就形成宣扬中国传统文化成为研究历史、讲授历史为主要目的，呈现出柳诒徵传统史家的角色意识。柳诒徵在20世纪二三十年代所撰写的多篇学术文章中，大都透露着史学要宣扬中华文化的思想理念。

柳诒徵的文化观主张：现今社会的文化建设，需要吸收中国传统文化中的人伦道德观念，同时要融合新的知识和思想。柳诒徵作为传统思想十分浓厚的学者，首先是要宣扬中华传统文化。作为史学家，他认为他也有这个责任。

首先，对青年的传统文化素养的培养方面，柳诒徵表现出了史学家的角色意识和责任。柳诒徵多篇文章中都谈到对青年的传统文化培养教育，他认为只有这样，才可以使中华传统文化传续不绝。他的多篇论文

---

① 也有人把柳诒徵称为文化民族主义史学家，见田亮《抗战时期史学研究》第六章，人民出版社2005年版。

② 瞿林东：《论史家的角色意识和史学的求真与经世》，见瞿林东《史学与史学评论》，安徽教育出版社1998年版，第20页。

都表达了这一理念，在这方面的学术论文主要有：《与青年论读史》《讲国学宜先讲史学》《顾氏学述》《历史之知识》《史学概论》等。《与青年论读史》一文的开头就这样说道，“青年学者读中国史，首宜认识孔子”①，他企图通过宣扬孔子，来宣扬中国史学的文化责任，以此来宣扬中国传统文化。在这篇文章中，他对孔子作了极高的评价。认为，孔子是中国传统文化的核心人物，“吾人今日能知孔子以前之史，实赖孔子之传”。“一玩史目，即可知论中国史而欲撇屈儒家，别开生面，犹如论西洋史欲撇开耶教，为不可能之事。”② 柳诒徵认为，青年读史，应该首先正确认识中国传统儒学和孔子的地位，并以此为读史的出发点，这样才能保存中国传统学术和传统文化。因此，柳诒徵主张青年读史应该脚踏实地，从基础做起：

> 惟冀气节省余力，专治一书。能熟读成诵固佳，不能背诵。而自首之尾细心圈点，摘录札记，即于此一书，已下过功夫，再行阅读一部……正文贯通，再进而讲专家之师法，为各本之校勘，再求发明新说。或不事撰述，专求身心受用，应务接物，以为权衡，犹足存中国之学脉。③

可见，柳诒徵要求青年读史，要从基础做起，扎扎实实，一点一滴。打好史学的基础。

但是时代不同了，此时的读史不能和过去的儒生那样读经史之学一样，柳诒徵也反对专读古书，他说：“清以前，自村塾至世家子弟，不习理化、算术、外国语文，只知埋头读中国老书……而此等读书之法在今日实不可能。”④ 怎样读中国传统的史书呢？应该用学校教育课余时间，“假定中学六年，暑假、寒假、星期沐浴可以专读或经，或史，或子，或集一部，绰有余裕”⑤。柳诒徵知道，在近代学校教育发展的新形势下，不可能再像过去的科举制度一样去读中国的古书，因而他主张

---

① 柳曾符、柳定生：《柳诒徵史学论文集》，上海古籍出版社 1991 年版，第 549 页。
② 同上书，第 553 页。
③ 同上书，第 557 页。
④ 同上书，第 556 页。
⑤ 同上书，第 557 页。

在新的社会条件下，学习中国传统文化和史学应选用学校教育的余暇时间。可见柳诒徵对保存中国传统文化的良苦用心，也和当今传统文化读本在儿童读物中广泛刊行的做法有相似之处。

在《讲国学宜先讲史学》一文中，柳诒徵首先强调，“中国的小学、经学、理学、文学等等比较他国特别发达，但是最初发达的，无过于史学，后来逐渐进步，尤其完备，所以我说讲国学宜先讲史学”[①]。柳诒徵认为，历史是社会经验的积累，孔子、老子等人都是对中国古代历史经验进行总结，给后人留下了宝贵的财富。“孔子是据史书上的事情看出道理来，讲明立国和做人的大义。一切人伦道德，所以应当如此，不可如彼的。并非孔子自己要创造一种学说，他是从史书上看出这种道理，是不可违背的。比如孝弟忠信等德目，行之就与人群有大利，不行就使人群发生大害。所以孔子说支配二千余年的人群，至今还是要信奉的。”[②] 正因为中国的传统史学中蕴含着这样的大道，有如此“立国和做人的大义”，那么学习史学，就可以保存中国的文化传统精神。这就充分表现出柳诒徵以史学宣扬中华文化传统的思想。

柳诒徵强调，“我们研究历史的最后目的，就在乎应用”[③]。应用它来干什么呢？他认为，“讲历史的好处”，在于使人明白道理，而这道理，就是中国传统的文化，从历史中汲取这些传统为当前的文化服务。这就是柳诒徵研究史学，宣扬中华文化传统的思想理念的具体体现。

其次，在学术研究领域中，柳诒徵极力维护和宣扬中国的传统文化，并为此与当时的学者进行学术上的辩驳。这主要体现在对近代诸子学研究的批评与辩难。

清代以来，诸子学研究盛行。特别是墨子学术的研究成为热点，并由此产生了学术上的争论。当时章太炎和胡适的观点最具有代表性，而柳诒徵不赞成他们二人的观点。

章太炎在继承中国传统学术精髓的基础上，运用近代西方的学术理念和方法，对诸子学说进行了精密的考辨，尤其是在其《检论》中对于先秦诸子则表现为扬庄抑儒的特点。他大胆地批评孔子和儒学，又突

① 柳曾符、柳定生：《柳诒徵史学论文集》，上海古籍出版社 1991 年版，第 492 页。

② 同上书，第 494 页。

③ 同上书，第 83 页。

出地尊崇庄子学说，以佛学诠释《齐物论》。这尤其是为柳诒徵所不满。

胡适则从西方近代科学的方法和理念，在1917年撰写了《诸子不出于王官论》。在这篇论文中，胡适发前人所未发，推翻“六家”“九流”旧说，标揭诸子不出于王官之论，对中国哲学史和诸子学研究的近代转型产生了巨大影响。

柳诒徵从维护儒家立场出发，撰写了《论近人讲诸子之学者之失》一文。对章太炎的《诸子学略说》、胡适的《诸子不出于王官论》进行了批评。表明了自己固守中国文化传统的立场。

柳诒徵虽然是中国传统文化的卫道者，他从学术方法的角度入手，对章太炎和胡适的学术观点进行了批评。柳诒徵首先指出，“讲求学术必先虚心，读书实事求是，不可挟一偏之见舞文饰说，强古人以就我”[①]。他反对在近代革命和新文化运动的形式下，运用新的理论和观念去附会古人之说。他认为研究古代学术，应该实事求是，反对人云亦云，他说：“吾为此论，非好与诸氏辩难，只以今之学者不肯潜心读书，而又喜闻新说。根底本自浅薄，一闻诸氏之言，便奉为枕中鸿宝，非儒谤古，大言不惭，则国学沦胥，实诸氏之过也。诸氏自有所长，故亦当世之学者，第下笔不慎，习于诋诃，其书流布人间，几使人人养成山膏之习，故不得不引绳披根，以箴其失。”[②] 认为在没有新的材料问世的前提下，对于上古历史不能轻易否定。针对柳诒徵的批驳辩难，胡适大不为然，但章太炎却是比较赞成的，因为他的《诸子学略说》是他早年的著作，在此时他早已经改变了原先的学术立场，因此他给柳诒徵写了一封信，此信被刊载在《学衡》第73期上。在这封信中，章太炎也说出了柳诒徵相同的心声：“是说向载《民报》，今丛书中已经刊消，不意浅者犹陈其刍狗，足下痛与针砭，是吾心也。”[③] 晚年的章太炎在文化立场上与柳诒徵趋于相同。柳诒徵对章、胡诸子之学的学术辩驳，纯粹出于他的史家的角色意识，以传统文化的卫道者自居，对近代以来，特别是新文化运动以来儒家学说遭到猛烈的批判。

---

① 柳曾符、柳定生：《柳诒徵史学论文续集》，上海古籍出版社1991年版，第513页。

② 同上书，第537页。

③ 章太炎：《书信》，载《学衡》第73期。

从学术方法上来说，柳诒徵与胡适有所不同，倒是和章太炎有相同之处。据后来柳诒徵《我的自述》这样来评价自己与梁、章、胡的学术辩难："这篇文章披露之后，太炎见了，写信给我，声明从前诋毁孔子之误，承我批评甚感。后来相见，甚为契合。"[①] 而胡适虽然对柳诒徵十分尊敬，相处不错，但学术观点和方法却大不相同，胡适曾评价柳诒徵："讲学问的人，多少总有点主观。因为他提倡客观，我说他的议论并不纯是客观也。"[②] 胡适还曾撰文批评柳诒徵的《中国文化史》，说他是没有受过近代方法训练的学者。

柳诒徵反对胡适论述中国哲学史从春秋时代开始而略其前代，认为这样是"臆断"地割裂了中国的历史和文化。两人的学术分歧还主要是文化立场的不同。胡适认为，"《尚书》或是儒家造出来的托古改制的书，或是古代歌功颂德的官书"[③]。而柳诒徵则认为"吾国唐虞三代，自有一种昌明盛大治教并兴之真相，故儒家言之，墨家言之，即好为谬悠之说、荒唐之言之庄周亦反复言之。若消去此等事实，则后来事实，都无来历，而春秋战国时代诸子之学说转似劈空从天上掉下来的"[④]。

"诸子出于王官"说，实际上是涉及中国古代子学的源流的重大学术问题。自汉代刘向、班固等人提出"诸子出于王官"以后，一直以为，中国古代学术"学在官府"，故诸子学出于官府。这是传统学者的主要依据。柳诒徵作为传统文化的维护者，他全盘继承了这一说法。而胡适认为，先秦诸子学勃兴，学术自由发展，出现了百家争鸣的繁荣局面，这与"学在官府"的王官没有丝毫的关系，官学与诸子反倒是出于矛盾冲突之中的，"古者学在王官是一事，诸子之学是否出于王官又是一事"[⑤]。

总之，胡适与柳诒徵的学术分歧主要在于不同的文化立场与学术方法，柳诒徵以一种史家的角色来维护中国学术的正统，以此传承中国传统学术之学脉，以达到"相互制约，相互纠正，实亦相互促进，使中国文化去伪存真，存精华而去糟粕，使古今中西之文化由相激相荡而卒相

---

① 柳曾符、柳佳：《劬堂学记》，上海书店出版社 2002 年版，第 18 页。

② 同上。

③ 胡适：《中国哲学史大纲》，东方出版社 1996 年版。

④ 柳曾符、柳定生：《柳诒徵史学论文续集》，上海古籍出版社 1991 年版，第 525 页。

⑤ 胡适：《诸子不出于王官论》，载胡适《胡适文集》，中华书局 1991 年版，第 596 页。

合。学者于其间，但能虚心，实事求是，则自日后视之，其贡献于世者亦必独多”[①]。这不是个人的成见，而是一种主义之争，学术之争。

此外，柳诒徵还在古史研究方面与顾颉刚等进行过学术辩驳，这同样是出于对中国传统文化的捍卫和宣扬。因在下文还要叙述到，在此不做详细论述。

柳诒徵论辨诸子学，以及和章太炎、胡适等人的论辩，主要的目的还是出于保存、宣扬中华传统文化。他坚持“诸子出于王官”的传统立场，有保守的成分。但在柳诒徵自己看来，历史学不属于科学，而是一种文化，“史非文学，非科学，自有其封域。古之学者之六艺，皆治史耳”。“近人欲属之科学，而人文与自然径庭，政治、经济、社会诸学皆产于史，子母不可偶，故吾尝妄谓今之大学宜独立史学院，使学者了然于史之封域非文学、非科学，且创为斯院者，宜莫吾国若。”[②]

柳诒徵的史学，当今学者多以文化保守主义或民族主义名之[③]，在新史学逐渐兴起，尤其是近代中国马克思主义史学成为发展的新潮流之时，他的主张显得是食古不化。他的学说在他的时代就不是学者所欢迎的主流，此后也只是几个固守旧说的学者在坚持而已。

第二节　柳诒徵史学中的经世致用思想

从历史中挖掘出有用的东西，贡献于当代。这是自司马迁以来中国大多史学家所认为应该担当的社会责任。当代学者瞿林东这样认为：在中国史学界，史家的社会责任意识必将发展为史学的经世思想。而经世思想的形成在于两方面的原因：史家的社会责任意识一方面受史家角色意识所驱动，一方面也受到儒家人生哲学的影响，从而形成了尽其所学为社会所用的史学经世思想[④]。

---

① 柳曾符、柳佳：《劬堂学记》，上海书店出版社 2002 年版，第 191 页。

② 柳诒徵：《中国文化史》弁言，东方出版中心 1988 年版，第 1 页。

③ 沈卫威、郑先兴、田亮分别以文化保守主义、民族主义史学家来称柳诒徵，分别见其著作：《回眸“学衡派”——文化保守主义的现代命运》，人民文学出版社 1999 年版；《文化史研究的理论与实践》，中央编译出版社 2004 年版；《抗战时期史学研究》，人民出版社 2005 年版。

④ 瞿林东：《论史家的角色意识和史学的求真与经世》，见瞿林东《史学与史学评论》，安徽教育出版社 1998 年版。

柳诒徵就是如此。作为史学家，他也有强烈的社会责任意识和角色意识，实际上这就是柳诒徵史学经世思想的一个方面。他之所以研究史学，一个重要目的就是宣扬中华传统文化，捍卫中国文化的地位。但是柳诒徵的史学思想理念中，还保有从中国传统史学思想中继承的经世思想和鉴戒思想。这是对中国传统史学经世思想的继承并在近代社会新形势下的一种发扬。

近代以来，特别是20世纪，西方的科学实证理论和方法传入中国以后，在中国的史学界，史学求真成为一种呼声。特别是胡适、顾颉刚等，他们意欲对中国历史特别是上古史进行疑古和辨伪，其目的就在于获得真知。柳诒徵曾对此加以批评，他说："另外有一种比较有历史兴味的人，知道近来各国的学者很注意历史，有种种研究的方法，因此将他们的方法来讲中国的历史。在现今看来，确也有相当的成绩。但是有一种毛病，以为中国古代的许多书，多半是伪造的，甚至相传有名的人物，可以说没有这个人，都是后来的人附会造作的。此种风气一开，就相率以疑古辨伪，算是讲史学的惟一法门，美其名曰求真。"[①] 柳诒徵认为，研究历史，是为国为民服务的，他引用孔子《论语》上的话"博学而笃志，切问而近思"。这就是他的史学的经世致用思想。

他多次申明史学的垂鉴作用和教化功能："治历史者，职在综合人类过去时代复杂之事实，推求其因果而为之辨析，以昭示来兹，舍此无所谓史学也。"[②] 他认为，"讲历史的好处"就是"彰往察来"，"所谓考诸往而知来者"，人生是短暂的，少年人少不更事，老年人老成练达，就是因为经验有多寡，而讲史学可以使人获得"几千年的经验"，"从历史上看出人类常走的路"，从而悟出"人生的规律"[③]。

一　以史为鉴

以史为鉴，对于整个国家和民族而言，就是要通过历史来认识中国的文化和历史，教化民众爱国家、爱民族，以复兴中华文明。他说："我

---

① 柳曾符、柳定生：《柳诒徵史学论文集》，上海古籍出版社1991年版，第501页。

② 柳诒徵：《中国文化史》绪论，东方出版中心1988年版。

③ 柳诒徵：《讲国学宜先讲史学》，《柳诒徵史学论文集》，上海古籍出版社1991年版，第495页。

们要复兴民族，我们要唤起民族精神，将古时有名的人物传记来做国民读本，或是将一种文化史的史料来教学生，那是复兴民族很要紧的一件事。”[①] 他多次强调，读中国的历史可以增进民族的自尊心和自豪感。他说：“我们看了中国的史书，再将他国的史书，比较研究，才可以知道中国的伟大，中国民族的伟大，非任何国家民族可比。”[②] 如果不知道我们国家和民族的历史，那是可耻的，因为连“外国人都知道我们某省某县的历史地理，我们自己反而不知道，那不是最大的耻辱吗”[③]？

以史为鉴，就个人而言，就是依据史书所记历史上的善恶是非吸取其中的经验教训，从而加强自己的道德修养、端正自己的行为规范。统治者学习史书的内容，吸取历代兴旺得失之经验教训，以此来制订或改正治国之措施。柳诒徵“史出于礼”的史学理念，就包含这方面的内容。他说：“周之国史，明于得失之迹，而师氏掌国中失之事，以教国子弟，史之专重垂鉴，遂垂为数千年定法。”又说：“最古之史记足资鉴戒者多矣。”[④]

他在《国史要义》《史术》中，列举了古代统治者以史为鉴和史家教人学史的事例，最后比较顾炎武和赵翼治史之区别，他说：“顾氏之治史，求道于心身家国天下，赵氏之治史，只求通于史籍耳。”[⑤] 而他是主张治史“求道于心身家国天下的”。所以他说：“史术之正，在以道济天下”，“治史者必求其类例，以资鉴戒”[⑥]。

对于一般人而言，以史为鉴，就是要从史书中获得知识和经验，以加强自己的道德水平和文化修养。用柳诒徵自己的话讲就是获得持身、涉世、谋国之术，这实际上也是发挥史学的垂鉴功能。因此他说，“史学之益，自持身涉世谋国用兵，为术多而且精，非徒记闻撰著即可为史学也”[⑦]。因此在《国史要义》中，他还列举了历史上许多读史以获得持身处事之术、谋国用兵的例子这里仅举几例：

---

① 柳诒徵：《柳诒徵史学论文集》，上海古籍出版社 1991 年版，第 500 页。
② 同上书，第 497 页。
③ 同上书，第 498—499 页。
④ 柳诒徵：《国史要义》，华东师范大学出版社 2000 年版，第 320 页。
⑤ 同上。
⑥ 同上书，第 323 页。
⑦ 同上书，第 305 页。

张咏以霍光事讽喻寇准。

《宋史·寇准传》：初张咏在成都，闻准入相，谓其僚属曰：寇公奇才，惜学术不足尔。及准出陕，咏适自成都罢还。准严供帐大为具待，咏将去，准送之郊，问曰：何以教准？咏徐曰：《霍光传》不可不读也。准莫谕其意，归取其传读之，至不学无术，笑曰：此张公谓我矣。

诸葛亮以晋国之事，开悟刘琦。

《三国志·蜀志·诸葛亮传》：刘表长子琦，亦深器亮。表受后妻之言，爱少子琮，不悦于琦。琦每欲与亮谋自安之术，亮辄拒塞，未与处画。琦乃将亮游观后园，共上高楼，饮宴之间，令人去梯，因谓亮曰："今日上不至天，下不至地，言出子口，入于吾耳，可以言未？"亮答曰："君不见申生在内而危，重耳在外而安乎？"琦意感悟，阴规出计。会黄祖死，得出，遂为江夏太守。

吕蒙识超鲁肃，由读三史。

《三国志·蜀志·吕蒙传》注《江表传》：初，权谓蒙及蒋钦曰："卿今并当涂掌事，宜学问以自开益。"蒙曰："在军中常苦多务，恐不容复读书。"权曰："孤岂欲卿治经为博士邪？但当令涉猎见往事耳。卿言多务孰若孤，孤少时历《诗》《书》《礼记》《左传》《国语》，惟不读《易》。至统事以来，省三史、诸家兵书，自以为大有所益。如卿二人，意性朗悟，学必得之，宁当不为乎？宜急读《孙子》《六韬》《左传》《国语》及三史。孔子言'终日不食，终夜不寝以思，无益，不如学也'。光武当兵马之务，手不释卷。孟德亦自谓老而好学。卿何独不自勉勖邪？"蒙始就学，笃志不倦，其所览见，旧儒不胜。后鲁肃上代周瑜，过蒙言议，常欲受屈。肃拊蒙背曰："吾谓大弟但有武略耳，至于今者，学识英博，非复吴下阿蒙。"蒙曰："士别三日，即更刮目相待。"

宋彭城王义康悔不知淮南王事。

《通鉴》卷一百三十四：彭城王义康被废在安成郡读书，见淮南厉王长事，废书叹曰：自古有此，我乃不知，得罪为宜也。

反而观之，汉廷不以《太史公书》予诸侯王。

《汉书·东平思王宇传》：上疏求诸子及《太史公书》，上以问大将军王凤，对曰：臣闻诸侯朝聘，考文章，正法度，非礼不言。今东平王幸得来朝，不思制节谨以防危失，而求诸书，非朝聘之义也。诸子书或反经术，非圣人意，或明鬼神信怪物。《太史公书》有战国纵横权谲之谋，汉兴之初某趁奇策，天官灾异地形厄塞。皆不宜在诸侯王。不可予。

从整个社会来讲，史学可以对社会的发展提供经验教训，以供借鉴，而对于社会中的个人来讲，史学是人们学习获得知识的一门学科。因此，史学又具有使人增加知识、增长智慧的作用。正是在这一意义上，柳诒徵提出了“史学之益，自持身涉世谋国用兵，为术多而且精，非徒记闻撰著即可为史学也”这一观点。

二 史以教民

柳诒徵非常重视史学的教化作用，在《国史要义》中有“史化”篇来论述史学的教化作用。他说：“任何国族之心习，皆其历史所陶铸，惟所因于天地人物者有殊，故演进各寻其轨辙。吾之立国，以农业，以家族，以士大夫之文化，以大一统之国家，与他族以牧猎，以海商，以武士，以教宗，以都市演为各国并立者孔殊。”① 这就是说，中国之所以具有自己独有的民族文化，就在于中国传统史学的教化作用。

中国的传统史学是如何教育影响中国的民众，并以此形成中国特色的文化呢。柳诒徵从几个方面对此予以了分析。首先，柳诒徵认为，中国自古以来的人伦道德原则，在历代的史学教化中，都被继承了下来，

① 柳诒徵：《国史要义》，华东师范大学出版社 2000 年版，第 371 页。

并作为不可改变的重要原则。他认为，历史上统治者统治天下，在政治制度方面改革损益，但都把人伦道德原则奉为不可改易的法则。“圣人南面而治天下，必自人道始矣。立权度量，考文章，改正朔，易服色，殊徽号，异器械，别衣服，此其所得与民变革者也。其不可得变革者则有矣，亲亲也，尊尊也，长长也，男女有别。此其不可得与民变革者也。此观史化者所宜深味也。”① 这种思想实际上是建立在柳诒徵保守的文化观之基础之上的。他认为中国自古以来的“亲亲、尊尊、长长、男女有别”的人伦道德，是中国古代以来特有的文化传统，他以此作为中国史学教化的重要原则，也是理所当然的了。

其次，中国的文化之所以与别国不同，在于中国的教育特色。柳诒徵认为，读经教育使儒家的人伦道德和历史经验早早就在儿童的内心深处扎下根，“自通都大邑，及于边鄙乡村，积千百年之教化，历历相承”。长期的历史教育使“种种要言及历史经验，即所谓历史哲学者，皆储之儿童脑中”②。由于这种长期的历史教育，也使中国文化和历史具有自己的特色。

柳诒徵的史以教民的思想的出现，有深刻的社会原因。中国近代在政治、经济、文化上屡遭列强的入侵，中华民族面临着亡国灭族的危险，特别是 20 世纪 30 年代以后，日本对中国的入侵，使民族危机更加严重。针对这种严峻形势，柳诒徵曾撰文大声疾呼：“宋明之衰，惟衔北虏，战伐媾和，蒙尘割地，一切资助，不谋于人；存固吾自存，亡亦我自亡”；但是今天，“仰列强之鼻息，茹仇敌之揶揄”，日本人侵吞我东北河山，有人却指望“国联”来讨回公道，这简直是“受蜇蜂趸，而哀告狼虎，有史以来无此奇耻！”因此他大声疾呼“以炎黄胄裔之悠久，拥江河山岳之雄深，宁遂无奋发自强为吾国一雪此耻乎?”因而他主张运用中国的史学和文化来唤起民族的精神，亦复兴我文化，复兴中华民族和国家，以抵御外寇。因此他创办《国风》杂志“本史迹以导政术，基地守以策民瘼，格物致知，择善固执，虽不囿于一家一派之成见，要以降人格而升国格为主”③。激发民族和国民的民族斗志和爱国的热情，史学就是很好

① 柳诒徵：《国史要义》，华东师范大学出版社 2000 年版，第 340 页。

② 同上书，第 369 页。

③ 柳诒徵：《国风》发刊词，1932 年。

的武器。这是柳诒徵主张以史教民的社会背景。

对于史学的教育作用。当代史家瞿林东曾有过精彩的论述："史学的社会作用，不论是在于人们的历史认识方面、促进社会进步方面，还是在于推动文化发展方面、裨益人生修养方面，以及其他一些方面，都是史学对于人的作用的结果，都是通过人的认识的提高和人的社会实践来实现的。这是因为，历史不过是人追求自己目的的活动而已。从这个意义上说，史学的社会作用，本质上是历史的教育作用。"① 他还说，优秀的史学遗产，"使历史教育可以充分发挥它的特点和优点：一是由于历史著作的覆盖空间恢廓，可以使历史教育具有广泛的社会性，使社会公众都能受到这方面的教育和熏陶。二是由于历史著作的内容、形式、层次之结合多姿多彩，可以使历史教育具有突出的适应性，使社会各阶层人物都能从与之相适应的历史著作中得到有益的启示和教益。三是由于历史著作中所蕴含的中华民族之民族精神的底蕴和众多杰出人物的人格魅力，以及各方面的经验和智慧，这就使历史教育具有绝对的吸引力和感染力"②。

柳诒徵的论述没有这么精炼，但他的论述则是充满对中国传统文化的崇敬，以及能在现代社会重新建立人伦道德中应尽的一种责任的体现。他所看重的史学的教育功能主要在于史学对中华传统文化，特别是中国传统的伦理道德的传承和发扬。另外柳诒徵的"史以教民"的思想还有着统治者以自己的历史来教化下民百姓的蕴意，这是他的思想的保守和不足。

柳诒徵的史学思想和观念，也是出自他的中国传统文化观。其中最具代表性的是他以"礼"为核心的史学理论。在第六章要详细讨论这一问题。

第三节　柳诒徵史学中的信古思想

信古，其实是针对"疑古"而言的。在学术界这一说法起于冯友兰。冯在 1937 年为《古史辨》第六册所作的序中曾说："我曾说过，

---

① 瞿林东：《中国史学史纲》，北京出版社 1999 年版，第 112 页。

② 同上书，第 113—114 页。

中国现在之史学界有三种趋势，即信古、疑古及释古。就其信古一派，与其说是一种趋势，毋宁说是一种抱残守缺的人的残余势力，大概不久就要消灭；既不消灭，对于中国将来的史学也是没有什么影响的。”[①]冯友兰的论断正确与否这里不予讨论，但柳诒徵却属“信古”者，其史学思想中的信古思想是我们这里需要探讨的。

柳诒徵认为，中国的旧史不可轻易否定，中国上古的历史文明不能随便怀疑。1935 年他曾在广播电台作过一篇讲演——《讲国学宜先讲史学》，其中就谈到对中国历史的可信而不应该随便怀疑，“大概各国古史多属于神话，后来构成国家，也没有正式设立史官，注重记载历史，所有史书，大都是私人编纂，得之传闻，或是事后搜集材料追想得来的。惟有中国，自从黄帝以来即有史官，注重记载历史，所以记载神话的历史很少，记载人事的历史特别的多”[②]。因中国自黄帝以来就有史官记载历史，所以对历史就不能随便怀疑，因为在柳诒徵看来中国这些史官记载的历史是信实的，“正史前之史料，大半为官书，正史亦据之。周代地方有州史、闾史，政府有太史、小史、内史、外史、御史、女史诸职。其五官所属之史不下千余人，可不谓多欤。记曰‘左史记言，右史记事。’此则专于天子者也。……故信以传信，疑以传疑，如夏五、郭公之类，不妄有所增损，此吾国史家之美德”[③]。

柳诒徵这一信古思想，是出于对中国历史和传统文化的一片热爱和高度的文化信仰。在《讲国学宜先讲史学》一文中，他就说道，“中国人注重历史非任何民族任何国家可比，大概古时记载人事的一种人，就叫做史。任何地方，任何机关，都有一个人或若干人记载地方机关或是个人的经过”[④]。这是由于这一信仰的支撑，使柳诒徵对中国的历史与传统文化采取完全肯定的态度。

正是因为柳诒徵史学中的信古思想，使他在《中国文化史》中，以大量的篇幅来论述中国自黄帝以来到两汉以前的虞、夏、商、周、秦、

① 冯友兰：《古史辨》（第六册）冯序，上海古籍出版社 1982 年版，第 1 页。

② 柳诒徵：《讲国学宜先讲史学》，载柳曾符、柳定生《柳诒徵史学论文集》，上海古籍出版社 1991 年版，第 492—493 页。

③ 柳诒徵：《正史之史料》，《史地学报》1923 年第 2 卷第 3 号。

④ 柳诒徵：《讲国学宜先讲史学》，载柳曾符、柳定生《柳诒徵史学论文集》，上海古籍出版社 1991 年版，第 493 页。

汉的历史文明，并把这一时期的历史称作是中国历史文明的独创时期，“自邃古以迄两汉，是为吾国民族本其造之力，由部落而建成国家，构成独立之文化时期”①。这一时期，为中国人创造文化及继续发达时期。而汉以后，则为中国文化的中衰时期。

正是由于柳诒徵史学中的信古思想，使他反对以顾颉刚为首的“古史辨派”，在史学研究领域和古史辨派展开论争。因此，下面从柳诒徵与顾颉刚的争论，来看看柳诒徵史学中的信古思想。

20 世纪 20—30 年代，以胡适、顾颉刚等为首的古史辨派怀疑古史，讨论重建中国古史系统之时，柳诒徵对古史辨派的学术思想和疑古方法很为不满，于是提出了责难。

柳诒徵对顾颉刚的辩驳，起于顾颉刚在胡适主编的《努力》周报增刊——《读书杂志》上刊载的一封信，其信中关于禹的来历的说法：“禹，《说文》云，‘虫也，从禸象形’。《说文》云，‘禸兽足蹂地也’。以虫而有足蹂地，大约是蜥蜴之类。我以为禹或是九鼎上铸的一种动物，当时铸鼎象物，奇怪的形状一定很多，禹是鼎上动物的最有力者；或者有敷土的样子，所以就算他是开天辟地的人。流传到后来，就成了真的人王了。”②

顾颉刚和钱玄同等人的书信在《读书杂志》上刊出以后，在学术界引起波澜。首先是东南大学的刘掞藜在《读书杂志》第十一期上发表文章《读顾颉刚君〈与钱玄同先生论古史书〉的疑问》，对顾氏的“东周初年只有禹是从《诗经》上可以推知”的观点提出了批评。他以《诗经》中的文献依据指出，禹在当时毫不神秘，顾颉刚的推测只是一种“想入非非，任意臆造附会”。同样也是在《读书杂志》第十一期上，还发表了胡堇人的文章《读顾颉刚先生论古史书以后》，对顾颉刚的观点进行了批评和反驳，认为，中国古史虽然庞杂，但是在尧舜以后的史料还是比较可靠的。

刘、胡二人均为东南大学出身，是柳诒徵教过的学生，和柳诒徵的学术观点是一致的。柳诒徵本来没有参加这场论辨，后来却在《史地学报》上发表了一篇《论以〈说文〉证史必先知〈说文〉之义例》的文

① 柳诒徵：《中国文化史》绪论，东方出版中心 1988 年版。
② 顾颉刚：《古史辨》（第一册），上海古籍出版社 1982 年版，第 63 页。

章，对顾颉刚的有关禹可能是九鼎上所铸的虫的看法提出了尖锐的批评。

柳诒徵主要是从方法上对顾颉刚做了批驳，他说："即以文字言，亦宜求造字直通例。说文之通例，虽第举一字，必证之他文而皆合，此清代经师治诸经、治小学之法也。"① 接着他不指名地批评顾颉刚，指出顾颉刚所说禹为虫的说法，在《说文》中也有许多反证，他引用了《说文》的许多原句，说明《说文》曾多次指明禹为人，而非为虫。柳诒徵指出，《说文》中把"禹"解释为"虫"，是解释"禹"的字义，而非人名字典。接着柳诒徵又指明在《说文》中，对许多文字如"楚、蔡、晋、齐、"等字的解释只解释字义，不解释为国名；对有些人名的文字，也只从原来字义上解释而不解释为人名，如：尧，高也，从垚在兀上。舜，草也……。汤，热水也，从水，昜声。又列举了"弃、昌、发、旦"等上古的人物名字在《说文》中并不解释为某一个人，而是按原来的字义解释。柳诒徵最后指出，关于《说文》的义例，清代的段玉裁曾"严辨此例"。顾颉刚的这一说法，是错误的。最后他教训顾颉刚，"今之学者，欲从文字研究古史，盖先熟读许书，潜心于清儒著述，然后再议疑古乎"②。

如果从治学方法上来说，柳诒徵对顾颉刚的批评责难无可非议，所举的《说文》义例也是正确的，顾颉刚也不得不承认柳诒徵所写的《论以〈说文〉证史必先知〈说文〉之义例》之文，"很可补充王筠的《说文释例》之缺，读之甚佩"。柳诒徵则说："顾研究古代文字，虽亦考史之一涂术，要当以史为本，不可专信文字，专举古今共信之史籍，一概抹杀。"③

在柳诒徵看来，中国上古史书，和西方上古史书不同。中国的史书，出于史官的记载，而史官出于官府；西方的史书出于文人，文人的史书，来源于神话传说。在他的史学理论专著《国史要义》的史原篇中，在比较中西史学起源的不同时，就论述了这一问题。他说，中国史学"视他国之史起于诗人，学者得之传闻，述其轶事者不同"。那么，

① 柳曾符、柳定生：《柳诒徵史学论文集》，上海古籍出版社1991年版，第66页。

② 同上书，第71页。

③ 同上书，第66页。

中国的史书，因是史官撰写，具有很大的可信度，而西方的史学书籍，在古时由诗人撰写，所以多源于神话传说。因而，柳诒徵认为，西方古代的历史和史书可以怀疑，而中国古代的历史和史书则不能随便怀疑。在他的一篇文章《正史之史料》中，柳诒徵也同样谈到了自己对“古史辨派”的态度，“今人读古史，动辄怀疑，以为此为某某作伪，此为某某增窜，嚣然以求真号于家。不知古人以信为鹄，初未尝造作语言以欺后世。若谓今人善考史，昔之人皆逞臆妄作，则由未读古书，不详考其来历耳”①。一是由于其文化上的原因，他信奉中国古代文化传统的优越，所以相信中国古代传统史学的卓越之处。二是由于史学方法上的原因，顾氏等人的考史方法是错误的，“皆逞臆妄作，则由未读古书，不详考其来历”。

柳诒徵这一信古思想，使他在史学界树立起保守的文化学者、信古的传统史学家形象。这篇《论以〈说文〉证史必先知〈说文〉之义例》在柳诒徵的学术文章中，是被学术界最多提起并加以批判的。而且也是柳诒徵作为文化保守主义学者，反对以顾颉刚为首的古史辨派的一篇主要文章。

柳诒徵在回忆到此事时说：

> 彼时有人怀疑古代没有夏禹这个人，依据《说文》：‘禹，虫也’一句话作证。东大的学生刘𠠇藜作了许多文章和他们辩驳，我并没有参加。但在《史地学报》三卷二期里做了一篇论文，题目是《论以〈说文〉证史必先知〈说文〉之义例》。因为《说文》是讲字的书，并非是历史人名字典，所以对尧、舜、禹、昌、旦等都不说是某帝、某王，只照字的原始意义说。我也没有提出疑惑或说没有大禹的是某人。后来在北京见到几篇文字，指明我这篇议论不对，我也不再去论辩这个是非。②

柳诒徵只是把它当作学术问题来争论，虽说在学术思想和观念上，

① 柳诒徵：《正史之史料》，《史地学报》1923年第2卷第3号。

② 柳诒徵：《我的自述》，载柳曾符、柳佳《劬堂学记》，上海书店出版社2002年版，第18页。

顾与柳有很大的不同，但在这里，柳诒徵丝毫没有提及此问题，他只是提出了研究方法的不同。但柳诒徵此文，却招致了钱玄同、魏建功、容庚等的不满，进行了辩驳[①]但无论如何，柳诒徵认为《说文》是讲字的书，这一句话是没有说错的。

第四节　柳诒徵的历史编纂学思想

柳诒徵由于对中国传统史学情有独钟，认为它具有独到的精神价值。因此在20世纪初期以来，众多新史家对传统史学进行激烈批判之际，他却主张应该发挥中国传统史学应有的价值。在史书的编纂方面也应该不要和以前的史书编纂脱节，他重点论述了对传统史学的继承和发展问题。对传统史学思想与价值观的继承，在前面已经有所论述，这里探讨一下柳诒徵在历史编纂方面，对中国传统史学的继承和发展的一些主张和设想。

首先，历史编纂应该注重学术源流，注重目录学和史料的分类编纂。柳诒徵是史学家，又是文献学家，他在年轻时曾问学于缪荃孙，有深厚的目录、版本、校勘等文献学功底，继承了中国传统的学术分类的思想。他说："学者欲讲史学，宜先究心古今书籍类别，而后可言读史之法。"[②] 柳诒徵这一学术分类思想，是建立在继承中国传统学术的基础之上的，他说，"吾国史籍有当时之书籍目录，是亦史书之一特色，足证史家之注重文化也。此种目录始于《汉书·艺文志》。隋唐以后之史书皆沿其例"[③]，而后，柳诒徵叙述了《隋书·经籍志》以及清代《四库全书》、张之洞的《书目答问》等的分类。并在此基础上树立了自己的史学分类思想。1924年，他在《史地学报》发表《拟编全史目录议》一文。这篇文章是为中华教育改进社历史研究组而作。当时，柳诒徵向这一组织同仁提出，在当前研究历史，编纂著作之际，首要的工作应该实现编写一部史料目录：

① 可参见顾颉刚《古史辨》（第一册），上海古籍出版社1985年版。

② 柳曾符、柳定生：《柳诒徵史学论文集》，上海古籍出版社1991年版，第99页。

③ 同上书，第98页。

> 第一宜先编一全史目录。这一目录不同于传统的经史子集的分编目录标准。"拟请同社同组诸公，合力编一全史目录，打破从来经、史、子、集及正史、编年之类之范围，以分代史、分类史、分地史、分国史四种为纲，而以经、史、子、集及近出诸书，外国人研究吾国史事之书，推之图谱器物凡与史事有关者，均为条举件系，汇引一编，俾学者知欲治某朝某类之史，可先按目而求，尽得其原料之所在，然后再以近世史学家之眼光方法，编制新史，使不致蹈向壁虚造之机。"①

柳诒徵在这篇文章中对中国传统史学的史料进行了分类。他把中国传统史学的史料分为四类：

甲、分代史：柳诒徵把此类分为通史和历代史。他把通史的史料分为十类，其中尤其是把考古类列入史料，可以说是他的一个创建，也可以看出柳诒徵的文化保守主义，只是在精神上紧守中华文化传统，在研究学术的方法和史料方面他并不保守。

在历代史的分类中也可以表现出这一点。他把近代殷墟甲骨文字及其著作也都收录其中。柳诒徵因为自己所处的地区和自己的治学传统不同，一生虽没有涉猎甲骨、金文的研究，但也可以看出，他把殷墟出土的甲骨文资料及碑刻都作为了史料。

乙、分类史：柳诒徵把古代的史籍分为"固有之分类史"和"待编之分类史"。

在待编之分类史中，柳诒徵认为"此类之书宜取吾国固有之书，按近世史家分类性质，胪举其目，如政法、刑律、学术、教育、宗教、文学、美术、风俗、工艺之类，汇集编次"②。

丙、分地史：此类分二大类，一是全国地别史，其中分两小类。二是各地史，其中分三小类。

丁、分国史：分为两类，国内小国史和与中国有关系之各国史。

柳诒徵以一种比较开放的观念论述了古代史料分类问题，基本上是新旧相参，中外交融的方法。虽然柳诒徵的建议，后来没有在中华教育

---

① 《史地学报》，第三卷，第1—2期合刊，第7页。

② 《史地学报》，第三卷，第1—2期合刊，第10页。

改进社得以实施，但后来，柳诒徵主编的《江苏国学图书馆图书总目》中的史部部分就是按照这一分类的思路进行的。

不仅在史料上进行分类，柳诒徵还主张对中国的史学进行学术分科，分类编纂和研究。20世纪初期以来，随着中国史学学科化和专业化的发展，中国的许多专门史学学科的研究与著作撰写开始了。柳诒徵自己就撰写过《中国商业史》《中国教育史》《中国文化史》，不仅在实践上而且在理论上，他也探讨了中国近代史学的分类问题。在1926年他撰写的《史学概论》，对中国的史学和史书进行了自己的分类，他把史学按照时间顺序分为上古、中古、近古、近世。其中又分上古到秦代史书，汉以来之人所著书，近世及外国所著书。而中古、近古史书又被编入正史、编年之类。但这基本上是对史书的简单分类，还算不上史学学科中的分科。到1935年，在柳诒徵撰写的《讲国学宜先讲史学》一文中，对中国史学著作又有了自己的分类法，他认为应该把史书分为四类："中国史学特别发达，特别完备，所以史部的书非常多。史学家对于史书，有许多分类的方法，依我看来，大概可以分为四类：一、个人历史，如传记、行状、墓碑、墓铭、年谱之类。……二、家族历史，如人家的家谱世系表等。……三、地方历史，如省府州县乡镇志书之类，……四、国史，如正史及编年纪事诸书之类，因为有个人的历史、有家族的历史、有地方的历史，所以国史只要叙述重要的事，不能将各方面详细叙述。"[①] 这样研究和阅读起来就很方便了，"我们晓得这四大类的史书，还要晓得如何的研究。我以为最切于人生日用的，是先看一个人的传记。比如看明朝杨椒山先生的年谱，看他自幼如何的立志，后来如何的讲学，如何的做官，不怕权奸，至死不屈。那种精神，就可使人振作起来，要想仿效他"[②]，这种分类，似乎是按照年代与地理范围来分类，有一定的合理性。清代的章学诚对中国史学的分类就有类似的看法。柳诒徵在史学学术上受章学诚一定影响，史学的分类是否有章学诚的影响值得研究。

但从这些学科的分类主张来看，柳诒徵之分类方法前后不太一致，

① 柳曾符、柳定生：《柳诒徵史学论文集》，上海古籍出版社1991年版，第495—497页。

② 同上书，第497页。

也不太精确，甚至还有些混乱。如把史料和史著混在一起，在个人历史中传记和碑铭、行状等化为一类，这是柳诒徵在这一问题上思虑不成熟的结果；而且柳诒徵毕竟是受传统教育的知识分子，对近代的史学理论接受较少。

其次，正是因为柳诒徵具有比较浓厚的信古思想，他主张不能轻易地否定和怀疑旧史著的史料价值。对旧的史学著作，不能轻易否定，对历代的旧史著也不可轻易改订，而应该以校勘、补著、辑佚、增著的方式，对中国的旧史加以系统化整理。

柳诒徵认为中国的旧史著不能轻易否定和怀疑，他曾撰文论述中国古代正史之史料：

> 正史有一家撰者，有众手修者，其取材之源不一。撮其大要，不外见、闻两种。众手合修之史，仅及所见；一家之书，则可并书所闻，此二者不同之点也。……盖其所闻，亦有二种，有闻之一人者……有闻之多人者。①
>
> 众手所修之史，其取材之法，征诸官制，可以知已。一曰起居注与著作之所记……掌之者立帝座之后，定时日以报，势不敢伪，史官据以撰述，亦莫由伪也。……一曰时政记。……一曰实录。……一曰日历。②

当然，柳诒徵承认中国旧史有不尽完善之处，“历代政宗，率沿帝制”，史书记载也“并重庙堂，略述民事”③。即典制体史书，虽然有《汉》传《货殖》，《魏》志《释老》，但毕竟“未尽民依”，“至于《农书》《棉谱》《陶录》《茶经》，或列之于子家，或济之于说部，作者既不以为经世之图，读者亦罕目为史官之裔”④。这些也是应当加以改进的。

柳诒徵认为：“历代旧史，不可轻改，今之史馆，宜以补刊正史，

---

① 柳曾符、柳定生：《论柳诒徵史学论文续集》，上海古籍出版社 1991 年版，第 102 页。
② 同上书，第 110 页。
③ 柳诒徵：《修史私议》，《史地学报》1922 年第一卷第四号。
④ 同上。

别修专史为正。补刊取其存古，专修取其通今。”所谓刊补正史，即把二十四史纪传志表所缺略的部分加以补著，尤其要注意清代人成果的汇编：“有清一代，考史之书，校正讹脱，辑补逸文，钩稽表志，厘析疆域，皆以补前人之未备，供末学之研究。”[①]

柳诒徵主张，民国以前撰写的史学著作，包括民国时期撰写的《清史稿》，既然都以旧的体例方式存在下来，那么，我们应该寻求与旧史有关的史籍，对其“网罗排比，发凡起例，集其大成。校勘考证，则属之本文；补撰表志，则增其篇第”[②]。对于历史上没有编著史学专著的朝代，则“整齐旧著，增益新知，扶翼前修，绍述正统者，亦依其时代，附刊某书，庸拓史宬，而成完璧”[③]。同时，主张增加古代史料的种类，如画像、地图、钱币文字、钟鼎文字、碑版等。

柳诒徵主张，对中国传统的史书，没有必要重新纂修改订，只要在原有的基础上增加新的史料即可。

最后，对新形势下的历史编纂，柳诒徵主张“新者宜新”，采用新的编纂方法编纂史学著作。和目录编纂一样，在史著的编纂方面，他也主张将新旧史著的编纂区分开来。旧史著的编纂如上述，对新史著，他主张应采用新方法的眼光进行编纂。他并不反对采用新的编纂方法编纂新的史学著作，如编纂教育史、宗教史、文学史、美术史、风俗史之类。并且也非常赞成采用新发现的史料、文物资料如金甲文、各种族谱、文书等。

第五节　柳诒徵的治史方法与特色

从史学思想和理念上看，柳诒徵是一位有传统特色的史学家，可以说，他的治史方法，完全继承了中国古代，特别是乾嘉以来传统史学家进行研究的方法。

一　治史从目录学入手

柳诒徵治史，继承了中国传统史学的治史方法，从目录学入手。辨

① 柳曾符、柳定生：《柳诒徵史学论文集》，上海古籍出版社1991年版，第32页。
② 同上。
③ 同上。

章学术，考竟源流，这一传统史学学术方法。他说：“整理中国旧史，殊非易事。鄙意入手执法，第一宜先编一全史目录。”① 柳诒徵曾回忆道，自己年轻时读了许多书，但不知道讲求治学的门径。“偶然看到《纲鉴易知录》或《四库简明目录》，也不知如何讲求史学及目录学。”② 后来，柳诒徵得遇江苏近代著名学者陈庆年指导，得入治学门径。在江楚编译局，柳诒徵结识了近代著名学者缪荃孙，治学开始受到缪荃孙的影响。而缪荃孙是近代著名的目录学家，他早年曾与张之洞合著《书目答问》，对目录之学有深厚的功夫。

1924 年，柳诒徵发表了《拟编全史目录议》，此文为中华教育改进社历史研究组所提的议案。在这篇文章中，柳诒徵按照自己的设想，对中国史料进行了分类。并指明，编辑史料目录，区分史料类别，是史学研究的基础和立足点。后来，柳诒徵在《史学概论》一文中对史学的范围、史料的分类作了自己的论述，并指出，“学者欲讲史学，宜先究心古今书籍类别，而后可言读史之法”③。柳诒徵主张治史从传统目录学入手，但他并不反对运用新史法，他说梁启超的《历史研究法》、何炳松所翻译的《新史学》等也要在史学演进的时代多加阅读，为史学研究立下根基。1935 年，柳诒徵曾经在广播电台作了《讲国学宜先讲史学》的讲演，在这篇文章中，柳诒徵把中国的史部书籍分为四类：国史、地方史、家族史、个人历史。这实际上是把历史著作按照历史发展的时间和空间顺序所作的分类。虽然分类类例不精，史学著作和史料没有完全分开，但其叙述分类的目的是清楚的，就是为史学研究做好基础性的工作。后来柳诒徵自己的史学研究，基本上也是按照这四类进行的。

1927 年，柳诒徵被聘任为江苏省立国学图书馆馆长。为了既保护历史文化遗产，又能开展学术研究，他开始编纂《国学图书馆图书总目》，此书目的分类法是在继承了四库分类的基础上有所发展，增设志部以收方志，设立丛部，收入丛书，增加图部，收藏地图及各种图册。这是当时编纂的全国最早，新旧方法参半的图书总目。

---

① 柳诒徵：《拟编全史目录议》，载柳曾符、柳定生《柳诒徵史学论文集》，上海古籍出版社 1991 年版，第 59 页。

② 柳诒徵：《我的自述》，载柳曾符、柳佳《劬堂学记》，上海书店出版社 2002 年版，第 11 页。

③ 柳诒徵：《史学概论》，《柳诒徵史学论文集》，上海古籍出版社 1991 年版，第 99 页。

二　治史以史料为基础

柳诒徵治史，主张以阅读史料为出发点，他曾讲："欲治史学，必先读史，读之如肉贯穿，然后可言改革。不读史籍，但矜改作，犹之烹饪者尚不知鸡鸭鱼肉蔬菜果瓠为何状，第执他人之食谱菜单，苟以哗众取宠，吾未见其能烹调也。"① 他认为，研究史学应该先阅读史料，以此为基础，才能对历史进行研究评判。他对民国初年以来治史忽略史料的现象予以批评："清季兴学，分张科目，大中小学，皆有历史。恒人之学，实愈益前之空疏矣……专以治史言之，其疏略肤浅，殆又甚于前焉。"② 他对当时所出现的史学研究中舍弃史料而高谈阔论者，给予了批评："高心空腹之士，搁束旧籍，斥为无统系无价值，竟以俚语臆说改造历史，流风所被，亦一新式时文耳。"③

柳诒徵的多篇论文都是在详细阅读研究了原始文献之后撰写出来的。其中，最有代表性的论文是：《清德宗之大婚》《近世史料之一——1840 年之报纸》《族谱研究举例》等；著作以《中国文化史》最有代表性。

由此可见，柳诒徵治史之重视史料的特色，即运用传统的治史方法对原始史料挖掘梳理，揭示新的问题。《近世史料之一——1840 年的报纸》一文就是如此。后来柳之学生郑鹤声撰写回忆文章时，干脆把他和自己归为"史料派"："我国近代对于中国历史研究注重史料，柳先生是第一功，做他学生的我，亦被谥为'史料派'了。"④

三　治史的经世精神

当代学者苏渊雷在论述柳诒徵治史时说，柳诒徵治史"人文人本，先立其大"⑤。柳诒徵治史，首先以阐述中国文化之渊源，以抉择中国

① 柳诒徵：《中国史研究论文集序》，《史地学报》（第三卷），第三期。

② 同上。

③ 同上。

④ 郑鹤声：《记柳翼谋老师》，载柳曾符、柳佳《劬堂学记》，上海书店出版社 2002 年版，第 104 页。

⑤ 苏渊雷：《柳诒徵史学论文集序》，载柳曾符、柳定生主编《柳诒徵史学论文集》，上海古籍出版社 1991 年版。

固有传统为己任。在柳诒徵的史学研究中，文化史研究占有很大比重。柳诒徵的文化史研究，主要围绕这样两个问题展开。一是探讨中国文化的特质，这是五四时期中西文化讨论的中心话题；二是关于孔子及儒学的文化地位评价问题。

柳诒徵治学一再反对学者将考证方法“专在一方面或一局部用功”，从而忽视了历史的全貌。而且“挟考据怀疑之术以治史，将史实因之而愈淆，而其为害于国族也罕矣。”因此，他认为：“夫就史书而论史学，固仅为商榷历代撰著之类例；若就史学而言通，则必就史学与心身家国天下之关系而言。不独孔、老之史学如是，即马、班之书所谓尽后世圣人君子、穷人理该万方者，亦必由吾说而后知其言之非夸诞也。夫后世撰著之类例，亦自古先圣哲类族辨物之全体中演变而为一部分之术，必以远大眼光求之，始可观其会通。姑就读史而言，如顾氏《日知录》、赵氏《廿二史札记》所为治史之方法，何一非类族辨物及推十合一之术？然顾氏之治史，求通之于心身家国天下；赵氏之治史，只求通于史籍耳。史术之正，在以道济天下，参赞育位，礼乐兵刑，经纬万端，非徒智效一官，行比一乡，德合一君，能征一国已也。第人事之对待，安危存亡祸福利害，亦演变而无穷。治史者必求其类例，以资鉴戒。则原始察终，见盛观衰，又为史术所最重者也。”①

这种会通，不仅应贯注于对史文、史事乃至著作类例的思考理解中，还当“求通之于心身家国天下”，即善于将历史与现实有机地结合起来进行考察，从中取得有益于人生和社会的经验教训，以利于经世实用。

四 纂史辑史保存文献，宣扬中华民族精神

柳诒徵纂史与辑史保存文献，显示了宣扬中华文化传统的精神。他曾经说，“吾民族之根本精神，与周公、孔子之微言精义相通，用以保世滋大，不可徒囿于形式节目以论史也”②。他主持江苏国学图书馆多年，增益馆藏，整理编目，刊印古籍，其中多透露着宣扬中华文化传

① 柳诒徵：《国史要义》，华东师范大学出版社 2000 年版，第 158、320 页。

② 柳诒徵：《中国礼俗史发凡》，载柳曾符、柳定生《柳诒徵史学论文续集》，上海古籍出版社 1991 年版，第 613 页。

统，激发民族正气的精神。在20世纪30年代，日本侵华活动越来越猖獗，在中华民族危急逐步加深的情况下，柳诒徵在江苏国学图书馆编印了众多防倭抗敌的文献，其中著名的有《嘉靖东南平倭通录》《正气堂集》等，他自己还辑录《江苏明代倭寇事辑》等论著，致力于激发民众的爱国热情。他曾经说过："我们要复兴民族，我们要唤起民族精神，将古时有名的人物传记来做国民读本，或是将一种文化史的史料来教学生，那是复兴民族很要紧的一件事。"[①] 他还强调，读中国的历史，可以增进民族的自豪感和自尊心，"我们看了中国的史书，再将他国的史书，比较研究，才可以知道中国的伟大，中国民族的伟大，非任何国家任何民族可比"[②]。因此，柳诒徵的辑史以保存文献，不仅仅是一个学究的学术研究，其中还蕴藏着一个爱国学人的民族精神。因此，有人将柳诒徵誉为具有民族主义史学精神的史学家[③]。

---

① 柳诒徵：《讲国学宜先讲史学》，载柳曾符、柳定生《柳诒徵史学论文集》，上海古籍出版社1991年版，第500页。

② 同上书，第497页。

③ 参见田亮《抗战时期史学研究》第六章第三节，人民出版社2005年版。

第四章　柳诒徵史学研究成就

——中国历史教科书的编纂

作为近代著名的史学家，柳诒徵在史学上成就卓著。自 20 世纪初期，进入江楚编译局编纂《历代史略》，一直到 1949 年中华人民共和国成立前夕他退休。在长达近半个世纪的时间内，他在中国历史教科书编纂、中国文化史的研究、史学理论的发扬、地方史编纂、历史文献的纂辑等方面都做出了显著的贡献。

如果按照时间来划分，柳诒徵的史学学术生涯大体可以划分为三个时期：1917 年之前，是柳诒徵进行史学研究活动的早期。这一时期，他主要在缪荃孙的影响下，进入史坛。主要成绩是在早期的中国历史教科书的编纂方面。这一时期，他主要撰写了《历代史略》《中国商业史》《中国教育史》等著作，其中《历代史略》是其这一时期的代表著作。1918 年至抗战爆发，这一阶段是柳诒徵进行史学研究活动的学术巅峰时期。他和许多学者在南京，以东南大学和南京国学图书馆为依托，组成学术团体、创办学术刊物，对中国史学、中国文化等诸多学术问题进行研究，在中国文化史和史学理论，及地方史的研究领域做出了重大贡献，主要的代表作有《中国文化史》《国学图书馆图书总目》《里乘》等。抗战开始到 1949 年，是柳诒徵的史学学术研究活动的后期。这一时期的柳诒徵从史学理论上进行了总结性的研究与概括，撰写了《国史要义》，力图运用传统的史学理论阐释中国史学。1947 年，国史馆成立以后，他进入国史馆成为《国史馆馆刊》的主办者之一，对当代史的研究、撰写和修史制度的建设提出了自己的主张，并为国史馆撰写了多篇传记，为国史研究做出了自己的贡献。1948 年，柳诒徵当选为“中央研究院”院士。这一时期他的代表性著作是《国史要义》。1949 年初，在南京政权的风雨飘摇之中，柳诒徵退休。

历史教科书的编纂，是近代史学教育发生重大变化的一项标志，它预示着中国的史学与学术在近代开始走向专业化和规范化的道路。随着清末教育改革的开始，中国的史学研究也发生了变化，那些以史馆或者文人书斋为依托的史书撰写和史事考证方式，逐渐被高等学堂教授们的史学研究论文和史学著作、史学讲义所代替。近代许多著名史家多有教科书撰写的经历，如梁启超、陈寅恪、顾颉刚等。而柳诒徵也是历史教科书的编纂者之一，并成为他史学的一大特色。柳诒徵的史学著作大多属于教科书，如著名的代表作《中国文化史》《国史要义》就是大学的讲义，本章主要针对柳诒徵早期的教科书，尤其是对《历代史略》作一论述，并对其《中国商业史》《中国教育史》稍作论述。《中国商业史》是柳诒徵早期的讲义之一，当时只作为油印本在很小的范围内流传，对学术界影响不大，但此书可以反映出柳诒徵史学观的变化。而《中国教育史》则为柳诒徵与黄绍箕合著的作品，出版时作者署名为黄绍箕。

第一节　柳诒徵编纂历史教科书的背景

自梁启超提出“史界革命”的口号以来，中国近代史学的发展在理论上、观念上以及体裁和研究的范围上开始了新的突破，以夏曾佑的《中国古代史》最有名。但是，史学学科的变化，不仅仅是由梁启超引起的，更因当时社会的发展变化，特别是清末新政的开展，使中国的教育体制发生了重大变化，由此新历史教育成为一种新的发展趋势。

中国传统学术分学科经历了一个漫长过程。近代学者梁启超曾经说：“中国古代，史外无学，举凡人类知识之记录，无不丛纳之于史，厥后经二千年分化之结果，各科次第析出。”① 汉代的刘向校订群书，把西汉皇室图书分为六大类：六艺、诸子、诗赋、兵书、术数、方技，这是中国最早的图书分类方法。这一分类方法随着时代不断改进，魏晋时期开始，目录学逐步确立了经、史、子、集的四部分类法，历代相沿到清代末年。但这四部分类法严格说来只是对图书的分类，而不是学科的分类。这是由于中国古代的科学不发达，导致学科界限不清，形不成

① 梁启超：《历史研究法》，《饮冰室合集·专集之七十三》，中华书局1932年版，第30页。

统一的学科分类标准，缺乏严谨的学科系统分类。比如，在中国的传统经学中，其中就包含着现代意义上的政治学、哲学、文学等各类学科。史学中也混合着天文、地理、社会、民俗等学科，至于子部和集部则更是纯粹以著作的外在形式的粗略划分。

近代以来，随着西方学术的输入，传统的分类体系被打破，因为传统的分类方法越来越难于容纳日益增加的西学内涵，尤其是开展洋务运动以来，西方的自然科学和社会人文科学知识不断被介绍翻译进中国，这些新的学科知识也随之被纳入新学科分类之中。比如，1896 年梁启超发表的《西学书目表》就将各类书分作四大类，其中“学类”下著录西学著作一百三十种，分为算、重、电、化、声、光、汽、天、地、人体、动植物、医、图共十三个目，几乎全部采取西学分类法；其余的政、教、杂三类之下的分目则是中西杂糅，所以梁启超自己也说是“未有善法”，仅是“取便学者，强为区别”而已①。第二年康有为所作的《日本书目志》则更趋西化。当然这些分类仅仅限于对外来书籍的分类，还没有涉及中国传统学科。

到了 20 世纪初，情况发生了变化。由于清政府“新政”的实施，在新式的学校中开始实施新的学科分类。1902 年公布的《钦定高等学堂章程》规定，大学预科分为政、艺两科，本科分为政治、文学、格致、农业、工艺、商务、艺术七门，大致上接近于西方的学科分类标准（后来，由于张之洞的反对，逐渐将文学类的经学专门抽出，立为首科，这一改变意在维持经学的地位），这次学科分类使西方现代学科在中国学术界开始逐渐占据主导位置。到了民国，这种趋势就更加明显，1912 年 10 月教育部公布的《大学令》，即规定大学分为文、理、法、商、医、农、工七科，取消经学，其原有的内容纳入人文相关学科。中国现代的学科分类从此正式确立起来。

在现代学科分类的过程中，中国传统史学，也在逐渐改变其学科的分类形式，向现代史学学科类型过渡。在清末京师大学堂，史学属于文学科，其中史学又分为中国史学和万国史学两门。中国史学的主干课程定为：史学研究法、御批历代通鉴辑览、各种纪事本末、中国历代地理沿革、国朝事实、中国古今历代法制考、四库史部提要、世界史、中外

① 梁启超：《西学书目表序例》，《饮冰室合集·文集》（第一册），中华书局 1932 年版。

今地理、西国科学史十门，其学科体系带有明显的中西杂糅的特征。至1917年，蔡元培出长北大，才逐步改变了这一现状，到20年代初期，才逐步确立了现代史学学科的类型。这一现状不仅仅是北大，在其他学校，也一样在逐步地改变着中国史学学科的类型，只不过有早有晚而已①。

近代史学的近代化、学科化，是随着中国的近代化的进程而逐步开始的。如果说梁启超的《新史学》是在史学思想方面对中国传统史学提出呼吁，那么柳诒徵编纂的《历代史略》在这一时期问世，也正是中国史学近代化的具体实践。此书虽然以日本人的著作改编而成，却也蕴藏着诸多史学观念和对中国历史学新的解释，预示着中国近代史学的变化。

第二节 《历代史略》的编纂

《历代史略》是柳诒徵早期的代表性译作，完成于1902年，1903年首次出版，后多次再版发行。这部书实际上不是柳诒徵的创作，只是对日本学者那珂通世的《支那通史》的改编。但其意义却是重大的。一是章节体的史学教科书，开始在中国近代史学教育中被运用。二是这部书的编纂，预示着中国史学的叙述开始逐步摆脱中国传统的叙事方式，运用新的理念叙述中国历史。

一 《历代史略》编纂的时代背景

《历代史略》的编纂是在清政府实施“新政”的背景下进行的。戊戌维新失败以后，1901年清朝政府进行改革，实行新政，1904年，在教育领域公布了“癸卯学制”，实施改革，正式规定从蒙学院、初等和高等小学、中学堂、高等学堂、分科大学堂、通儒院、进士馆都要设立历史课程。“癸卯学制”统一了全国的学制，使当时各级各类学校都有了历史

① 在这里，使用了现代史学制度建设的理念，可参考胡逢祥论文《中国现代史学的制度建设及其运作》，载《史学集刊》2006年第1期。其实，也有学者使用史学运行机制这一提法，可参考乔治忠论文《中国古代官方史学的兴盛与当代史学新机制的完善》，载《河北学刊》2005年第2期。

课，这是中国近代学校历史教育的开始。许多地区在这一形势下开始兴办新式教育，并开始了近代历史教科书的编纂。当时清政府对各级、各类学校历史教学内容和范围都作了详细的规定。提出的教育方针是“以四书五经纲常大义为主，以历代史鉴及中外政治艺学为辅”“以忠孝为本，以中国经史之学为基”①。1903 年，《奏定学堂章程》明确了各级历史课程的教育要点，如初等小学的历史科目要求学生“俾知中国文化所由来及本朝列圣德政，以养国民忠爱之本源”，中学堂的历史教学内容更加周详明确，规定先讲中国史，尤重百年以内之大事，兼及学术技艺，特别强调“凡教历史者，注意在发明事实之关系，辨文化之由来，使得省悟强弱兴亡之故，以振发国民之志气”②。

新式学校的兴起、政府以及各界对历史教育的重视，要求编纂新的历史教科书。但当时广泛流传于世的都是旧式书院或私塾的教材，无非是《御批历代通鉴辑览》《纲鉴易知录》以及一些启蒙教材，不是部头太大，就是过于简略，或是内容与形式都不便于教学使用。编写新式历史教科书成为社会的普遍需求。许多历史教科书接连问世，当时编纂的新式教科书主要有：丁宝书《中国历史》（1902）、陈懋治《中国历史》（1902）、姚晋祖《历史》（1902）、姚祖义《最新高等小学中国历史教科书》（1902），柳诒徵的《历代史略》也是其中之一③。这些教材有学堂自己编写的，有私人编辑的，也有官方组织编定的，大多参考了日本的教科书或直接根据日本的教科书改编。

柳诒徵的《历代史略》，是他在江楚编译局编纂的。1902 年编纂完成，1903 年由江楚编译局首次出版发行。

柳诒徵编纂的《历代史略》是中国近代较早的历史教科书之一，是清政府实施新式教育的背景下，为新式学校编纂的教材。

二 《历代史略》的体裁与内容

据柳诒徵自己回忆，《历代史略》是在《支那通史》的基础上补辑

① 舒新城：《中国近代教育史资料》（中册），人民教育出版社 1985 年版，第 387 页。

② 《奏定中学堂章程》，转引自舒新城《中国近代教育史资料》（中册），人民教育出版社 1985 年版，第 395—398 页。

③ 胡逢祥、张文建：《中国近代史学思潮与流派》，华东师范大学出版社 1986 年版，第 263 页。

而成的，即明代以前部分是以《支那通史》为蓝本改编，明代部分是自己补辑而成的。“在局所治书，初修改澄衷学堂《字课图说》，后补辑那珂通世所编《支那通史》元明两代，改名《历代史略》。”①

那珂通世的《支那通史》编纂于明治维新时期，约在1890年，1891年作为日本师范学校的教材出版，是章节体的新式教材。当时日本高等师范学校教授南摩纲纪为此书作序，盛赞此书“初学者熟读此书，不费力而得略知支那（即指中国）四千年之治乱、政刑、地理、人种、教育、制度、风俗及农工商等之大体，其为裨益也大矣”②。这部书出版以后，很快传入中国。1899年，此书在上海重刻出版，罗振玉作序，对此书大加赞赏：“《支那通史》者，日本那珂通世之所作也，都若干卷，取精于诸史而复纵横上下二千余年之书，以究吾国政治、风俗、学术之流迁；简而赅，质而雅，而后吾族之盛衰与强弱、智愚、贫富之所由然可知也。此非所谓良史者欤？所谓持今世之识以读古书者欤？以校诸吾土之作者，吾未见其比也。”③

柳诒徵辑补《历代史略》，在体裁上照搬了这一新式体裁。是当时历史教科书编纂的需要，也反映了中国近代史书体裁的一大变化。

中国历代传统史籍汗牛充栋，以史书的体裁而言，主要有纪传体、编年体、纪事本末体类。以纪传体为中国正史体裁的正宗。而编年体作为中国早期史书体裁，在《资治通鉴》以后，作品则逐渐减少。纪事本末体问世后影响很大，很快它就和编年体一样成为中国传统史书的重要体裁之一。但这些史书的体例都不能适合新式学校历史教育的需要，新的历史教科书必须有新的体裁。这一时期，章节体的形式传入中国，并被当时的学者接受。柳诒徵评论道：“迁书起黄帝讫汉武帝，上下三千余年，实通史之例，班、陈而下，不能贯穿古今，观其会通。宋司马光作《通鉴》，袁枢作《记事本末》、郑樵作《通志》，始足萃诸史之精，酌因革之道。然三书卷册浩繁，未易卒读，后之续者或几倍之，盖专门之学，非教科之用。”为了使初学者能够把握历史发展的大要，适应学校历史教育的需求。柳诒徵决定采用章节体，他自己在编纂《历代

① 柳曾符、柳佳：《劬堂学记》，上海书店出版社2002年版，第39页。

② 那珂通世：《支那通史》序，1899年上海重刻本。

③ 那珂通世：《支那通史》，1899年上海重刻本，罗振玉序。

史略》时说道："本《通鉴》《通志》之意，仿纪事本末之体，略采正史，析其条理，以为历史初阶。"柳诒徵编写的《历代史略》，实际上以时间先后为顺序，以历史事件为叙述的内容，分章分节叙述的章节体。但他自己却没有明确的认识。

章节体这一史书编纂方法，是近代在西方发展起来的，这种体裁具有篇、章、节，既综合贯通又分门别类，更适合叙述纵横交错、纷繁复杂的历史，和旧的史书体裁相比容量大、系统强，因此成为近代西方史书编纂的主要形式。章节体在近代进入中国，逐渐被中国人所接受。在晚清"新政"之时，编纂教科书，大都使用了这一章节体的体裁，当时许多人都把这一体裁当作纪事本末体来看，连梁启超也不例外。

除了体裁方面的新颖，《历代史略》在内容上也有突出之处。主要体现在以下几个方面。

第一，在《历代史略》中，柳诒徵使用了"中国"一词。在书的开篇他自己撰有一篇总论，其中他论述了中国的地理疆域，并对"中国"一词作了界定："我国全境统名之，则曰中国，析言之则有中国本部、东三省、蒙古、新疆、西藏之别。中国本部当我国全境之东南，纵横五千余里，面积二兆五十万方里。历代建国皆在其地，相沿以为居天下之中，故通称为中国。""大清置十八省以分辖中国，其六省在北带，曰直隶、山东、山西、河南、陕西、甘肃，七省在中带，曰江苏、安徽、浙江、江西、湖北、湖南、四川，惟江苏、安徽北境逾入北带，四省在南带，曰福建、广东、广西、云南。"① 柳诒徵在《历代史略》一书中开始正式使用中国一词，凡是那珂通世所用的支那，他一概改为中国②。

第二，柳诒徵在《历代史略》一书中，采用了那珂通世《支那通史》的新的历史分期法。《历代史略》把中国历史分为上世、中世、近世三部分，这实际上所用的，就是一种新的历史分期法。实际是对王朝体系的一种改变。这也是一种时代的潮流。

第三，对于上古的历史，柳诒徵对没有史料可以确证的历史采取了较为客观的存疑态度。例如，对于三皇五帝的史迹，他作了如下的叙

---

① 柳诒徵：《历代史略》总论，1903 年，江楚编译局印行本。

② 这一时期编纂的教科书，都在知识体系方面有着这一变化，如夏曾佑编纂《中国古代史》、陈庆年编纂《中国历史教科书》等。

述："自唐虞而上邈不可考，古书有三皇五帝之号而不指名其人，史家或以太昊、炎帝、黄帝、少昊、颛顼为五帝，或以黄帝、颛顼、帝喾、尧、舜为五帝，或以太昊、炎帝、黄帝为三皇，以少昊、颛顼、帝喾、尧、舜为五帝，众说不一，世莫能定。""所谓三皇，非必实有其人，后人徒设其名，以表三才开始之序也"①，所以，柳诒徵在叙述中国历史的源头之时，并没有对中国上古的神话传说采用完全接纳的态度。

第四，对文化、制度等历史内容的重视。在《历代史略》一书中，柳诒徵有大量的篇幅叙述文化、政治经济制度等内容。如在《历代史略》的第一部分：上世部分中共有八编，其中有三编撰写的是这方面的内容，即第三编政治制度、第七编礼俗及文事，第八编教育及学派。在中世和近世的部分也大篇幅撰写有这方面的内容。

不过，书中的大量内容受时代限制。比较明显的就是书中的尊清倾向。书中凡是叙述到清代时，都是另起行，书"大清"字样，提及清代皇帝时，也另起行，并高出普通行三字，以庙号或谥号来称呼皇帝，而对涉及清代皇帝名字的文字时，采用缺笔等方式来避讳，完全是一种清代官方撰写史书的模式。这表明，柳诒徵编纂的《历代史略》虽然有着新史学的不少形式与内容，但总体上还是清代统治者所控制的官方教材模式。同时这也正是由于柳诒徵所在的江楚编译局的官方性质所决定的。

三　《历代史略》保守的历史观

柳诒徵编写的《历代史略》，虽然其体裁是新颖的，知识体系方面也有新的变化，但其思想观念仍属于洋务派，其历史观具有洋务派"中体西用"的色彩，在叙述中国文化与社会制度方面，表现了一定的保守倾向。这主要表现在《支那通史》原书中所表现得比较科学的历史观点，到了《历代史略》一书中，却被柳诒徵加以改变。

首先，在对历史发展的认识问题上，表现出了一种"信古"、崇古的历史倾向。本来在《支那通史》中，那珂通世对中国上古的历史传说的叙述是比较客观的，但到了《历代史略》一书中，却是对中国上古社会文明的一味颂扬。如关于尧舜的历史，在《支那通史》中是这样说的："尧舜者，儒者之所最称述，支那百王所为仪范也，然其言行

---

① 柳诒徵：《历代史略》第一篇第二章三皇五帝之说，1903 年，江楚编译局印行本。

多出于后人假托。”而到了《历代史略》中却这样叙述：“开中国之治统，为百王之仪范者，曰尧，曰舜。”是对尧舜的完全确信，并把他们作为中国文化的始祖。再如对周礼的叙述，《支那通史》：“周公多才艺，制礼作乐，更定制度，周之文物于是灿然，汉人至今艳称以为极盛之世。”而《历代史略》在这里专门做一章“周代封建之制”，并对周礼作了特别推崇：“民生利用之事，皆出于群圣人之制，后世虽有损益，莫能出其范围。”西周“当其盛时，王畿千里，居重驭轻，同姓诸侯，列居四方，以御外侮；异姓与诸姬相婚媾，亦不敢离叛，朝聘会盟，出车赋役，以维系群情者，意在深远，故诸侯各私其土，子其民，而奉王室之政刑，与郡县之制无异”。这种描述简直把西周的社会看成一种中国历史上的空前盛世。

其次，柳诒徵历史观的落后，还表现在对儒家圣贤一味地加以推崇。在《历代史略》中，有专门的一节叙述孔子、孟子的历史功绩，他对孔子和孟子作了如下的评价：“孔子博学而多能，诗书六艺无所不通，而一约之以礼。远宗尧舜，近法文武，论学论政必从周代，以示尊王之意，其言行务为中庸，不尚隐怪；论治国必本之修身，修身必本之伦常；以仁为众德之宗，以克己复礼为仁之道，性命天道盖罕言之。……故孟子以孔子为能集群圣之大成。”“孟子之学，兼通五经，尤长于诗书，自明所愿学者，惟孔子尊仁义，黜功利，述国家井田、世禄、学校之制，拳拳以教民养民为念。”而在《支那通史》中对孔子仅作了这样的评价：“孔子博学而多能，诗书六艺无所不通”，“孔子不著书，经传诸子载其语者多出假托。”至于孟子，在《支那通史》中仅有一句言及孟子：“《孟子》者，孟轲所自著也，轲，战国大儒，后世以孔孟并称。”《历代史略》中对孔孟的评价，是柳诒徵自己的发挥，表明了其文化保守主义的立场。而这正与晚清之“中体西用”思想内涵相符合①。

柳诒徵编纂《历代史略》的过程中，对于《支那通史》中的史学观点他赞成的也加以接受。比如，对王安石变法的看法，《支那通史》作了如此的评价：“安石执政六年，老成正士，废黜殆尽，擐慧少年超进用事，举国怨之。”“神宗在位十八年，平生不御宴游，劳心政务，

---

① 此段所引用的《支那通史》为1899年上海重刻本，《历代史略》为1903年江楚编译局印行本。下面本节无注明者同。

日昃不暇食，然求治太急，进人太锐，误用王安石，变坏法度，竟遗国之大患。”到了《历代史略》中，对这些话一字不改，加以抄录，这也可以显示出柳诒徵的学术文化立场。

虽然《历代史略》的编纂以《支那通史》为蓝本，但其历史观和《支那通史》相比，更加辽阔。这和清政府实施“新政”及洋务派的文化观有密切的关系。也与柳氏本人有关。

柳诒徵及其《历代史略》反映的历史观是当时社会形势下的产物，有深刻的社会背景和学术背景。

首先从社会形势的方面看，他所处的时代正是新旧交替时期。是张之洞以中国的传统伦理纲常为本、以西方的物质文明为用的思想，在社会上大为流行之时。柳诒徵所在的江楚编译局，就是在张之洞主张并一手主持下建立的。柳诒徵和缪荃孙关系也非常亲密，情同师徒，无论是学术上还是生活上，柳诒徵都受到缪氏的精心呵护。柳诒徵在学术上受到缪荃孙很大的影响，《历代史略》存在保守的历史观念也就不奇怪了。

其次，从柳诒徵本身来讲，他出身于传统的封建家庭，从小所受的是传统学术教育。他的学术立场，是不会和当时的洋务派学者有所区别的。

四　编纂《历代史略》的学术意义

在史书编纂体例上，柳诒徵此书沿用了《支那通史》的章节体的形式。章节体在中国近代历史编纂体裁上是一种新形式，这是新式史书体裁在中国的早期运用。所以张舜徽对此有过如此的评价，“《历代史略》《中国历史教科书》的出现，虽受当时日本所编学校课本的影响很大，但它采用了新的编书体式，是对旧纲鉴体例一次大的革命。而这种体例，从清末传到现在，除写作上由文言变为语体，观点上由旧变新外，大体上还是保存了这种编写形式。柳诒徵开创之功，是不可磨灭的”[①]。张舜徽对《历代史略》的评价有过誉之嫌，但当时使用章节体编纂教科书，确实有开风气的作用。

在史书的知识结构方面，《历代史略》也开始在逐渐变更中国史书的撰写内容。如前所述，柳诒徵在《历代史略》中开始明确使用“中国”的概念，并且引用了“上世、中世、近世”等的概念，在史学上

---

① 张舜徽：《中国史学家传》，辽宁人民出版社 1984 年版，第 308 页。

开始摆脱传统史学中王朝体系的束缚。在该书中有大量的篇幅撰写中国历史中的教育、文化、社会、风俗等社会制度，一改中国传统史书中以王朝政治活动为主的历史书写形式，这在史学上也是一大变化。梁启超在20世纪初曾对中国传统史书做出了批判，直指中国二十四史为“帝王家谱”，在思想上和理论上给中国史学的发展指明了新的发展方向。柳诒徵此书在史学实践上改变着中国史书的知识结构和编纂方式，在历史教育上有开拓性的意义。

《历代史略》在1902年编纂完成以后，1902年即由江楚编译局印行，1903年湖广督署重刊发行；1905年中新书局出版发行。在柳诒徵和朋友创办的思益小学堂中，讲授历史课的教材就是《历代史略》，后来柳诒徵在江南商业学堂讲授历史，也使用此书为教材。1906年，被清政府学部定为中学教科书。

《历代史略》从编纂到出版发行，再到被清政府的学部钦定为教科书，都是在清末洋务派实施“新政”的情况下实现的。此书从其体裁与撰写内容、知识结构的变化、历史观等也都有时代的烙印，也是在洋务派“中体西用”指导思想下的产物。对当时的中国史学界而言，它既有新的一面，又有陈旧的甚至是落后的一面。

柳诒徵就是在编纂这一历史教科书的过程中，走上史学学术之路的，这是柳诒徵史学学术之路的起点。正如张文建所说的“柳诒徵的早期史学是洋务派的史学学术”①，正是通过江楚编译局，使柳诒徵的学术也带有保守的色彩。

如果说，《历代史略》的问世，是史书形式上的变化的话，那么《中国商业史》和《中国教育史》不论在内容上，还是在观念上，都表现出了史学学科的新变化，以及现代史学发展的新特点。

第三节 《中国商业史》和《中国教育史》的编纂

20世纪初，梁启超曾经批判中国旧史学的“四弊二病”，指出中国新史学要有新的撰述内容，即以“民史”为主要的撰述对象。但这只

---

① 张文建：《柳诒徵史学研究》，载《中国史学研究集刊》（第一辑），江苏古籍出版社1986年版，第176页。

是一种理论性的指向。后来在他的《中国历史研究法》《中国历史研究法补编》中，对新史内容的分类提出了更为具体的设想。他把史学撰述分为人的专史、事的专史、文物的专史、地方的专史、断代的专史等几个方面。其中在文物的专史部分又细分为政治、经济、文化等方面。可以说，这是梁启超在20世纪初，对新史学在撰述形式上提出的新要求。也是以梁启超为首的新史学派，在史学研究上要“将过去的真事实予以新意义或新价值”的追求①。

理论上的设想能不能实现，还要看当时史学的具体实践活动。柳诒徵编辑的《中国商业史》《中国教育史》等就属于实践活动。因此，也可以说柳诒徵的史学讲义的编纂，是他的史学活动的起始，正是由于长期的历史教科书的编纂与历史教育活动，使他走向史学学术之路，也才有后来的史学理论创建。

史学专门史的撰述，还有时代的要求。20世纪初，由于新式学堂的建立，在新的专业教学中，史学研究者和教育者面对新的教学形式，必须编纂与时代要求及社会要求相适应的史学著作。柳诒徵的《中国商业史》就是在江苏高等商业学堂教学过程中撰写的。

一 《中国商业史》的编纂

《中国教育史》和《中国商业史》的编纂，与《历代史略》相比稍晚一些，都是学校的历史学讲义。编纂这两部书，在背景上来说，是在20世纪初清政府开始实施新政以后。当时许多省都设立新式实业学堂，在江苏省，胡元倓创办了高等商业学堂，张謇被聘为学校监督，张謇又聘请柳诒徵担任该校教习，讲中国商业史的课程，在这种情况下，柳诒徵编辑了《中国商业史》讲义。

《中国商业史》讲义，大约在1905年编成，由江南高等商业学堂油印，是中国第一部新式商业史。在体裁上运用了章节体，详细叙述了中国历代商品、商政、商业措施、商业地理、通商贸易、中外互市等内容。《中国商业史》讲义从旧史的货殖列传、食货志以及各省通志、府志、州县志等著作中摄取有关商业史资料，汇编成该书。他运用自己刚刚接受到的西方现代知识，在《中国商业史》绪论中，阐述

① 梁启超:《中国历史研究法》，东方出版社1996年版，第155页。

了商业史的范围、性质与材料。他认为，“生计之商，见于民主，而珍奇之贾出于王朝也”[①]。并运用孟德斯鸠的《法意》的论述“商业之性质，生计与珍异异，民主与君主异。则治商业历史，亦有生计之历史与宝货之历史之别，学者不可不审也”[②]。柳诒徵对商业的发展，有了初步的认识，是难能可贵的。但是由于时代的局限，他又不可避免地受到严复所宣扬的社会达尔文主义的影响。如在《战国之商业》一章中这样说：“盖周初井田封建之制，务使齐民，无贫富之差，列国无强弱之患，竟至善也。然使其制长此不改，则人民之智力，永无竞胜争长之时。而日用生计，咸因仍而不变，是与生民进化之理相反也。……人民智力日分，然后有甚贫甚富之殊，而以其贫富之殊，弥足以促智力之进步。”柳诒徵以人民智力的“竞胜争长”来解释商业历史的发展，明显有时代的烙印。但他对商业的性质和商业史的新叙述，毕竟预示着新型商业史的诞生，是史学学科的新变化，是对现代史学学科建设的一大贡献。

商业史的问世，不仅有学术的背景，而且和当时的社会发展形势密切相关。19 世纪晚期，清政府就开始开展洋务运动，大力进行商业和工业的活动。清末新政时也设立商部，提出振兴商务的一系列措施。柳诒徵所任教的江南高等商业学堂，就是清末实业派重要人物张謇等人创办的。柳诒徵撰写此书，还有深刻的社会原因。

《中国商业史》编成以后，仅有油印本流行，影响也不大，但它却预示了当时的中国学术界进入了一个新阶段。当时中国的新式教育正值起步阶段，一切教材的编纂都是从新的观点出发，并加上作者发挥，《中国商业史》讲义的问世，就是柳诒徵在史学教育上的新尝试，也预示着中国的历史学教育将会沿着社会的需求不断地发展。后来柳诒徵的学术转向中国文化方面，因此，关于中国商业史的研究，也仅仅止步于此。

《中国商业史》的编写，在社会上虽然没有大的学术影响，但柳诒徵参与的另一部教科书《中国教育史》的编写，在学术界却有较为广泛的影响。不过，《中国教育史》的编纂却不是柳诒徵一个人的功劳。

---

① 柳诒徵：《中国商业史》绪论，江南高等学堂油印本，藏于复旦大学。

② 同上。

二 《中国教育史》的编纂

《中国教育史》编写的缘由，是新式学堂成立以后，新办的大学堂和师范学堂需要新的教科书。1902 年，中国新的法定学制《壬寅学制》诞生，1904 年，又颁布《癸卯学制》，中国近代的新式教育开始实施。当时《癸卯学制》规定，大学堂和师范学堂的课程中要有教育史，这就需要编纂教材，当时黄绍箕担任京师大学堂译学馆、编书局和译书局监督，他提出编写《中国教育史》。但黄并没有撰写完成就去世了，这一任务就由缪荃孙推荐柳诒徵继续。

据柳诒徵回顾，《中国教育史》为黄绍箕诠订义例，在黄去世后，由于陈庆年的委托，柳诒徵开始撰写成书。在柳诒徵所作的《我的自述》中，对《中国教育史》有这样的一段叙述：

> 端方和黄仲韬先生（绍箕）至好，黄先生逝世，无甚著作，端方和陈善余谈及，陈善余知道黄先生生平想做一部《中国教育史》，写了许多题目，但未将正文写出，除箧中尚有黄先生所写的题目。端方因托陈善余找一人按照黄先生的题目做一本书，就算是黄先生的著作。
>
> 陈善余在编译局找我代作，我允许了……我替黄先生做的书已完成，写了清稿，交陈善余转呈端方，直到端方死了，陈善余也不知此书的下落。及到我在龙蟠里图书馆，偶然会见一位瑞安陈君，问起他黄仲韬先生有何著作，陈君说有一部《中国教育史》，我听了怦然心动，问他此书可有刊印之本，陈君说上海书肆有铅印本，我嘱陈君至沪时为我购一本寄来，得书一看题目次序以及每篇篇文，照我所做的印出，一字未动。不过加了一篇叶尔恺的序……我当时代做书，在编译局月支银四十两，约计两年，也近千金，可算是卖稿与黄氏，我也不必将书名作者更正了。①

而在柳诒徵的家藏图书中，有一《中国教育史》手稿，其中有柳诒徵自作题跋三则，也能说明此问题，其中一则说道：

---

① 柳曾符、柳佳：《劬堂学记》，上海书店出版社 2002 年版，第 14 页。

> 仲韬嗜博，无暇著书，在鄂时倡拟纂此史，写一目示陈善余，未尝按目为书也。比身殁，端方与陈议补其书，陈以属余，缀辑两载，未知附原意否。端方督直，携余之清稿去沪即以之付兰孙厚卿等，今所印者，校余原草，固无一字增损也。己巳六月劬堂记。[①]

关于这一问题，当代学者杜成宪已有详尽论证，这里不再多提[②]。

三 《中国教育史》的内容特点

《中国教育史》五卷，十多万字，论述了自传说中伏羲、神农到孔子，是一部断代教育史。作者在著史过程中继承了中国史学的信古阙疑、实事求是、详其始末、参以佐证的传统，又广泛吸取了近代西方教育、人文社会科学研究方法和理论，对中国教育史作了有益的探索。主要成就在以下几个方面。

首先，初步确定了中国教育史的研究对象和范畴。作者尝试运用西方近代的教育理论来研究中国教育史，其研究对象以学校为主，辅以社会教育以及选官制度。全书的重点以周代教育为主，而其中又以西周的官学制度和孔子的私学为主，涉及学校制度、管理、教学的内容、教师以及教育行政等诸多方面；本书运用了德育、智育、体育的概念去涵盖古代教育的内容，为以后诸多教育史研究者所沿用。

其次，对中国先秦的教育思想，特别是孔子的教育思想作了初步探索。此书征引了许多西方学者的理论著述，包括康德、黑格尔、斯宾塞、甄克斯等，涉及哲学、历史学、社会学、人类学、教育学、心理学、伦理学的诸多学科，运用西方的理论与概念阐述中国教育发展的历史。特别对孔子的教育思想进行了阐发，其中比较有趣的一段是将孔子的教学法与赫尔巴特的“五段教学法”相比拟：“孔子以数言括之曰：‘不愤不启，不悱不发，举一隅不以三隅反，则不复也。’……今取而分析之，则显然有五段之别：第一段愤即预备也，第二断启即授与也，

---

① 柳曾符、柳佳：《劬堂学记》，上海书店出版社2002年版，第199页。

② 可参考杜成宪论文：《关于第一部〈中国教育史〉的几个问题》，载《华东师范大学学报》（教育科学版）1996年第1期。

第三段悱即联合也，第四段法即结合也，第五段三隅反即应用也。”[①] 这里虽有比附之嫌，显得牵强，但其运用近代的教育理论，去分析中国古代的教育是应该得到肯定的。

但该书也有浓厚的信古倾向。对传说中的伏羲、神农、黄帝时期的教育也予以了发掘，并以此论说中国自古以来即重视德教，“吾国古代之开化亦由神道设教”，相比那些西方近代的教育理念和思想，“吾国古圣早发此义”。

但《中国教育史》毕竟是中国现代史学学科中的专门史，是教育史教科书的开山之作，在近代中国史学史上具有重要意义。它的重要性在于，柳诒徵力图运用新的教育理论对中国的教育史进行研究编纂，以新的教育理论涵盖或阐发中国传统的教育思想和理论，是中国教育史教科书编写的新探索。

四 柳诒徵编纂《中国商业史》和《中国教育史》的学术意义

从学校教育方面来说，柳诒徵编写《中国教育史》是为了当时学校教科书运用的需要。正是这种历史教科书的编写，使教育活动和史学研究紧紧相连。这是近代特别是新式学校教育问世以后，摆在史学学者面前的新课题。如当时梁启超的《中国历史研究法》《中国近三百年学术史》、陈庆年的《中国历史教科书》、章太炎的《国学概论》等无不如此，近代的许多史学名著的问世，都有这样共同的缘由。《中国商业史》《中国教育史》也基于这一背景。

从史学学科的发展层面来讲，《中国商业史》和《中国教育史》的编纂，是中国近代史学在新形势下的回应。中国有重视历史的传统，也有重视历史教育的传统，在中国传统的学科中，有经学、史学、诸子、古文等，史学是仅次于经学的重要学科。当社会发生变革时，在学术界，首当其冲受到波及的是经史之学，而首先予以回应的也是经史之学。在近代，清政府实施新式学校教育时，经学被当作保留和尊崇的对象，而史学则在新的形势下成为一种沟通中西的学问，为人们解答当前的困惑，寻找未来发展的路径。梁启超说：“于今日泰西通行诸学科中，

① 黄绍箕、柳诒徵：《中国教育史》，福建教育出版社 2011 年版，第 32—33 页。

为中国所固有者，惟史学。”[①] 因此，在 20 世纪初期，学者趋于治史，柳诒徵也不例外。

从学术的角度来讲，柳诒徵撰写《中国商业史》和《中国教育史》，则是他探索中国史学研究的起点。旧的官方史学已经走入末路，新的史学形式萌生了，这就是学科式的、专业式的史学研究和历史教育在学校开始兴起，柳诒徵编写《中国商业史》《中国教育史》是他进行新式教育和史学研究的第一步。

总之，柳诒徵在早期的史学实践中，虽然史学思想上仍然保持着守旧的倾向，但在当时的教育学及其实践中则处于当时的领先地位。

① 梁启超：《中国历史研究法》，东方出版社 1996 年版，第 155 页。

第五章 柳诒徵史学研究成就

——《中国文化史》

辛亥革命以后，尤其是到了20世纪20年代，中国史学专业化、学科化速度加快。另外，新文化运动的蓬勃发展，使民主思想开始成为社会的主流。即使是文化上的保守主义者，其思想观念也在逐渐发生着变化。此一时期，柳诒徵在学术上逐步成熟，他的代表性著作《中国文化史》就是在这一时期问世的。

第一节 《中国文化史》问世的背景

柳诒徵的史学研究特点之一，就是其作品大都从编写讲义，给学生授课开始的。他的文化史研究也是从编写《中国文化史》开始的。因此需要探讨一下柳诒徵撰写《中国文化史》的社会背景。

20世纪初，中国史学从学科体系到史学观念上都发生了重大变化。首先是梁启超撰写了《新史学》，提出了“史界革命”的口号。梁启超指出：新史学与旧史学不同，不以王朝更替和一姓的兴衰为研究对象，而应以“叙述人群进化之现象”“求得其公理公例”为主旨。其后夏曾佑撰写《中国古代史》正是反映了这一新思想。同一时期，清政府实施“新政”，在设立的学校历史学科中，开始讲授西方学科体系下的专业课程，这就需要编撰这些专业课程的讲义，柳诒徵撰写的《中国商业史》《中国教育史》《历代史略》就是在这样的背景下问世的。

辛亥革命后，教育的现代化继续被推行，中国史学发展的特色逐渐向“学院化、专业化与独立化”[①] 过渡，史学研究不再如过去，由官府或者地方官僚控制的书院控制，而是进入各大学，史学研究者的主体逐渐变成大学教师。这些人的学术研究基本上具有相对的独立性，政府在史学研究的观念、方法、修书的体例等方面不再加以干涉。同时，由于新式大学设立的是西式学科，史学在学科体系上也逐渐摆脱了经学的框架，独立成为一门专业学科。

史学学科上的这一变化，使史学的研究必须结合教学来进行。而这也使中国20世纪以来的史学研究发生新的变化，正如桑兵所言：“教育制度的根本改变，大学分科教学的专门化、现代化与本土化，实为影响史学转向并造成流派分界的重要因素。”[②]

另外，史学的研究内容还受社会思潮的影响。1911年的辛亥革命推翻了清政府的封建统治，中国的封建专制制度也随之走到尽头。在几千年来一直伴随着封建社会而存在的传统文化也遇到了强有力的挑战，中国文化应该如何应对西方文化，成为摆在中国知识分子面前的重要课题。虽然在鸦片战争后魏源、龚自珍，19世纪后期的洋务派乃至维新派都对这一问题提出过种种主张，但都没有解决问题，最终衍生了近代历史上影响深远的新文化运动。当时许多西方的文化思潮在中国的思想文化界广泛流传，东西方文化展开大量交流，开始了中国思想文化界的大论战。中国文化界出现了一股前所未有的文化热潮。“正如当代学者所言，五四前后，关于东西文化问题的论战就曾形成高潮。从1915年《新青年》与《东方杂志》就东西文化问题展开讨论，这场争辩延续十余年，先后参与者数百人，发表文章近千篇，专著数十种，它比五四以前的几次文化讨论更为深入，含有文化改造的性质。就对待东方文化与西方文化的关系问题上，形成了两种鲜明对立的倾向，或者是对传统文化持彻底否定的态度，主张全盘西化；或者是宣扬中国文化本位主义，对传统文化甚至封建主义糟粕全盘肯定。介乎两者之间的则是新旧调和派。”[③]

---

① 可参见汪荣祖《五四与民国史学之发展》，原载于汪荣祖编《五四运动研究论文集》，（台北）联经出版事业公司1985年版，第221—223页。

② 桑兵：《晚清民国的国学研究》，上海古籍出版社2001年版，第65页。

③ 胡逢祥、张文建：《中国近代史学思潮和流派》，华东师范大学出版社1991年版，第347页。

由于东西文化问题的激烈论争，导致了人们对文化史的考察和关注，柳诒徵于是在南京高师开设中国文化史课程，并撰写了《中国文化史》一书。他提到："欲知中国历史之真相，及其文化之得失，首宜虚心探索，勿遽为之判断。"[①] 当然，也有人说，柳诒徵撰写《中国文化史》是对以胡适为代表的新文化运动"讨论文化"的回应[②]。但没有直接证据，柳诒徵自己也没有这样讲，故只能存疑。

《中国文化史》的撰写，开始于1920年，是柳诒徵在南京高等师范学校编写的讲义。而后他在20世纪二三十年代又陆续发表了多篇文章，阐述他在文化史问题上的主张。这些文章主要有，《华化渐被史》《读墨微言》《中国文化西被之商榷》《五百年前南京之国立大学》《说酒》《孔学管见》《明伦》《正政》《正义之利》《解蔽》《从历史上求民族复兴之路》《对于中国文化之管见》等。而《中国文化史》一书是柳诒徵文化史研究的代表作，后来他关于中国文化史的观点基本上没有超越本书，只是在本书基础上的发展和深化。所以，本章以《中国文化史》为例，探讨柳诒徵对文化史的研究。

对于柳诒徵《中国文化史》的问世，有的学者认为《中国文化史》属于新人文主义学者的文化著作，并把柳诒徵也归入新人文主义者的阵营。认为"新人文主义经过吴宓、梅光迪等人在《学衡》杂志上的宣传和在东南大学的讲授传播，在当时的学术界引起了广泛的回响。在吴宓、梅光迪周围聚集了一大批学者贤人，他们利用新人文主义的文化史研究的理论，探讨传统的中国文化，不仅营构了一个新的文化史研究的学派，而且成就了崭新的文化史研究的成果。其中最为著名的就有柳诒徵和陈登原师徒分别著作的两部《中国文化史》"[③]。（陈登原是不是新人文主义者，和本书无关，不在讨论之列。）柳诒徵和新人文主义者的关系，本书在第二章的有关部分已经作了论述。这里仅就柳诒徵作《中国文化史》与新人文主义理论的问题加以论述。

首先，从撰写的时间上来看，柳诒徵撰写《中国文化史》开始于

---

① 柳诒徵：《中国文化史》，东方出版中心1988年版，第1页。

② 潘伯鹰曾在其文章《柳翼谋丹铅高寄》一文，其中说到柳诒徵撰写《中国文化史》与胡适有关，是为了抨击胡适等人的文化立场，捍卫中国传统文化的。此文收入柳曾符、柳佳主编《劬堂学记》一书。

③ 郑先兴：《文化史研究的理论与实践》，中央编译出版社2004年版，第126页。

1920 年，当时的吴宓、梅光迪等人还在美国留学，此时的柳诒徵对文化史的研究，主要探讨的是中国文明的衰落原因和中国现阶段如何保持文化传统的问题。即为了探讨“中国文化为何？中国文化何在？中国文化异于印、欧者何在？”这一系列问题而展开的对中国文化史之研究。

其次，从内容上来看，新人文主义者主张：人类的文化发展的动力源于“想象”，也就是说，人们在感觉、思想和判别中创造着文化。而在其中，宗教信仰又起着重要的作用。因此，新人文主义者坚决拒斥自文艺复兴和启蒙运动以来之新文化，他们将旧人文主义解释为无选择的同情、泛爱的人道主义，认为只有规训和纪律才是人文主义的真意。新人文主义者自称其主义为“实证的人文主义”，这种实证性立足于对人类文明传统的同情性评估。即从传统中求得立身行事之道以构建人文生活。所以，新人文主义者注重和倡导传统道德和人文教育，主张涵养人格以裨益社会，注重道德身体力行。新人文主义者的这些文化主张与中国传统文化中的涵养人格、裨益社会、注重道德身体力行不谋而合，也与中国传统的知识分子的“格物致知”“修身、治国、平天下”的情怀相契合。但不能说柳诒徵的《中国文化史》是新人文主义文化的产物。由于柳诒徵的文化主张和吴宓、梅光迪等人的文化观有诸多一致之处，使他们在当时走在了一起，都成为“学衡派”的成员。而柳诒徵的《中国文化史》在 20 世纪 20 年代能够产生影响，也受到“学衡派”同道的大力推崇。吴宓主编的《学衡》杂志在 1925 年以后曾连载此书。因此，才有许多人将柳诒徵视为新人文主义者，将其《中国文化史》视为新人文主义文化史著作。

柳诒徵被看作新人文主义者，可能与梅光迪的一次讲话有关。梅光迪曾在谈到新人文主义在中国的发展状况时说道：“和美国的人文主义者一样，中国的人文主义运动的支持者也是大学里的学者。他们的文学机构主要是《学衡》，一本创办于 1922 年的中文月刊。其主编是清华大学的教授吴宓先生。他是中国人文主义运动最热忱而忠诚的捍卫者。前两年，他又接管了被公认为中国最好的日报——天津《大公报》的文学增补周刊的编辑工作；从而佐证了他那过人的体力。中国人文运动另一出版物是《史地学报》，由著名作家、历史学家柳诒徵先生主编；他目前正在南京的国立图书馆担任主管。与这两位有交情的朋友和他们的学生都是这场运动的推动力。需要指出的是，这当中许多人，像柳先生一样，都是在中国这片土地上，完全在中国文化的熏陶之下成长起来的；不过他们也都发现自己与白璧德的嫡系弟子们有不少大同小异的观点——这一事实表明，美国批评家的人文主义精神在世界范围内都颇具吸引力，从其整体性来看，东西文化本质上也有一致性。”①

梅光迪这段话主要是讲到当时新人文主义在中国的发展情况。柳诒徵和吴宓为中国新人文主义运动的开展做出了贡献。但柳诒徵的贡献主要在于他的主编《史地学报》（实际上柳诒徵并不是《史地学报》的主编，他只是“史地研究会”的指导员，是《史地学报》的指导者之一）。他对新人文主义的推动主要在于他和新人文主义者，在对于保留中国文化传统这一问题上有众多的一致性。实际上，柳诒徵并不是一个新人文主义者，《中国文化史》也不是新人文主义在中国这片土地上的文化史研究成果。

第二节　《中国文化史》的编纂体例和内容上的特点

柳诒徵的文化史研究是从编写《中国文化史》开始的，他在文化史方面的主要代表作品也是该书。

《中国文化史》是章节体著作，全书共分三编。第一编“上古文化史”，“自邃古以迄两汉，是为吾国民族本其造之力，由部落而建设国家，构成独立之文化时期”。这一编共有 33 章，其中第十九章还分为十二节，是全书的重要章节。第二编“中古文化史”，“自东汉以迄明季，是为印度文化输入吾国，与吾国固有文化抵牾而融合之时期”，分有 26 章。第三编“近世文化史”，“自明季迄今日，是为中印两种文化均已就衰，而远西之学术、思想、宗教、政法以次输入，相激相荡而卒相和之时期”②，这一编共 19 章。柳诒徵按照历史进化论的观点划分年代，并且注意观察中外文化的融合交流，在内容分配上存在着明显的“详古略今”的倾向，其中第一编占据全书百分之四十的篇幅，古史传说与周朝历史又占据了第一编的大部分。

---

① 罗岗、陈春艳编：《梅光迪文录》，辽宁教育出版社 2001 年版，第 222—223 页。

② 柳诒徵：《中国文化史》，绪论，东方出版中心 1988 年版。

该书所叙述的中国文化史的内容方面，通贯古今。从中国人种族的起源写到五四时期；举凡典章、政制、教育、文艺、社会、风俗，以至经济、生活、物产、建筑、图书、雕刻之类均有述及；在材料运用上，广采博收，从六经正史、诸子百家、历代著述到近代中外论著、报章杂志、统计资料，引用材料有六百余种。在思想观念、编撰体例、内容格局等方面呈现出新旧交错、中西杂糅的特点。

首先，在思想观念方面，存在着大量信古、复古的观点。柳诒徵论述的重点是教育、学术、宗教、文艺等精神文化，并力图将儒家文化与伦理道德规范为“民族全体之精神”，强调儒教的决定作用。这样在叙述上大量摘引儒家经典，着力论证周礼是中国传统文化的根基，“敬天爱民主义，为后世立国根本”，并且声称中国的三代文明是至治盛世，实“开后来之政教”。因此，虽然柳诒徵承认历史有进化之律，却主张中华文明“渐降而渐进”，在汉以后表现为文化日益衰微的过程。他说：

> 自太古至秦汉，为吾国人创造文化及继续发达之时期。自汉以降，则为吾国文化中衰之时期，虽政治教育，仍多沿古代之法，而继续演进，且社会事物，亦时有创造发明，足以证人民之进化者。然自全体观之，则政教大纲，不能出古代之范围，种族衰弱，时呈扰乱分割之状，虽吾民亦能以固有之文化，使异族同化于吾，要其发荣滋长之精神，较之太古及三代秦汉，相去远矣。①

在柳诒徵看来，所谓文化就是以民族精神为最根本，并且只有以上古以来的儒家的伦理精神为依归。因此在整个文化史研究和材料取舍上，他将儒家经典皆作为史料记载看待，深信不疑，并且全盘肯定传统文化。

其次，在编纂体例上的新旧交错。一方面，在《中国文化史》一书中，他继续采用了传统的纲鉴形式，先叙述自己的看法，而后罗列大量的原始资料，以此论证说明问题，或者列举诸多资料对某个问题予以考证。同时，在整部书的体例安排上，使用了章节体，全书分为三编，每

---

① 柳诒徵：《中国文化史》第二编，第一章，东方出版中心 1988 年版。

编再分为章，其中内容多的上编第十九章还分为十二节。

最后，内容选材方面，也体现着新旧交错的分布，但略今详古。一方面，他采用了大量的材料，对中国古代的各种制度予以详细的叙述，也采用了当时许多学者如章太炎、梁启超、刘师培、王国维的学术论文以及西方汉学家的学术成果，对中国古代特别是先秦文化进行了详尽的叙述。另一方面，在《中国文化史》中，他还运用当时的资料，如国民政府公报、统计资料，对清末乃至民国时期的实业、文化的发展予以了叙述，但占用篇幅太小，如对新文化运动的叙述，只有区区的一百余字。

《中国文化史》的编纂特点明显受到西方史学的影响。柳诒徵汲取了历史进化论的观点，认为治史之道“一以求人类演进之通则，一以明吾民独造之真际。欲知其共同之轨辙，当合世界各国家各种族之历史，以观其通。欲知其特殊之蜕变，当专求一国家一民族或多数民族组成一国之历史，以睹其异”①。柳诒徵已经在一定程度上打破了封建史家以朝代兴替为历史分期的旧传统。在对文化史的看法上，他说：

> 世恒病吾国史书，为皇帝家谱，不能表示民族社会变迁进步之状况。实则民族社会之史料，触处皆是，徒以浩穰无纪，读者不能博观而约取，遂疑吾国所谓史者，不过如坊肆纲鉴之类，止有帝王嬗代及武人相斫之事，举凡教学文艺社会风俗，以至经济生活物产建筑图书雕刻之类，举无可稽。吾书欲祛此惑，故于帝王朝代国家战伐，多以删略，惟就民族全体之精神所表现者，广搜而列举之。②

所以，该书按教育、文艺、社会、风俗、经济、生活、物产、建筑、图书、雕刻之类别作为历史的重心来叙述。

这部著作在1920年开始编写，1921年左右完成。1925年以后，开始在《学衡》杂志上连载，到1929年完毕。而在此期间，于中央大学1928年曾经重印了《中国文化史》作为讲义。1932年，由柳诒徵创办的中山书局出版了《中国文化史》。1948年，正中书局重版此书，柳诒

① 柳诒徵：《中国文化史》，绪论，东方出版中心1988年版。

② 同上。

徵为此书撰写了重版弁言。《中国文化史》在中华人民共和国成立以后，大陆方面于1988年由上海东方出版中心出版，后来又有上海古籍出版社在2001年出版的版本；而台湾20世纪60年代就出版了此书，后来又多次重印。

第三节 《中国文化史》的主要观点和方法

在《中国文化史》一书中，柳诒徵关于中国文化史研究有几个问题是值得注意的。

首先，是中国文化史的分期与中衰及中衰的原因。柳诒徵把中国文化发展分为上古、中古、近世三个时期。他认为，中国的文化富于弹性，自古至今，没有中绝过，只是在第二、第三期吸收了印度、欧洲的文化，使中国文化更加发展。这种文化分期，不是从朝代的更替划分，也没有按照社会制度的变化来划分，而是坚持以中外文化的激荡融合为文化发展时期的分界点。按照时间分为三个时期，而按照中外文化交往与否则分为前后两个时期。前期是第一个时期，是中国文化的独造时期；后期是第二、第三个时期，为中外文化交融时期，也是中国文化的中衰时期。

第一时期，自上古到两汉，是中国文化的自主发展时期，柳诒徵把这一时期概括为我国民族以自身的创造力建成独立文化时期。他认为这一时期中华民族所创造的制度与文化形态，奠定了中国文化的基础。其中，《周礼》为中国文化的渊海，“礼”是中国文化的根本。忠孝信义等儒家人伦是中国文化的核心与支柱。而春秋时期的孔子则为中国文化的中心人物。他引用了近代德国人夏德所著《支那古代史》：

> 《周礼》为周代文化生活最重要的典据，亦为后代之向导，对于为政家之模范，永受世人之尊重，殆无可疑。其于国民之教养，实据重大位置。……且其关于公共生活及社会生活，详细说明，与陶冶后代之国民，具有非常之势力。因袭之久，世人因此详细之规定，殊不能任意而行，社会万般之生活，无论一言一行，无不以其仪式。①

① 柳诒徵：《中国文化史》，东方出版中心1988年版，第187页。

柳诒徵用了一章来叙述孔子，他把孔子称作中国文化的中心，“孔子者，中国文化之中心也。无孔子则无中国之文化。自孔子以前数千年之文化，赖孔子而传；自孔子以后数千年之文化，赖孔子而开”[①]。柳诒徵论述了孔子对中国文化的贡献，他认为孔子给国人阐明了做人的准则，和修身、齐家、治国、平天下的办法，并且是孔子整理了上古的《诗》《书》《礼》《乐》，述作了《春秋》《易》。因而自汉以后，中国人礼祀孔子，是由于对孔子的尊敬，和对儒家人伦价值观的身体力行，而非孔子创立的宗教，亦非帝王假借孔子害人。

因此，在柳诒徵的观念中，自上古至两汉、特别是西周至秦时期，是中国文化最具活力和创造性的时期。这是柳诒徵最主要的文化观，也是他研究史学和中国文化的根基。他为人诟病也多因于此。

第二时期，从东汉以后至元、明时期，元明以后为第三时期，他把这两个时期的中国文化称为中衰时期。

关于中国文化的中衰，柳诒徵认为，“自太古至秦、汉，为吾国人创造文化及继续发达之时期。自汉以降，则为吾国文化中衰之时期”。他以为，“（中衰期）自全体观之，则政教大纲不能出古代之范围，种族衰弱，时呈扰乱分割之状”[②]。

造成中国文化中衰之原因，柳诒徵以为有三个，第一是由于盗贼无赖。所谓盗贼无赖，柳诒徵说：“秦以后，起事革命者多盗贼。盗贼无赖之徒，成则为帝王，固不识治国御世之道；败则肆焚掠，尤不解保护文化之谊。故自汉以来，增进文化之力，恒不及摧毁凿削之力强。”[③]这就造成了中国文化的退步。第二个原因是科举制度的败坏。他认为，科举制度崇尚利禄而背弃儒家的人伦道义，社会政治陷于腐败，社会风气败坏。第三个原因是缺乏宗教信仰。他认为，我国人民脱离初民的迷信最早，但后来统治者的政治教育不能满足人民的需要，因此荒诞的神仙之术盛行，人民却没有宗教信仰。

关于“东汉中衰”这个问题，柳诒徵的说法有极大偏见。中国自秦、汉以后，确立了以儒家思想为核心的框架，在以后相当长的时间

① 柳诒徵：《中国文化史》，东方出版中心 1988 年版，第 231 页。
② 同上书，第 345 页。
③ 同上。

里，没有多少变动，柳诒徵把文化缺少了创造性而当作文化开始中衰，是他的误解。

再看关于中国文化的中衰的原因认识，柳诒徵认为主要是政治原因和科举制度造成的。其实，中国自东汉以来政治动荡，民族危机不断，这是社会历史的变迁，而不是文化的中衰，文化作为社会的精神产品，主要看它对社会之影响力是否降低。东汉以后直到清末，以经学为主要学术、以儒家的人伦道德为社会主要信仰和行为准则的文化理念并没有改变，鸦片战争以后，随着西方文化的影响逐渐增大，中国的传统文化逐渐衰微，柳诒徵认为，应该昌明东方文化为国人之大任，以儒家之根本精神解决今世问题。

其次，关于中国文化的根本精神。柳诒徵在《中国文化史》一书中，多次提及中国文化的根本精神。他认为，中国文化的核心是以夫妻、父子、兄弟互助的人伦关系，并以此发展为社会忠孝原则。他指出，这种道德原则是从上古的唐、虞以来逐渐形成的，“夏道尚忠，本于虞”。“忠”在夏、商、周之时，含义很广，他解释说，夏时的“忠”并非专指臣民尽心事上，更非专指见危授命。而只是担当某一职责的人“尽心竭力求利于人而已”。[①] 而后他说“孝”字则始见于《虞书》。他引用《尚书・尧典》，“克谐以孝，烝烝乂，不格奸”之语。并用章太炎的《孝经本夏法说》做详细论证。柳诒徵把“孝”解释为牺牲主义、劳动主义、互助主义。“人人求利于人而不自恤其私，则牺牲主义、劳动主义、互助主义悉赅括于其中，而国家社会之幸福，自由此而烝烝日进矣。”[②]

柳诒徵指出，中国的忠孝之道在夏以来就确立起来，自此以后就成为我国的人伦道德原则，并认为这是我国社会很早就高度发展的原因，“近世研究社会学者，谓社会之进化，当由宗法而进于军国。吾国数千年皆在宗法社会中，故进步迟滞。不知吾国进化，实由古昔圣哲提倡孝道”[③]。而中国几千年的历史的发展中，文化的发展，就是以人伦道德为核心的发展史。这也是柳诒徵研究中国文化史所要探讨的中国文化

① 柳诒徵：《中国文化史》，东方出版中心 1988 年版，第 79 页。

② 同上。

③ 同上书，第 81—82 页。

“演进之通则”，中华民族“独造之真际”。中国的“民族全体之精神所表现”。

柳诒徵的文化观是建立在“六经皆史”这一基础之上的。后来胡适等人主要反对的也是这一点，如果柳诒徵的这一史学基础不牢固，那么他的文化观实际上只是一种文化思想的推衍，是一种主观臆断的认识。对此有学者这样评价：“柳诒徵不顾《商书》《商颂》《周礼》的真伪，全部作为所纂史书的史料根据。在史料的取舍上，也存在着主观随意的毛病。”[①] 这是该书的最大不足，也是他文化史研究方法上的缺陷。不过，柳诒徵是从传统的学术中走出来的学者，他没有受过近代学术理论的培养，在观念上对上古尧舜时期的“古圣贤帝王时代”还深信不疑，在这种情况下，虽然他对西方的先进的文明并不反对，但要他去挖掘中国传统文化的不足与缺点，他是做不到的，这也是时代的局限性造成的。

最后，关于中国文化的前景。由于柳诒徵主张中国文化的核心是以儒家的人伦道德为中心的道德原则，因此，柳诒徵对中国文化的前景寄予厚望。但他在书中对西方近代以来的物质文明特别是工业革命，是极力称赞的。他认识到中国近代遭受列强入侵，最大的原因在于西方的工业革命，“中国近世之事变，原因非一，其最大之一因，则欧美之发明机械也”[②]。因此，他认识到中国要想富强起来，必须也要学习西方的工业机械技术，不能墨守成规。对中国近代的政治革命，他也有比较清醒的认识，认识到：“种族革命，至辛亥十二月已告成功，而政治革命迄今尚未成实事。盖国民习于帝制者久，不知履行国民之权利与义务，于代议政治非所素谙，又不知政党之性质与选举之重要。”因而当时的中国成为一种“虽悬一中华民国之帜，而实则仅造成武人专制、强藩格局之局”[③]。在政治和司法等多方面制度上，柳诒徵是赞成西方资产阶级民主制度的。但唯独对文化，坚持要以儒家之根本精神，来解决当今的道德和政治腐败问题。这些在柳诒徵文化观一章已有论述，此处不再赘述。

---

① 胡逢祥、张文建：《中国近代史学思潮与流派》，华东师范大学出版社 1991 年版，第 327 页。

② 柳诒徵：《中国文化史》，东方出版中心 1988 年版，第 808 页。

③ 同上书，第 830 页。

第四节　柳诒徵《中国文化史》在中国史学上的影响和地位

柳诒徵的《中国文化史》一书问世至今已经将近百年。此书问世后在学术界产生了深远的影响。顾颉刚在其《当代中国史学》一书中，对其书有如此的评价："文化史部门，柳诒徵、陈登原二先生均有所撰述，柳先生有《中国文化史》二册，征引繁复，并有其一贯之见解；陈先生亦有《中国文化史》二册，并称佳著。"① 胡适在《书籍评论》上则如此评价："柳先生的书列举了无数的参考书籍，使好学的读者，可以依着他的指引，进一步去寻求他引用的原书，更进一步去寻求他不曾引用的材料。……柳先生的书，可算是中国文化史的开山之作。"李平则评价说："柳氏研究中国文化史的历史观是19世纪以来西方流行的进化论思想。……柳氏撰写《中国文化史》的历史观点具有进步性，他对文化史的内容和分期都有独到的看法，从而使该书断制谨严，史料翔实，所以一问世就受到学术界的高度重视，被誉为'中国文化史的开山之作'。"② 由此可见，此书当时影响很大。此后，因时代和学术主张的变化，学术界对《中国文化史》的评价毁誉参半，有的学者因受《中国文化史》影响而在学术上颇有建树，正如蔡尚思所说，此书为"解放前各种《中国文化史》的'老母鸡'"③。而有的学者如胡适则以为此书系没有受过近代史学方法训练的人所作，材料的选择很不严谨。

对该书赞扬者，主要是和柳诒徵在文化观念上有共通语言的梁漱溟、及柳诒徵的学生郑鹤声、缪凤林等人。梁漱溟曾经说，读了《中国文化史》深受启迪，从而有《中国文化要义》一书的出版。在《中国文化要义》中，他曾提及《中国文化史》。"往日柳诒徵先生著《中国文化史》，就曾举三事以为问：中国幅员广袤，世罕其匹；试问前人所以开拓此团结此者，果有何道？……此三个问题，便是三大特征。再详

① 顾颉刚：《当代中国史学》，上海古籍出版社2002年版，第82页。

② 李平：《20世纪中国文化史研究述评》，《文艺理论与批评》2000年第3期。

③ 蔡尚思：《柳诒徵先生学述》，载柳曾符、柳佳主编《劬堂学记》，上海书店出版社2002年版，第2页。

言之：一、广土众民，为一大特征；二、偌大民族之同化融合，为一大特征；三、历史长久，并世中莫与之比，为一大特征。从以上三特征看，无疑地有一伟大力量孕育于其中。”[①] 从这段话来看，梁漱溟关于中国文化的研究，确实受到柳诒徵之影响。柳诒徵关于中国文化的观点，对其学生缪凤林、郑鹤声也产生很大影响，缪凤林对此书十分推崇，他曾经评价此书说：“此书以六经诸史为经而纬以百家，举凡典章、政治、教育、文艺、社会、风俗，以至经济生活、物产建筑、图画雕刻之类，皆就民族全体之精神所表现者，广搜列举，以求人类演进之通则，以明吾民族独造之真际……函蕴富而义类宏，近百年来所未有之大著作也。”[②] 而郑鹤声在其撰写的《中国文献学概要》中曾这样说：“吾国文明发展进行之程序，约可分为三期：自邃初以迄两汉，是为吾国民族本其创造之力，构成独立之文化时期；自东汉迄明季，是为印度文化输入吾国，与吾国固有文化由抵牾而融合之时期；自明季迄今日，是为中印两种文化均已就衰，而远西之学术思想宗教政法依次输入，相激相荡而卒相合之时期。”[③] 郑鹤声对中国文化的分期，明显是受到了柳诒徵关于中国文化分期的影响。另外，毕业于东南大学的陈登原也曾经撰写《中国文化史》一书，在其书的《后序》中作者曾明言：“方登原之意图草创《中国文化史》也，实以某氏之书，于心未惬，妄思一奋虞公子之斯之勇云。”[④] 那么，其中所说“某氏之书”，应指柳诒徵的《中国文化史》。对于此点郑先兴在其《文化史研究的理论与实践》一书中有较为详细的辩证，在此不再多说[⑤]。蔡尚思所说的柳诒徵的《中国文化史》是当时各种文化史的“老母鸡”，应是观察到了上述现象。柳诒徵的《中国文化史》确在20世纪的二三十年代产生了很大的影响。

柳诒徵的《中国文化史》问世以后，对其批评者也不少。其中主要具有代表性的是胡适。胡适曾经在《清华学报》撰文登载了一篇书评，对此书的观点、选材等方面作了批评。他说此书有三个缺点：选材上的详古略今；方法上的不严谨；材料上的疏忽之处。选材的批评已见前

---

① 梁漱溟：《中国文化要义》，学林出版社1987年版，第6页。

② 柳曾符、柳佳：《劬堂学记》，上海书店出版社2002年版，第224页。

③ 郑鹤声、郑鹤春：《中国文献学概要》自序，商务印书馆1937年版。

④ 陈登原：《中国文化史后序》，商务印书馆1936年版。

⑤ 郑先兴：《文化史研究的理论与实践》，中央编译出版社2004年版，第138页。

文，对于方法和材料上的问题，他说，“一位不曾受过近代史学训练的人，所以他对于史料的估价，材料的整理，都不很谨严”。“其所据材料多很可疑，其论断也多不可信，为全书最无价值部分。太古文化史决非依据传说所能为功；此治学者当存谨慎的态度，细心研究石器、金器及同时代的其他实物，下及甲骨文、金文，证以后世较可信之史料，或可得一种简略的概论。”① 但又说它，“可算是中国文化史的开山之作，读者评者都应该记得这一点。……他为中国文化史立下了一个草创的规模，替一般读者搜集了一些很方便有用的材料”②。胡适的批评自有其道理，说柳诒徵是不曾受过近代史学训练的人，这可谓一语中的。柳诒徵实以传统方法治学，当然没有受过近代史学理论和方法的训练。柳诒徵的《中国文化史》撰写之后，正值新文化运动开展之时，许多新的学术理论与方法还没有在学术界得以成为共识，尤其是对于比较保守的柳诒徵来说，新的史料发现以后，自己没有多少了解，他当然不会在《中国文化史》中去加以运用。而且胡适所批评柳诒徵的《中国文化史》，在史料的选材上“详古略今”，则是由柳诒徵的文化观决定的，主要原因并不是他的选材不严谨，而是他抱残守缺的文化观所致。

在1932年的《图书评论》一卷三期上，载有署名英士的文章，对《中国文化史》的评价则较为中性化，指出此书“是一本庄严郑重的著作，从大体上看，可以说是目前正统派史家的代表作品。它既不泥古，亦不骛新。凡是未经确切否认的传说，它都姑予承认。凡是证据尚不充分的新说，他都置之不理”。同时又说，“这本《中国文化史》是用过多年的讲义，在《学衡》上早发表过了，柳先生也许是因为年纪老了，懒得修改，故对那些比较值得考虑的新说，以未加以充分注意”③。

中华人民共和国成立以后，大陆20世纪80年代以前，很少有人对此书进行评价。1985年，张文建曾经撰写《柳诒徵史学研究》。在此文中，他说，“柳诒徵是在五四以后的复古主义逆流的影响下，写出了《中国文化史》一书”。“以封建道德决定论的文化史观为核心，并且糅

① 季羡林主编：《胡适全集》第13卷，安徽教育出版社2003年版，第149—150页。

② 同上。

③ 柳曾符、柳佳：《劬堂学记》，上海书店出版社2002年版，第225页。

合若干资产阶级史学思想和内容。”[①] 可见评价不高。

但是孙永如却有比较高的评价，他说，此书是把握中国文化的精髓，是中国文化史的开山之作。他评价此书，“体例完善、立论中肯，所以一问世就受到了学术界的重视”。“而追随其后面世的各种文化史专著”“俱未能超出其右”[②]。

纪振奇则这样评价这部著作：“众所周知，从文化学的角度来把握历史，是西方文化学派施本格勒和汤因比研究历史的基本方法。而施本格勒的《西方的没落》则发表于20世纪1918—1922年，汤因比《历史研究》则发表于20世纪1934—1961年。柳先生的文化史学的研究则在1919—1921年。可见柳先生的研究是与世界学术同步的。”[③]

如上所述，柳诒徵的文化史研究和《中国文化史》著作，在中国近代史学史上，有一定的影响。可以说柳诒徵的《中国文化史》是中国近代史学史上研究文化史最早的学术著作。因它的问世早，其中有不少开创性，有不少对中国文化史的真知灼见，但也有许多的不足和缺陷。

柳诒徵对文化史研究的开创性学术贡献，主要在以下几个方面。

首先，他在研究文化史时，突破了以经学为主的学术，在《中国文化史》中，对中国历史上的典章、政制、教育、文艺、社会、风俗，以致经济、生活、物产、建筑、图书、雕刻之类均有述及，重点论述了教育、学术、宗教、文艺等精神文化，这是研究视角的改变。这一视角的改变使柳诒徵开始用新的眼光来看待中国的历史和文化，在《中国文化史》的开篇第一章，它首先讨论的是中国人种的起源。虽然柳诒徵得出中国人种之起源不可考得的结论，但这毕竟是在试图运用一种新的观念叙述中国历史的史前史。

其次，在研究方法和材料的运用方面。柳诒徵研究中国文化史，试图运用西方的进化论解释中国的历史与文化。在《中国文化史》的绪论中，他首先说道，“历史之学最重因果。人事不能有因而无果，亦不能有果而无因。治历史者职在综合人类过去时代复杂之事实，推求其因

---

① 张文建：《柳诒徵的史学研究》，载《中国史学集刊》（第一辑），江苏古籍出版社1987年版，第178、181页。

② 孙永如：《柳诒徵评传》，百花洲文艺出版社1993年版，第108页。

③ 纪振奇：《柳诒徵中国文史学的理论与方法》，《晋阳学刊》2004年第3期，第78页。

果而为之解析，以昭示来兹，舍此无所谓史学也”。[①] 这样看来，柳诒徵研究史学的目的在于探求中国历史的“因果”，在文化史的研究上就是要寻找中国文化“独造之真迹”，求“人类演进之通则”。无疑这带有进化论的色彩。柳诒徵运用这一理论，对中国文化的发展进程予以考察。他认为，中国的文化史的发展是自“草昧社会进而至于开明”[②] 这一轨迹发展的。在《中国文化史》这一著作中，他以进化的观念叙述了上古至秦汉乃至于元明时期中国的政治、经济、社会生活等诸多方面的制度进化。

在材料的运用上，柳诒徵突破了传统的史料运用界限，广采博收，从六经正史、诸子百家、历代著述到近代中外论著、报章杂志、统计资料，无所不包。特别是其中运用了近代许多西方汉学家的著作。

柳诒徵的中国文化史研究，还主要在于他的开风气之先，把文化史研究作为史学研究的重要新领域。正如他在《史地学报》发刊词中所说，“国有珍闻，家有瑰宝，叩之学者，举而不知，而惟镇眩于殊方绝国钜人硕学之浩博。既沾溉于殊方绝国者，亦不外教科讲义之常识，甚而掇拾剽末稗贩糟糠，并教科讲义之常识而不全。而吾国遂以无学闻于世”。[③] 因此，柳诒徵开展文化史研究，在学术方面的影响，主要在于开文化史研究之风气的作用。以致于有学者将东南大学及《史地学报》看成文化保守主义的阵营。如桑兵所言：“南高学派因为对北大的新文化派多有批评，历来被新派学者视为文化保守主义的营垒。”[④]

柳诒徵的文化史研究，带动了一大批学者，从研究学风和治学的趋向上给这些人形成了很大的影响。如台湾彭明辉说：“柳诒徵为南京高等师范学校的教授，可以说是南高的精神导师，他重经世而疏于考证的治学方法，对南高学生应有重大的影响。”[⑤] 这里说柳诒徵研究文化史重经世是对的。他治学确实比较注重与现实的联系，他强调“讲史学知道立国和做人的经验，就叫做历史哲学”，“复兴民族，经与非经的问

---

① 柳诒徵：《中国文化史》绪论，东方出版中心 1988 年版。

② 柳诒徵：《中国文化史》，东方出版中心 1988 年版，第 16 页。

③ 柳诒徵：《史地学报·序》，《史地学报》（第一卷）第一期，1921 年。

④ 桑兵：《晚清民国的国学研究》，上海古籍出版社 2001 年版，第 76 页。

⑤ 彭明辉：《历史地理学与现代中国史学》，（台北）东大图书出版有限公司 1995 年版，第 33 页。

题可因此而不必争论”。柳氏的这些治学主张对他的学生确实产生了很深的影响。他们大多慨然以经世致用为治学之根本，如郑鹤声以继承浙东史学之经世精神为职志，寓民族主义于史学研究之中。其撰写的《郑和》就是其中的代表作品。

但如果因为柳诒徵的偏重经世而说其疏于考证，则值得商榷。就柳诒徵的《中国文化史》而言，更是爬梳大量史料，对古代文化的诸多方面作了大量考证。只是他认为考证并不是治史的最终目的，“研究历史的人，并不在乎成为考据家，或历史家，而在乎自己应用”①。因为如此，柳诒徵的考据功夫没有引起人们的重视。其实，柳诒徵是十分重视考据的，他研究史学以求实为基础，并对自己的学生形成影响。据他的学生张其昀回忆，柳诒徵讲授国史，“以《中国文化史》为教本，但他以为大学生单读讲义是不够的，必须自行研阅名著，潜心探讨”。并把学生所应阅读的书目、读书的方法教给学生。如他教学生读《读史方舆纪要》时说：“没有做过细针密缕功夫的人，则崇论闳议便不可能，所谓分者极其详，然后合者能择善而无憾也。”② 可见，他对史料的考订是十分重视的。

但柳诒徵的文化史研究，确实存在着许多缺陷和不足。就《中国文化史》而言，它在内容方面还没有摆脱传统儒家思想的影响，试图将儒家文化伦理道德规范为“民族全体之精神”，强调孔子儒教的决定作用，并以大量的儒家经典，来着力论证古制周礼是中国传统文化的根基。这是时代和柳诒徵思想的局限性所在。一方面他运用进化理论来论述中国文化的发展和进步，另一方面，又固守儒家的传统文化。

《中国文化史》在思想观念上所表现的是文化保守主义的立场，这是由柳诒徵的文化道德观决定的。他把中国的传统人伦作为中国文化的核心，并认为这就是中国的民族精神。在材料的运用上，大量采用古史材料，对上古历史坚信不疑，坚持其信古的立场；在史料的取舍上，也存在着主观随意的缺陷。

---

① 柳诒徵：《历史之知识》，载柳曾符、柳定生编《柳诒徵史学论文续集》，上海古籍出版社 1991 年版，第 83—84 页。

② 张其昀：《柳诒徵指导学生治学的方法》，《昀堂学记》，上海书店出版社 2002 年版，第 117 页。

在五四前后，对中国传统文化的讨论，学者们在追求新文化之时，柳诒徵在学术上主张保持中国传统文化的主张。这是中国传统学人对中国学术文化的一种逆流，他的反思仅仅从文化而不是从政治的角度主张保持中国的传统。柳诒徵认为中国文化在学术上自成一个系统，有自己的特色；尤其是在文化道德观上有无与伦比的价值。他认为中国文化的特点在表现上为国土幅员广袤、种族复杂、年祀久远，但其深层的内涵则在其伦理道德。因此，在《中国文化史》一书中，柳诒徵用了大量的篇幅详细论述了中国文化中的“忠”“孝”“敬”“礼”“德”等范畴的历史蕴含和意义。后来，柳诒徵在其论文《中国文化西被之商榷》中认为，西方国家以宗教立国，而我国则以伦理立国，“建立人伦道德，以为立国中心，历历数千年，皆不外此，此吾国独异与他国者也”[①]。正由于此，柳诒徵在文化观上持有以道德为中心的文化理念，因此，在20世纪90年代以来，在文化热研究进行得如火如荼，许许多多民国乃至前清学者的文化著作在社会上大量重现，对这些学者的文化主张和思想观念，我们尤其要保持清醒的头脑。

---

① 柳诒徵:《中国文化西被之商榷》,《学衡》1924年第27期。

第六章　柳诒徵的史学研究成就

——《国史要义》

柳诒徵的史学研究，是与其教学活动紧密联系在一起的。其《历代史略》《中国文化史》《国史要义》乃至许多学术论文都与他在学校的史学教学密切相关。如果说，柳诒徵在文化史研究方面是先编纂《中国文化史》这一著作，然后再对文化史进行深入研究的话，那么他对中国史学理论的研究则正好相反，首先从事史学理论的研究，并与教学活动结合在一起。到了晚年他才对中国传统的史学理论进行了总结，撰写出总结性的史学理论著作《国史要义》。据柳诒徵的学生张其昀回顾，在20世纪20年代初期，柳诒徵在南京高师时，就对史学理论进行了研究，并用于课堂教学。虽然现在柳诒徵没有留下当年讲义材料，但是他给学生在史地研究会做的演讲稿——《正史之史料》，如今依然可见。此后，柳诒徵又连续撰写了《近世史料之一》《历史之知识》《史学概论》《中国史学之双轨》《讲国学宜先讲史学》《与青年论读史》等研究史学理论的文章。除后一篇是他晚年的演讲稿以外，其他诸篇都是在抗战爆发之前的研究。

《国史要义》是他在1942年被聘为重庆中央大学历史研究导师后，给研究生上课的讲义，1948年由中华书局出版。据柳诒徵的后人回忆，抗战时期，柳诒徵在重庆的中央大学担任研究院导师，中央大学研究院有教授进修课程，本来由缪凤林主讲，但是缪凤林反而推荐柳诒徵主讲，自己去做听者①。后来此书出版时，柳诒徵自己曾在扉页上作如下

① 柳曾符：《国史要义》（新版）后记，载柳诒徵《国史要义》，华东师范大学出版社2000年版，第374页。

题词："漂泊西南，窃禄国校，无以诏士，爰为是书。"①

其实，在此书出版之前，柳诒徵已经形成了自己史学的理论体系，《国史要义》一书，可以说是他对中国传统史学理论的总结性著作。但是，《国史要义》又仅仅是他史学理论的组成部分。因此，在我们分析探讨《国史要义》一书之前，先要分析柳诒徵的史学理论体系。

第一节 柳诒徵的史学理论体系

柳诒徵的史学理论是在继承中国古代传统史学的基础上而发展的。尤其在目录分类方面，这在柳诒徵的史学思想中已经论述。柳诒徵非常关注学术的分类体系，在他的认知中史学是一个整体，由国史、地方史、家族史、个人历史四个部分组成。柳诒徵的这一史学观念的形成经历了一个过程，在南京高师时期，他的史学思想还是以传统史学为主体，当时他给史地研究会的学生作学术报告，讲述正史的史料（后来在《史地学报》发表的《正史之史料》），基本上还是按照中国传统的史学分类标准进行的。在这篇文章中柳诒徵对中国古代正史的史料作了区分：正史之前的史料、一家所撰史书之史料、众手所修史书之史料，并分别以《春秋》《史记》为例，对正史以前，以及正史的史料如何收集、采用并进行了论述；对史馆修书制度、官方史书采用的史料来源即时政记、日历、实录产生的流程以及其史料价值进行了初步评述。

但在柳诒徵的史学观念中，传统的史学不是全部，他把史学按照时代划分为古代的和近世的两类。在撰写《正史之史料》的同时，他还撰写了《近世史料之一——1840 年的报纸》，这是他在史地研究会的演讲稿。当时邓廷桢的后人手中，收藏有澳门 1840 年的外国报纸译文。柳诒徵在南京见到，十分惊叹，以为是近世珍贵之史料，因此抄录了一部分，并撰写了这篇文章。该文考察了鸦片战争时英国伦敦市场上中国商品茶的种类、数量、价格，以及西方列强特别是英国在中国贩卖鸦片的详情。他还通过该资料，分析了当时中国的国力，并与外国列强进行对比，最后得出结论：中国近代鸦片战争的失败不仅是因为国力问题，而是中国的政治社会的腐败。

---

① 柳诒徵，《国史要义》题词，华东师范大学出版社 2000 年版。

在1924年，为中华教育改进社历史研究组提出的议案《拟编全史目录议》，柳诒徵把史学分为四种，即代史、分类史、分地史、分国史。这是柳诒徵第一次给史学作的总体性的分类，不过带有新旧兼有、中外交融的特点。可见，柳诒徵在其思想中已经形成一个史学新概念。在分代史中，他把史书分为通史和断代史，通史中又分为检摄群书的史学从编类、编年体类、史评类以及新撰写的通史，这些著作有中国人编纂的，也有外国近代学者的著作。史学体例上有传统史学的分目，也有新的学科分类。如在分类史中，他把史书分为固有的分类史，如通典、通考等；待编的分类史，即近代以来西方新的学科分类进入中国的学术后，产生的新学科如学术、教育、宗教、文学等类著作。但这时期柳诒徵的分类还是比较混乱的，又是时代，又是地域，又是国别，又是学科类别。因此，在1926年在撰写的《史学概论》一文中，柳诒徵修正了他的史学分类法，基本上不再提及分类史、分国史。他把史书按照时间的先后顺序分为新旧两种古代的史书和近世的史书。古代的史书按照传统的分法，分为正史、编年、古史、地理等，近世史则按照新的方法进行分类。可见，柳诒徵在史学分类方面此时还没有成熟。

20世纪30年代，柳诒徵在江苏国学图书馆担任馆长后，在编写地方史志，研究史志文献中的家谱、族谱以及地方史志中的文化名人后，他对史学的分类有了新的理解。1935年撰写的《讲国学宜先讲史学》一文中，他把史学分为国史、地方史、家族史、个人历史，这是柳诒徵多年史学实践的结晶。他认为这种分类法是按照史书重点阐释的对象所涵盖的视域的大小不同，进行的分类，由小到大排列后，形成各有体系，又互相联系的史书类别，涵盖整个的历史编纂学。

针对史书的编纂，柳诒徵也主张先确定类例，设定目录，再收集资料而后才能撰写。这和柳诒徵后来在国史馆中的主张是一致的。他认为，史书的修纂，首先确定体裁和断限，而后定目录。目录确定以后，“征求材料，亦可有所依据”，即使是现在修史所用的材料，也应如此，“报纸上有关之材料，应每日剪存，按照史料子目，每日归类”①。他的修史主张仍然是对传统的修史方法的继承，但针对新史料，他又主张保留下来以供史书撰写时使用。具有新旧杂糅的特点。

① 《国史馆馆刊》“馆务”1947年，第一期，第119页。

柳诒徵晚年撰写的《国史要义》，是他对自己一生研究中国古代史学理论的总结。他尤其强调以中国传统的史学理论和史学理念来研究中国的史学。

第二节 《国史要义》中柳诒徵的史学理论体系

抗战时期，民族危亡的现实与社会的巨大变动，无疑强烈震撼着中国的史学界。正如彭明辉所言，“史学工作者的民族主义呼声甚嚣尘上。在这方面以钱穆、雷海宗、陈寅恪、陈垣为代表”①。柳诒徵的《国史要义》也是在这一背景下撰写而成，其撰述宗旨是“继承和发扬中国古代史家在史学理论上的创造，并使之获得新的生命力”②。《国史要义》是作者对中国古代传统史学理论的总结，也更有现实意义的课题。正如瞿林东所言，中国 20 世纪以来的史学“对传统史学在现代社会生活中的价值估计不足，因而大大削弱了对传统史学在近现代史学发展中的积极作用，进而也就削弱了对当代史学之历史前提与民族形式的研究和追求，削弱了对立史学作为独立学科的理论研究”③。柳诒徵的《国史要义》，是对中国传统史学作出总结的史学理论著作，并力图以中国传统的史学理念对中国史学进行总结的著作。而且，柳诒徵还在其中提出了治史应该继承发扬中国史学传统的主张。

柳诒徵在《国史要义》一书中，继承了刘知几、章学诚、梁启超等人的史学理论。并在此基础上，阐发了自己对史学的认识。他所表述的是以“礼”为核心的国史理论。柳诒徵认为，中国古代的史学源于“礼”，史学的渊源、史法、史官制度、史书的载体等都与“礼”有关。那么，礼是什么？在柳诒徵的心目中，礼就是中国人的伦理纲常，以及由此而产生的社会规范、社会政治制度、社会礼仪法则等，“伦理者，

---

① 彭明辉：《柳诒徵与〈史地学报〉》，《劬堂学记》，上海书店出版社 2002 年版，第 245 页。

② 瞿林东：《探索建设史学理论的道路——谈谈〈史学要论〉和〈国史要义〉的启示》，载王俊义主编《炎黄文化研究》，大象出版社 2004 年版，第 155 页。

③ 瞿林东：《百年史学断想》，载瞿林东著《中国史学史纲》，北京出版社 1999 年版，第 840 页。

礼之本也，仪节者，礼之文也”[①]。这种礼制规范社会，形成了中国几千年的文明。这是中国与外国社会的最大区别。由于“礼”是中国文化的核心，就决定了中国的史学以“礼”为核心，礼与中国古代政治形成了密切的关系。“周之文化，以礼为渊海，集前古之大成，开后来之政教”[②]，《周礼》《礼经》所讨论的都是国家社会组织。而柳诒徵以为，中国史学发源于官府，自诞生之日起就与官府有密不可分的关系，因此，“礼”与中国史学也就有密切的关系，因而在他的《国史要义》一书中，首先他以“礼”为核心来解释中国古代的史学，形成了以礼为核心的国史理论。

《国史要义》全书共分十篇，即史原、史权、史统、史联、史德、史识、史义、史例、史术、史化。分别论述了中国官方史学的起源、史官的权力与职责、史学与大一统、史学体裁、史家之德、史识、史书凡例、史学之术、史学的教化等。而每一个篇章，都以“礼”为中心来论述史学的理论问题。这就是《国史要义》一书的最大的特点。《国史要义》中所论述的十个问题，实际上归纳起来可分为：史学的起源以及史学与政治的关系；史书的体例与编纂；史家的责任、德行、见识；史学的社会功能四个问题来论述。

一　史学的起源以及史学与政治的关系

柳诒徵从史学与社会的关系探讨了中国古史学起源的问题。柳诒徵认为，中国的史学发源于官府。在这《史原》篇中，柳诒徵首先提出中国的史学渊源与西方史学发源不同，他认为中国史学源于官府，西方史学源于文学。他说：“史之初兴，由文字以记载。”又说：“然经籍文字历数之用，皆重在施政教民。”[③] 指出了中国的史学与官方有密切的关系。但中国古代史学的发展，更为重要的原因在于政治意识的产生，这一点是柳诒徵没有意识到的。正如乔治忠所指出的，中国古代史学的产生，在于周初“殷鉴”意识的出现，“周初由于具备了‘殷鉴’的历史意识，不仅自觉地保存更多的官方文书，而且整编了殷商时代的历史

---

① 柳诒徵：《国史要义》，史原篇，华东师范大学出版社 2000 年版，第 15 页。

② 柳诒徵：《中国文化史》，东方出版中心 1988 年版，第 121 页。

③ 柳诒徵：《国史要义》，史原篇，华东师范大学出版社 2000 年版，第 1 页。

文献……进而形成记史的制度，史学意识得到了明确与巩固”[①]。因为中国古代“学在官府”，史官也是政府的官员，史书也由这些官员撰写而成。因此中国史学产生以后就与官方政治有密切的关系。对于史学与政治的关系，柳诒徵认识得很深刻。“由赞治而有官书，由官书而有国史。视他国之史起于诗人，学者得之传闻，述其轶事者不同。世谓吾民族富于政治性，观吾史之特祥政治及史之起源，可以知其故矣。”[②]

柳诒徵认为，中国古代特别是西周以来，国家治国以“礼”为标准，“礼”在中国古代的国家政治生活中占有重要的地位，遍及政治生活的方方面面。史学是从官府发源的，那么，史学与“礼”就有密切的关系。首先是礼官即史官。由于政府对记史的重视，因而产生了史学。“由赞治而有官书，由官书而有国史。”[③] 即最初的国史是由政府官员记录演化而来。

由于史学发源于官府，史官源于礼官，以赞治为主要的功能，所以中国古代撰写的史书都以礼法为标准。他说，“历夏商至周，而政务益繁，典册益富，礼法益多，命令益夥，其职不得不分。然礼由史掌，而史出于礼”[④]。史书当然也就是以礼法为标准撰写的了。这是柳诒徵对中国古代史学渊源及史学特点的论述，道出了中国古代传统史学的特点及产生这一特点的原因，是对中国传统史学理论研究的贡献。

柳诒徵认为在政治生活中，史官有很高的地位，他认为，即使古代重要的行政官冢宰也与史官有重要的联系：

> 盖部落酋豪之兴，必倚一人副之以管百务，又必倚一人随之以记所为。于是总务长与秘书长之两员，为构成机关之必不可少之职务。相沿既久，而史与相乃并尊。相绾百务，史司案牍，互助相稽，以副首领……周之六官，惟宰握典法则柄全权，其他百僚，不能相抗，惟史所掌，与宰均衡。[⑤]

---

① 乔治忠：《中国先秦时期的史学观念》，载南开大学古籍与文化研究所编《文史论集二集》，天津社会科学院出版社 2001 年版，第 7—8 页。

② 柳诒徵：《国史要义》，华东师范大学出版社 2000 年版，第 2 页。

③ 同上。

④ 同上书，第 7 页。

⑤ 同上书，第 8 页。

柳诒徵认为，正因为史官出自官府的礼官，所以，史官所作史书才具有以礼为中心的法则，即史法、史例出于礼。“古制既明，史原乃由可考。史官掌全国乃至累世相传之政书，故后世之史，皆述一代全国之政事。而尤有一中心主干，为史法、史例所出，即礼是也。”①

在柳诒徵看来，中国史学自产生之时起，就与政治密不可分，也与政治中的“礼”密不可分。这是柳诒徵史学理论的核心内容。由此出发，他以为中国史学源于“礼”，这一“礼”发展到今天，即成为社会的人伦道德——“礼义名教”，“古人运之以礼，礼失而赖史以助其治。而名教之用，以之为约束联系人群之柄者，亘千年而未替”②。并以为不仅用这“名教”统摄史学，甚至连新闻也都在“日操《春秋》之法”。

柳诒徵认为史学研究重视社会的道德修养与人伦，无疑是正确的，但要中国当今的史学研究中仅仅只贯穿古代的史学观念、史学方法则是不足取的。在这一点上，柳诒徵的史学理论有他保守的一面。

二　史书的体例与编纂

柳诒徵自己在《国史要义》一书的扉页的题词中特别强调了这一点：“钩稽群言，穿穴二民，根核六艺，渊源《官》《礼》。”③ 而史法源于礼，则是由于中国史学历来为官府掌控。

由于史学是由于赞治的需要而产生的，因此，中国传统史学自其产生之日起，就有了其固有的特点，正如他曾说过的：“《周官》释史曰：‘史掌官书以赞治。’此为吾史专有之义。由赞治而有官书，由官书而有国史。视他国之史其于诗人，学者得之传闻，述其轶事者不同。世谓吾民族富于政治性，观吾史之特详政治及史之起原，可以知其故矣。”④也就是说，中国传统史学，自其诞生之后，就具有很强的赞治功能，因而，记载历史、撰述历史的史法也就属于政府的官员，“史官出于政事，治人事之官也”，⑤ 又说，史官又同于司天之官，“古之宰为天官也，仍

① 柳诒徵：《国史要义》，华东师范大学出版社 2000 年版，第 9 页。

② 同上书，第 25 页。

③ 同上书，扉页。

④ 同上书，第 2 页。

⑤ 同上书，第 19 页。

与史联事”。郑玄释三礼，为之曰：“天事、地事、人事之礼也。”[①]“古之有史，非欲其著书也，倚以行政也。”[②]等言论在《国史要义》中不断地出现。他认为，中国的史书从内容上所叙述的，是以政治活动为中心的史事，史书的体例、撰述方法也以礼制为主导。“史官掌全国乃至累世相传之政书，故后世之史，皆述一代全国之政事。而尤有一中心主干，为史法、史例所出，即礼是也。”[③]“故世谓古者止有书记官之史，而无著作家之史。”[④]“故史官提要之书，必有定法，是曰礼经。周公所制，虽无明文，要以五史属于礼官推之，史官所书早有礼经以为载笔之标准，可断言也。”[⑤]既然史书的体例也是出于儒家的《礼》而演变为纪传书表的体例形式，史官撰述必然会按照礼制作为撰史的标准。因此史法、史例都出自“礼”。

“故礼者，吾国数千年全史之核心也。”柳诒徵认为，这是中国史学的特色。“以故他族史籍，注重英雄宗教物质社会，第依时代演变，而各有其史观，不必有历历相承之中心思想。而吾国以礼为核心之史，则凡英雄宗教物质社会依时代之演变者，一切皆有以御之，而归之于人之理性，非苟然为史已也。”[⑥]

柳诒徵认为由于中国传统史学以“礼”为核心，因此史家非常重视正统观。“史之所重在持正义。”什么是持正义？就是注重正史，重视正统。什么是正史和正统呢？他说：“故由正史之名，推其义之从来，则三统五德及后世正统之辨，固近日所当理董，不必为清人隐讳之辞及前哲辨析未精者所囿矣。”[⑦]那么，所谓的正史，就是宣扬官方正统的史学。柳诒徵说，“华夏之人，服习名教，文儒治史，不能禁世之无乱，而必思持名义拨乱世而反之正。国统之屡绝屡续者恃此也”[⑧]。中国的传统史学，从史法、史例乃至史学思想都受到国家政治制度的影响。

应该说明的是，柳诒徵的史学还是不能脱离儒家治史的窠臼，而他

---

① 柳诒徵：《国史要义》，华东师范大学出版社2000年版，第8页。
② 同上。
③ 同上书，第9页。
④ 同上书，第12页。
⑤ 同上书，第10页。
⑥ 同上书，第13页。
⑦ 同上书，第76页。
⑧ 同上书，第95页。

所说的"正史之义"仍不脱正统之义。即使今天，正统观仍然是史学思想史上讨论的话题[①]。在这一问题上，柳诒徵并没有完全拘泥于古代史家的言论，突破了对"正统"观念的认识和揭示，他从"道义之正""疆域之正""民族之正"角度探讨这一问题，认为正统观念对民族凝聚力的增强是有益的，有社会现实意义。柳诒徵强调，当代史家修史要"持义之正"，"正义"是历史撰述中最重要的思想，他说："吾族由大一统而后有所谓正史，有正史而后有所谓通史、集史。而编年与纪传之体虽分，要皆必按年记录。虽史才之高下不同，而必持义之正，始足以经世而行远。"[②] 柳诒徵进而认为，当今史家修史，也要坚持正义，坚持正统，不过今天的"正统""正义"不在于"国君"，也不在于"一姓"，而在于天下公义，在于民族大义。这样，柳诒徵把古代史家的大一统思想，阐发为当今史学中的民族大义。他说："明于三统五德之义，则天下围攻，不私一姓，而前史之龂龂于一家传统者，非第今不必争，亦为昔所不取。而疆域之正，民族之正，道义之正，则治史者必先识前贤之论断，而后可得治乱之总因。"[③] 他认同当时的史学家蒙文通的思想主张，并认为蒙文通的所谓"持正闰论"就是政治民族主义，并把蒙氏的言论大段的摘录下来，并详引古代史家的言论作了进一步的论证[④]。

三　史家的权力、责任、德行、见识

第一，史家的权力和责任。

柳诒徵在《国史要义》中有《史权》一篇，专门讨论史家的权力

---

① 当代比较有代表性的著作和论文有（仅列几项）：著作，饶宗颐：《中国史学上之正统论》，（台北）宗青图书出版社 1979 年版；雷家骥：《中古史学观念史》，（台北）学生书局印行，1990 年版。论文，王东：《正统论与中国古代史学》，《学术界》1987 年第 5 期；江湄：《正统论的兴起与历史观的变化》，《史学月刊》2004 年第 9 期；向燕南：《引领历史向善：方孝孺的正统论及其史学影响》，《齐鲁学刊》2004 年第 1 期。实际上，大一统思想，源于《春秋》原为维护周王室统续之义，后来的史家经过发挥，含有维护国家一统、国家正统之义，成为中国古代传统史家的一种主要思想观念。柳诒徵也继承了这一思想，以期把它发扬下去。但实际上，史家的大一统观念，和早期经学家的"大一统"有很大的不同。笔者也曾探讨过这一问题，见论文：《史记大一统思想析论》，《龙门论坛》（史记论丛第二集），华文出版社 2005 年版。

② 柳诒徵：《国史要义》，华东师范大学出版社 2000 年版，第 96—97 页。

③ 同上书，第 97 页。

④ 见柳诒徵《国史要义》"史统篇"，华东师范大学出版社 2000 年版。

和责任。他认为，古代史官既然出于官府，那么他们在政治上拥有很大话语权，因而在政治上也有很大的责任。他首先列举了中国春秋时期的史官晋董狐、齐南史秉笔直书的故事，并认为这是中国古代各诸侯国史官有特殊的地位，非后世史官仅仅以撰述为主要职责可比的表现，“当时（春秋）各国史官职权之尊，实具有特殊地位，非后世史官仅掌撰述之比”①。他认为史官的这种权力也是源于礼，《周礼》说周之太史所掌典则法制，和冢宰相同，“周之太史所掌典则法制，既与冢宰相同，而王者驭臣出治之八枋，悉由内史所诏”②。他并以此推理，春秋时期以及以后的史官权力也是来源于此。

实际上，史官撰写史书，这是一种社会的权力和责任，而不是行政权力。但柳诒徵把它们混淆起来了。柳诒徵说：

> 惟是吾国史权之尊，固仿佛有他国司法独立之制度。然其精义，又与他族之言权者有别。他族之言权者，每出于对峙而相争；吾国之赋权者，乃出于尚德而互助。此言史权者最宜郑重辨析也。历世贤哲，主持政权，上畏天命，下畏民，惟虑言动之愆，致贻国族以大患。乐得贤者，补缺拾遗于左右。爰有动则左史书之有言则右史书之之法，其初以备遗忘，其后以考得失，相勉于善，屈己从人。而史之检察权，由是树立。主持大政者，不惟不之防禁，且欣受而乐从。③

甚至认为，“吾国史权，虽无明文规定，若他族之争立国宪以保障言论之自由，然亦未尝无明定之责任”④。这实际上是对政治权力和社会监督作用这种关系的混淆，是柳诒徵对西方民主制度和民主思想的曲解。但他认识到中国古代史官的社会职责，这一点不应否定。

那么怎样认识史官的社会影响力呢？于是在《国史要义》中提出了古史官的职能在后来出现分化的说法，以此来解释。“吾国史权最隆之

① 柳诒徵：《国史要义》，华东师范大学出版社2000年版，第36页。
② 同上。
③ 同上书，第39—40页。
④ 同上书，第41页。

时，乃职权混合之时；至其区分，则行政监察著述，各席其权，而分途演进，不得谓史权之没落。”① 这种说法显得牵强。因为，史官的职责分出去了，由别的官员去担任，当然就不再属于史官的范围了，为什么不能说是史官地位和权力的没落呢。因这是另外一个问题，在此不多讨论。

在这个问题上，由于柳诒徵以礼来解释史官，所以史官和行政官员一样有很大的权力，这一提法，有一定的问题。在中央专制主义统治之下，史官是没有多少政治上的强制力的，而实际只是一种舆论的影响，对古代礼制的迷恋，以及对西方现代社会学理论的误解，导致了他对史官职责与权力的混淆。

第二，史家的德行和见识。

近代以来，特别是20世纪新史学的发展，使中国的史学研究在史学观、研究方法、研究视角方面进入一个新的发展阶段。但是史学的新派人物往往注重于史学观念、史学方法的更新和新史料的发现，而对史家的德行问题探讨得不多。作为关心中国传统文化、传统伦理的史学家，柳诒徵对中国史家的道德问题比较关注。在《国史要义》中有专门的章节探讨史家的道德修养，并把它放到了十分重要的位置。

史德，是中国传统史学非常重视的问题。自刘知几提出“才、学、识”史学三长理论以来，中国史家就对史家修养这一理论问题十分关心，常以此作为衡量史家修养的标准。清代章学诚则更是提出了“史德”的理论，并以为史家的史德主要在于“著书者之心术”。到了清末，梁启超继承了章学诚的理论，在其《历史研究法》中也探讨了这一问题。柳诒徵在诸先贤的理论基础上，对中国史家的“史德”发表了自己的看法，他的史德理论不同于梁启超，也不同于章学诚。柳诒徵以为，我国古代的史学家历来重视史家的德行。他把史家之德归之于中国古代史官对政府的“敬”上。他说：“世但以居敬穷理为宋儒之学，推而上之亦只知出于孔孟。抑知孔孟以前以敬立德之远源，实在古史及史官之学，岂理学家私创之说哉！”② 那么什么是“敬”呢？柳诒徵认为，“敬”不仅是理学的一个概念，而是中国自古代以来的史学家对社

① 柳诒徵：《国史要义》，华东师范大学出版社2000年版，第51页。

② 同上书，第131页。

会对人和事的记载的经验的积累，而这经验又是史官对政府的政治忠信。史家后来的“心术”也源于此，“史尚忠实，尤必推原古史。伪饰萌生，伊古已然。积其经验，则政教必重信，信者忠实之证也”①。柳诒徵把这作为史家之德的立足点。史家的心术、史官的忠信、史书的信实，都来源于它。

正是从这一理论出发，柳诒徵认为中国的古史是非常可信的，这也是柳诒徵信古的理论基础。

柳诒徵认为，随着社会的发展，史学家的道德修养也应该加强。因为，“积于德也不素，则其临文业无本”②。那么，怎样提高史家之德呢？柳诒徵认为，对于个人而言就是加强学习，学习历史经验“君子多识前言往行以蓄其德”，而对于社会来讲则是应该加强教育，特别是历史的教育以提高道德水平，“以前人之经验，启发后人之秉彝”，他还说，“吾国古代教育，首以《诗》《书》《礼》《乐》为植德之具”，“《诗》《书》《礼》《乐》，皆史也，皆载前人之经验而表示其得失以为未经验者之先导也”③。柳诒徵认为，史家要加强道德修养，就要学习儒家的主要经典，从《诗》《书》《礼》去寻找加强道德修养的营养，把史家的德行培养与儒家的礼义之道联系起来了。

柳诒徵主张，史家之德，并不是仅仅因为撰写史书而要培养德行，而是强调“敬”“恕”之义。社会中任何人，都应该加强自己的德行修养。在这一点上，他不同意章学诚的“临文必敬”的观点，认为，“学者之先务，不当专求执德以驭史，而惟宜治史以蓄德矣”④。也就是说，史家治史应该把它作为提高自己德行的一种行为，而不应看作提高德行后的一种行为。正如乔治忠所指明的，柳诒徵论述史家的道德修养，“强调史家修养道德是为人之本，不是要到撰著史书时才强调敬、恕之义”⑤。

另外，读史也可以教人，提高人的道德修养，这是柳诒徵史德的又一层含义。他认为，中国古代的儒家六经都是培养道德修养的教材，

---

① 柳诒徵：《国史要义》，华东师范大学出版社 2000 年版，第 132 页。
② 同上书，第 158 页。
③ 同上书，第 127 页。
④ 同上书，第 126 页。
⑤ 刘泽华：《近九十年史学理论要籍提要》，书目文献出版社 1991 年版，第 126 页。

“吾国古代教育，首以《诗》《书》《礼》《乐》为植德之具。《诗》《书》《礼》《乐》，皆史也，皆载前人之经验而表示其得失以为未经验者之先导也……所谓耸善抑恶、昭明废幽、广德明志、疏秽镇浮、戒惧休劝者，皆以史为工具而广求成其德也”①。因此，提高史家的史德修养和读史以提高读史者的修养，同样是一个值得关注的史德问题。这是柳诒徵道德史德理论的与众不同之处。

在谈到史家的道德修养时，柳诒徵并不仅仅注重史家的个人的道德修养。他认为，“维系史德、维系史书的信实，要靠整个社会环境，若社会上下道德荡然，且无贤哲垂训，决不能产生心术端正的史学家”②。“盖环境与个人互相影响，今之论史者，必求史事之背景，论史学而不知史事之背景，亦已自违史律矣。”③

柳诒徵对中国古代传统史家的“史德”的肯定与维护，表达了对近代以顾颉刚为首的疑古派之“考据之术”的不满，认为顾颉刚等人只重视考据，而忽视了道德的修养，“使其积德也不素，则其临文也无本，而挟考据怀疑之术以治史，将史实因之愈滑，而其为害于国族也亟矣”④。他们对古代史科的随便怀疑，是对中国史学的伤害。他对此十分尖刻地挖苦道：

> 另外有一种比较又有历史兴味的人，知道近来各国的学者很注重历史，有种种的研究方法，因此将他们的方法来讲中国的历史。在现今看来确也有相当的成绩。但是有一种毛病，以为中国古代的许多书，多半是伪造的，甚至相传有名的人物，也可以说没有这个人，都是后来的人附会造作的。此种风气一开，就相率以疑古辨伪，算是讲史学问的惟一法门，美其名曰求真。不知中国的史书，没有多少神话，比较别国的古代历史完全出于神话的，要可信得多。⑤

---

① 柳诒徵：《国史要义》，华东师范大学出版社 2000 年版，第 127 页。

② 刘泽华：《近九十年史学理论要籍提要》，书目文献出版社 1991 年版，第 126 页。

③ 柳诒徵：《国史要义》，华东师范大学出版社 2000 年版，第 129 页。

④ 同上书，第 158 页。

⑤ 柳诒徵：《讲国学宜先讲史学》，载柳曾符、柳定生《柳诒徵史学论文集》，上海古籍出版社 1991 年版，第 501 页。

甚而他对梁启超的《历史研究法》也有微词，“至梁氏之论史德，虽引申章氏之说，实本刘氏治学，而益以他族近代治史者之方术，为当大进于前。故篇目虽同，而根本是相左也”[①]。他认为，梁启超在《中国历史研究法》中，所倡导的史德，实际是所谓的史术，没有多少新奇之处，是唐代刘知几史学理论的翻版，而梁氏所论述的史家夸大的缺陷，“在吾国唐宋诸贤早悬为戒者”[②]。并以为近代西方学者如斯宾塞在其书《群学肄言》中所论述的问题，“实远轶于吾史”。

综上所述，柳诒徵在关于中国史家史德修养理论方面，满足于中国传统史家的史德理论，对近代乃至西方近代的史学理论和社会学理论不以为然，这是由其迂腐的文化立场所决定的。在柳诒徵的心目中，中国自古以来在伦理道德方面高于他国，因此，关于史家的史德，更是比西方强百倍。正是这一文化立场，使柳诒徵的史学理论具有腐朽的一面。

近代以来，关于史德的讨论，是许多史学家都忽略的问题，一些传统史学者从章学诚的理论出发，加以探讨和研究，柳诒徵也是其中之一。不过各家的阐述和发挥各有不同[③]。柳诒徵的“史德”理论也是从章学诚的理论出发的。不过他所强调的是清初顾炎武治学思想并有所发挥，这从他的一篇文章《顾氏学述》中可以得知。

柳氏曾在《顾氏学述》中，着重对顾炎武的“博学于文，行己有耻”的思想加以发挥。什么是“博学于文”呢？柳诒徵引用了《亭林文集·与友人论学书》：

> 愚所谓圣人之道如之何？曰博学于人，曰行己有耻。自一身以至于天下国家，皆学之事也。自子臣弟友以至出入往来、辞受取与之间，皆有耻之事也。耻之于人大矣，不耻恶衣恶食，而耻匹夫匹妇之不被其泽，故曰万物皆备于我矣，反身而诚。呜呼！士而不先言耻，则为无本之人；非好古而多闻，则为空虚之学，以无本之人，而讲空虚之学，吾见其日从事于圣人，而去之弥远也。[④]

① 柳诒徵：《国史要义》，华东师范大学出版社 2000 年版，第 158 页。

② 同上。

③ 可参见乔治忠《章学诚学术的百年来研究及其启示》，载瞿林东主编《史学理论与史学史学刊》2003 年卷，社会科学文献出版社 2004 年版。

④ 顾炎武：《亭林文集》（卷三），四部丛刊本。

柳诒徵所看重的还是史家的道德修养，反映在史学实践上他所看重的是史学的鉴戒功能：

> 清朝的考据的风气，是因为经过许多文字的大狱，吓得许多聪明人，不敢讲有用的学问，只好专门做考据的功夫，说我们是考古，与今日的政治没有关系，免得清朝的满洲人猜忌他们，这是一种不可告人之隐。我们在今日要原谅那些老先生们。我们既然将清朝推翻，应该将历史和政治联合起来，发现史学的功效了。[①]

他认为，清代的乾嘉考据学的发展，有当时的社会特殊环境。而今天再不重视史学的经世作用和鉴戒功能，则是不应该的。在柳诒徵看来，史学的研究，就是经世，为现实服务。

但柳诒徵又主张人之尚德，不专为治史。他似乎认为人的道德修养应该是更高出于史学学术的。但是这样一来，"史德"的概念还有什么意义呢！在这里，柳诒徵似乎也没有很好地解决这一问题。

柳诒徵的史学理论，并不是如有的学者所言，已经初步接受了马克思主义的唯物主义的认识论[②]。而只是一种较为传统的，落后的史学理论。他提高史家道德理论修养的主张，并不仅限于史家，社会中任何一人，都要加强自己的德行修养。这一学术主张，确实对我们有所启迪，在今天我们社会中的每一个人，不应在学习中国的史书中去提高自己的修养吗！但这并不能因此而拔高柳诒徵的史学理论。柳诒徵的史家道德修养理论，还是以中国古代理学的道德伦理为中心的道德修养理论。

柳诒徵在《国史要义》中将史家的史识与史德紧紧相连在一起。他认为，"识生于心，而史谓之钥。积若干年祀之记述，与若干方面之事迹，乃有圣哲启示观察研究及撰著之津涂。后贤承之，益穷其变，综合

---

① 柳诒徵：《顾氏学述》，载柳曾符、柳定生主编《柳诒徵史学论文续集》，上海古籍出版社 1991 年版，第 33 页。

② 孙永如认为，柳诒徵在考察中国史学的直笔传统时，摒弃了历史道德观，并初步接受了马克思主义的唯物主义的认识论。它的主要依据是柳诒徵在谈到史家的直笔时，没有仅限于个人的品德，而是强调了环境与个人互相影响。但笔者不同意这一意见，不能说柳诒徵在书中强调了物质因素、环境的影响，而不仅限于个人的作用就是脱离了唯心主义，接受了马克思主义的唯物主义认识论。参考孙著《柳诒徵评传》，百花洲文艺出版社 1993 年版，第 169 页。

推求，而饷遗吾人以此知识之宝库。故在初学，不第不可遽谓前人不逮吾侪，且不得谓吾人于前人所撰悉已了解”①。因而“识生于心”。指的是史家的见识产生于人内心的道德律，以及由此而对以前历史经验的学习理解。他所认为的史识，与章学诚关于史家的史识大相径庭。刘知几所言史识：“在好是正直善恶必书，使骄君贼臣知惧”；而章学诚则谓史识为，“以有学无才之弊，属之有学无识”②。

柳诒徵虽然在谈到史家之识时提到了西方的进化论，但他并不完全接受进化论。

> 治史之识，非第欲明撰著之义法，尤须积之以求人群之原则。由历史而求人群之原则，近人谓之历史哲学。吾国古亦无此名，而其推求原理，固已具于经子。近人治史，多本进化论，盖缘西哲就生物之演变测人群之进步，而得此基本观念。治吾史者，准此以求，亦可以益人神智。然梁启超论研究文化史之问题，对历史现象是否进化，即生疑问。章炳麟著《俱分进化论》，谓善恶相缘并进，其说尤懿。故吾人治中国史，仍宜就中国圣哲推求人群之原理，以求史事之公律。③

柳诒徵以为，西方的进化论也有其不足之处。认为它还不如中国古代的“圣哲推求人群之原理”，对中国古代史学中的“书法”津津乐道。他说，中国古代没有历史研究方法这一叫法，但“春秋义法”，是世界上最早的，“吾国古无所谓历史研究法，然《三传》之与《春秋》，各有师说，以解析《春秋》之义法。则世之有史学研究法者，莫先于吾国矣”④。因而我们从我国古代的史书中去寻找这些方法研究历史就可以了，不必外求，“《书》之教曰疏通知远，《春秋》之教曰属辞比事。疏通则上下千载，惟观其大端；属比则一日一言，必求其用意。故通史与断代史各有所取，可并行而不悖。而读史之法，且正可以相

① 柳诒徵：《国史要义》，华东师范大学出版社2000年版，第193页。
② 同上书，第164页。
③ 同上书，第193—194页。
④ 同上书，第168页。

同"①。主张将古代的《春秋》义法移到当今，而对西方的新的史学方法持排斥的态度，这是他在认识上的偏见。

第三节　《国史要义》在中国史学史上的地位

《国史要义》是柳诒徵用自己的文化观对传统史学理论与方法的重新阐释。柳诒徵主张弘扬中华文化传统，维护中国传统的人伦道德。在20世纪前半期的中国，当时新的史学观念和方法已经在史学领域迅猛发展，而柳诒徵仍然坚持将古代流传下来的历史观和史学研究方法运用于当世，在文化观念上是愚昧的。但柳诒徵的《国史要义》强调史家加强史德修养，以史经世的理念，在近代新史家之强调史学研究方法之时，具有重要意义。因而此书问世以后，在史学界引起不同的反响。

张文建在《柳诒徵的史学研究》一文中，对《国史要义》有这样的评价，"强调国史的优越性时，无不染上了浓厚的国粹主义色彩；他在揭橥国史的民族性时，竭力鼓吹以礼为核心的封建纲常，起了维护封建统治的作用"。但又说它"比较深入地论述了中国历史学的一般原理和特点，系统总结了一些史学问题，对传统史学理论和史学方法有所继承和发展"②。

乔治忠认为柳诒徵的《国史要义》"各篇分别围绕一个专题，以极为赞赏的态度介绍和阐发中国的史学传统。对中国旧的史学传统的介绍，属于史学史方面的内容，但对这种史学传统的热情赞颂，并且将之引申至当代社会，则明确地表现了作者所主张的史学理论"。"全书资料丰富，对研治中国古代史学史的学者颇有裨益。作者对中国古代史学所作的某些理论性概括，亦具有启迪之效，而其欲将古之史学观念、史学方法贯彻于现代的主张并不足取。"③

但是，孙永如对《国史要义》却有比较高的评价，他评价此书，"《国史要义》紧紧抓住中国史学理论的核心，即坚持以我为主，大力

① 柳诒徵：《国史要义》，华东师范大学出版社2000年版，第177页。

② 张文建：《柳诒徵的史学研究》，《中国史学集刊》（第一辑），江苏古籍出版社1987年版，第186页。

③ 刘泽华主编：《近九十年史学理论要籍提要》，书目文献出版社1991年版，第124、128页。

阐发自己的史学见解；又坚持评他为辅，有针对性地对刘知几、章学诚、梁启超等人的见解进行分析，补失纠偏”。又说：“《国史要义》始终坚持以社会进化论和唯物史观为指导，这就在指导思想上比前人前进了一大步。”①

瞿林东则从宏观的史学理论高度对柳诒徵的《国史要义》进行了评价，说它“力图建立起关于认识史学的思想体系”以推进史学的发展，对近代的史学理论建设产生了重要作用②。

柳诒徵的《国史要义》一书，在近代史学史上占有一定的地位。首先，《国史要义》坚持以中国文化精神和中国原有的史学理论为核心去解释中国的传统史学，力图建立以中国传统史学为核心的理论框架。这在20世纪以西方理论和方法为主解释研究中国的史学和史学理论大相径庭，是坚持走自己道路的一种尝试，给我们留下了一些启迪。正如彭明辉所说，“《国史要义》各篇所论，系将中国传统史学之各相关理论与方法拆散重组，甚有新见”，“虽然在理论与方法上均未参考西方相关论著，但在解释上自成一格，是一本极具参考价值的史学方法论著作”③。确实如此，柳诒徵在《国史要义》中没有一处是运用西方的理论观念来解释中国史学理论的。他纯粹运用的是中国古代传统的史学理论概念。他以“史原”来讨论史学的起源问题；以“史权”来探讨史家修史的权利；以“史统”来论述古代史学的核心思想正统论；以“史德”“史识”“史例”来分别讨论中国史家的修养和史书的编纂体例；探讨史学的社会功用则用“史化”“史术”等作为篇目来命名。只有一处，利用了进化论的观念，但还是对其理论提出了批评，并指出只有中国自己的理论才能解决中国史学中的问题。

> 治史之识，非第欲明撰著之义法，尤须积之以求人群之原则。由历史而求人群之原则，近人谓之历史哲学。吾国古亦无此名，而其推求原理，固已具于经子。近人治史，多本进化论，盖缘西哲就

---

① 孙永如：《柳诒徵评传》，百花洲文艺出版社1993年版，第164页。

② 瞿林东：《探索建设史学理论的道路——谈谈〈史学要论〉和〈国史要义〉的启示》，王俊义主编《炎黄文化研究》，大象出版社2004年版，第164页。

③ 彭明辉：《历史地理学与现代中国史学》，转引自柳曾符、柳佳《劬堂学记》，上海书店出版社2002年版，第246页。

生物之演变测人群之进步，而得此基本观念。治吾史者，准此以求，亦可以益人神智。然梁启超论研究文化史之问题，对历史现象是否进化，即生疑问。章炳麟著《俱分进化论》，谓善恶相缘并进，其说尤懿。故吾人治中国史，仍宜就中国圣哲推求人群之原理，以求史事之公律。①

企图用中国自己的理论来指导中国史学的研究，是一种有益的尝试。但他坚持以中国自己的理论的时候，对西方的现代的史学研究方法持一种排斥的态度，表现出了文化保守的一面，也使其史学理论有重大的不足。但我们可以说，柳诒徵是真正的本土的史家。

柳诒徵坚持以中国文化精神和中国原有的史学理论为核心去解释中国的传统史学，是对中国传统史学理论的继承和发展。他继承了刘知几、郑樵、章学诚、梁启超的史学理论，在中国近代，力图在中西文化激荡之时，仍旧用儒家的文化观念去统领中国的史学理论与方法，这无疑是一种社会的落伍，诚如乔治忠所说，虽然他“包含着倚旧学以经世的观念，并不是提倡寄情故纸、不闻世事，惟其故步自封、思想迂腐而已”②。

---

① 柳诒徵：《国史要义》，华东师范大学出版社 2000 年版，第 164 页。

② 刘泽华主编：《近九十年史学理论要籍提要》，书目文献出版社 1991 年版，第 127 页。

第七章　柳诒徵史学研究成就

——地方史研究与文献整理

作为江苏省立图书馆馆长的柳诒徵，在史学方面的成就主要表现在：对江苏地方史的研究和地方史志的编纂，并在社会史研究方面取得不少成就。此外他还继续史学方面的学术研究，和缪凤林、张其昀等人创办国风社，编辑《国风》杂志；他还参与了中国史学会的创办工作。这些我们在柳诒徵与近代报刊和学术团体中有专门的叙述。这里只就柳诒徵的地方史的研究和地方与家庭史志的编纂和研究进行论述。

第一节　地方史志的研究与编纂

在柳诒徵的学术研究中，地方史占有重要地位。他曾对地方史研究有过如此的评述："地方历史如省、府、州、县、乡、镇志书之类，此类也是从古至今最重要的。《周礼》'小史掌邦国之志，外史掌四方之志，诵训掌道方志'，可见当时各国各方都有志书。后来如《吴越春秋》《华阳国志》等书，专记一地之事，逐渐进步，演变成今日中国各地省志、县志以及乡镇寺庙书院等志书，都是一个性质。有人调查自宋以来各种方志，不下五六千种，这也是各国的史书没有比我们中国更完备的原因。有人说，中国的史书不详于社会，不能看出人民生活的状况。种种社会的变迁，是很详细的。只要细心钩稽，分类排列，种种的历史都是有的。"① 柳诒徵认识到了地方史所包含的丰富内容，再加上他所在的图书馆的便利条件，故而20世纪30年代，他在地方史研究中

① 柳诒徵：《讲国学宜先讲史学》，载柳曾符、柳定生《柳诒徵史学论文集》，上海古籍出版社1991年版，第496页。

成就斐然。

柳诒徵这一时期的地方史研究成就主要有：协助修纂了《首都志》；加入江苏省通志局，参与主持编纂《江苏通志》，并编写了其中的《书院志》《钱币志》《社会志》《财政志》等著作；撰写了自己家乡镇江的历史著作《里乘》；撰写了《明代江苏倭寇事略》等大量学术论文。

一　《首都志》的修撰

《首都志》主编叶楚伧、柳诒徵，编纂王焕镳。1935 年 11 月，由正中书局印行。此书的特点是增加了新的义例；开始重视地图表谱的作用；材料收集详备。

此书编辑的缘由：据《首都志》序中柳诒徵所述，此书编纂起于 1934 年。“甲戌之冬，楚伧先生枉过砀山，讨论文艺，谓党国建都金陵，寻将七捻，未有专志”，“以诒徵尝从事方志之学，珍重垂诿，诒徵苟录馆务，未遑兼及，爰举王生焕镳从事编辑，周生悫佐之，六阅月而成志廿四卷，都五十余万言”。“诒徵旧稿钩稽史籍所得，即资其采集，山馆秘籍及庋藏档案，外间所未睹者，亦甄而类次之。”[①] 此书虽然标明叶楚伧、柳诒徵主编，但主要的编纂者是王焕镳。

王焕镳（1900—1982），自驾吾，号觉吾，江苏南通人。1920 年考入南京高等师范学校文史地部，是柳诒徵的学生。1924 年毕业后，曾任中学教师，1930 年进入柳诒徵任馆长的江苏国学图书馆，担任国学图书馆编辑兼保管部主干事，曾经协助柳诒徵撰写《江苏省立国学图书馆藏书总目》。当 1934 年叶楚伧约柳诒徵撰写《首都志》时，柳诒徵因工作繁忙，于是委托王焕镳查询资料撰写，其间柳诒徵以及周悫（王焕镳在南京高师的同学）给予了帮助。尤其是义例，柳诒徵是主要策划者之一。

《首都志》，是民国时期修纂的第一部带有现代色彩和内容的南京史志。是 1927 年南京国民政府建立后，中国首次编纂的南京地方志，它叙述了南京自建城以来的地方历史，特别是民国以后的历史收录详尽。是一部优秀的地方志书。

① 叶楚伧、柳诒徵：《首都志》序，南京地方史志办公室影印本，1985 年。

这部书的可取之处一是采用了新的体例体裁、新材料，使《首都志》这部南京史志增添了新的内容。这部书拟定了24项内容，从南京的历史沿革、政教、疆域、城垣、街道到河流、气候、户口以及教育、宗教、财政、方言等方面的内容，略古详今，为我们提供了许多尤其1927年前近代南京的各种历史情况。同时《首都志》重视运用地图、表谱、照片等资料，读起来一目了然。这与柳诒徵的文献编纂思想有很大关系。柳诒徵继承了郑樵重视表谱、图录的思想。他认为图谱被忽略是中国史学的一大缺憾。因此在编写《首都志》时，特别注重地图、表谱等的运用，书中采录了大量南京地区近代的各种实物照片、图表，为我们研究南京地区历史、社会、风俗等问题的宝贵资料。此书资料详尽，叙述比较系统而翔实，是近代第一部南京地区史志。

二 《江苏省通志》的编纂

1929年1月，江苏省通志局成立，在镇江设局。庄蕴宽担任总纂，柳诒徵与张相文、柳亚子、陈汉章、孟森、丁福保、叶楚伧等16人组成编纂委员会。柳诒徵为常务委员，参加志局常务会议，修订凡例，审查旧稿，并且负责编纂《礼俗志》《书院志》《钱币志》的工作。这项工作，是完成清末缪荃孙、陈庆年主持修纂而未成的《江苏通志》的工作。继续编纂《江苏省通志》的工作，直到完成。在江苏地方史研究方面，做出了贡献。

和《首都志》相比，《江苏省通志》的编纂还是沿袭传统的方法，但加入了新的内容。南京国民政府建立以后的1929年，行政院就通过了《修志事例概要》，通令全国实行，并将省通志的编纂方法以及义例作了若干的规定说明。这一规定基本上还是采用清代政府关于地方省志的纂修方法，略加修订而成。《江苏省通志》基本上遵照这一规定编纂，柳诒徵所承担的编纂是其中的一部分，在几年的时间内，他撰写成了《江苏省通志》中《财政志》《社会志》《钱币志》《书院志》等部分内容，其中《钱币志》曾在《史学杂志》上刊载，《书院志》《社会志》曾在《江苏国学图书馆年刊》上刊载。

柳诒徵担任了《江苏省通志》的编纂工作以后，对江苏的礼俗、书院、财政经济等方面的史籍进行了研究，他撰写了大量的有关学术论文。主要有《与某君论研究经济史之法》《南朝太学考》《江苏各地千六百年间之米价》《清代江苏水旱灾表》等论文，在江苏教育史、社会史、财政经济史方面做了许多开拓性的工作，对近代江苏地方史研究做出了重要贡献。

如《江苏各地千六百年间之米价》，柳诒徵从大量的史籍文献中挖掘出江苏各地在晋代到清末的米价，并列出了许多表格，特别是对清代光绪时期江苏各地的米价都列出详细的表格，标出日期和米价的变动情况。柳诒徵的史学研究，以经世为目的，他探讨江苏省历史上的米价，是为了解决人民的民生问题，并探讨货币发行与米价的关系。

三　《里乘》的编纂

柳诒徵认为，一个人要爱国家，首先要爱自己的家乡，爱家乡首先要了解自己的家乡。他曾讲，“比如某省某县的人，至少要知道他生长的某一县的历史，或是某一省的历史，他晓得本地虽经出过多少人物，以及城郭、道路、河渠何时修筑，何时变迁，本地有什么特别的物产，特别的风俗，自然爱护乡土，要想办法将家乡兴盛起来。由县而省，由省而国，一层一层的都可以做到。今人空言爱国，他的家乡如何可爱，却不知道，这就是不知本末先后”[①]。《里乘》这部关于镇江的历史著作就是在这一思想的驱动下撰写而成的。此书在1933—1936年的《国学图书馆年刊》上连载四卷，有一卷尚没有刊载，抗战即爆发了。但从柳诒徵对镇江明清乡贤史迹的收集整理中，我们可以看出他对镇江家乡的热爱之情。

《里乘》一书完全是运用中国清代写史方式，以地方志的编写形式，对镇江先代的文化人士的事迹进行了辑录。但又和地方志不同，它以时代为顺序，同时以家族或人物为撰写的单位，运用的史料包括《明实录》、地方志、墓志铭、家谱、地方文人文集、文稿等，对这些文人家族籍贯、主要学术成就以及对地方文化教育的贡献都作了详细的叙述和梳理，可以说是近代首部镇江地方史。所用的资料弥足珍贵，在经历了数十年以后，众多文集、家谱及史料散失的今天，这部书对研究镇江文化史更具有重要的史料价值。

---

① 柳诒徵：《讲国学宜先讲史学》，载柳曾符、柳佳《柳诒徵史学论文集》，上海古籍出版社1991年版，第496页。

从柳诒徵收集辑录丁玑的实例，来看《里乘》的特点：该书的卷三，有“丁氏世学”，柳诒徵说：“李贽《续藏书》载明代理学名臣自薛文清、陈文恭、罗文毅、王文成、湛文简诸公凡廿有五人，吾乡丁副使补斋先生玑与焉，万斯同《明史稿》、傅维鳞《明书》均列之于《儒林传》，张夏《洛闽源流录》载之胡敬斋卷中而《明史》顾无传，《明儒学案》亦不之载，致补斋学派不彰于世。邑志虽两见于《名贤儒林传》中，亦言之不详，可慨也。副使父易洞先生元吉事迹见《清江阁集》。”①

柳诒徵认为，丁元吉虽然在理学上没有多大的名气，但与明代著名理学家陈献章友善，因而有人认为：“关闽正学，世几失传，不有君子，谁其绍焉。”柳诒徵说：“虽其所谓关闽正学世几失传，不有君子谁其绍焉者，语或溢量，然易洞之讲学虽与白沙友善，而仍以官民为正宗可由此推知也。”② 柳诒徵又探寻出丁元吉的著作情况。并从自己所见的地方志、家谱中搜罗到丁元吉的有关传记、墓志铭辑录下来。

而后，柳诒徵辑录了丁玑的事迹，从李贽的《续藏书》开始，搜罗了诸多墓志铭，补辑丁玑的事迹。搜罗、补辑佚失历史文献、补正镇江历史文献，这正是柳诒徵撰写《里乘》的目的。在收集丁玑的文献时，柳诒徵主要从地方志（在这一例中他运用了明代成化《镇江府志》）中收集大量的文献，柳诒徵用了三篇墓志铭、一篇祭文、一篇文集序来叙述丁玑父子的学术，并指明这些学者的文集所在，以供后人研究。其目的在于补辑历史中记载的不足，彰显镇江地方的文化成就。

四 《江苏明代倭寇事辑》的编辑

《江苏明代倭寇事辑》一文完成于 1932 年，刊载于《江苏省立国学图书馆第五年刊》，这是一篇对明代江苏倭寇搜录得比较完备的文献辑编。柳诒徵从《明史》《明实录》《筹海图编》《明史纪事本末》《皇明大政记》和明代江苏各府、州、县志以及抗倭将领、官员、文人的有关文献中，从明代倭寇开始骚扰沿海到明代后期对江苏的侵袭、以及当地人抗击倭寇的事迹作了十分详细的收集与整理。

---

① 柳诒徵：《里乘》，《江苏省立国学图书馆第九年刊》，1936 年版。

② 同上。

这篇文章很长，基本上是按照时代的顺序，从明太祖时期开始记述，直到明后期嘉靖时期，采用史料的顺序一般是先《明史》《实录》《明史纪事本末》，后运用地方志、个人的文集、笔记进行补缀。

柳诒徵的史学研究，是出于经世致用的需要。20 世纪 30 年代，随着日本对中国侵略的日益加重，他收集、辑录明代有关倭寇的文献以资国人借鉴，是为了振奋国人抗敌卫国的信心。

第二节　社会史研究

社会史研究起步于 20 世纪前半期。当时一些学者倡导利用社会科学研究历史的“新史学”，重视大众生活，特别是受进化论和马克思主义唯物史观的影响，20 世纪 20 年代，兴起了社会发展史研究。

柳诒徵涉足社会史研究，开始于他的青年时期。当时正处于清政府实施新政的阶段，实施新式教育。柳诒徵在当时的学者缪荃孙所主持的江南编译局编译新式教材，并一度到日本考察教育。回国以后，柳诒徵和朋友一起创办新式学堂，并且到新式学堂任教。在这种新形势下，他开始了现代的学校教育与学术研究活动。编写了《中国商业史》《中国教育史》等著作。凡当时社会民众比较关心的，或社会反响比较大的焦点问题，柳诒徵都对其进行历史性的研究、分析，以期获得答案。

20 世纪 20 年代初，柳诒徵在南京高师（后来的东南大学）任教，开始了他在高校的教学与学术研究生涯。在这里柳诒徵和著名的学者吴宓等人创办了《学衡》杂志，后来又和他的学生们成立了“史地研究会”这一学术团体，并创办了《史地学报》杂志。在东南大学，柳诒徵对许多社会史问题展开了研究，撰写了大量的学术论文。

柳诒徵的社会史研究持续到他的晚年，据其孙儿的回忆，他在晚年还撰写了《中国人民生活史》《中国奴隶史》等文稿。可惜在“文化大革命”中遗失，实为一大损失①。

第一，柳诒徵的社会史研究，从研究方法上来说，是传统的实证方法。这是对中国古代以来传统史学方法的继承。从其研究成果上来看，

---

① 柳曾符：《柳诒徵与柳诒徵的著作》，载柳诒徵《柳诒徵说文化》，上海古籍出版社 1999 年版，第 5 页。

柳诒徵的社会史研究大都从地方史研究着手，研究成果也多以地方史志的形式显观，如《首都志》《江苏省志》等。因此，关于柳诒徵社会史研究的成就放置于本章论述。

在柳诒徵的社会史论著里，除了《中国礼俗史发凡》和《族谱研究举例》发表在 20 世纪 40 年代，其他的论著都产生在 20 世纪 20 年代，也就是发表在五四运动后期。他的社会史研究，表现出对中国社会的赞赏和敬意，并力图从中寻求出对中国社会切实可行的经验来。

第二，柳诒徵作为一个史学家，涉足于社会史研究，成就非凡，他写下了大量的社会史学术论文。柳诒徵的社会史研究论著主要有：《汉人生计之研究》《五百年前南京之国立大学》《中国乡治之尚德主义》《学潮征故》《述社》《清德宗之大婚》《沈万山》《火葬考》《南朝太学考》《国学书局本末》《江苏各地千六百年间之米价》《读赵氏宗谱》《族谱研究举例》《从〈周官〉观其时社会》《中国礼俗史发凡》《江苏明代倭寇事辑》等文章。

江苏地方的社会生活史研究。前文已叙，此处略。

柳诒徵所生活的时代，正是中国的多事之秋。军阀混战，强敌入侵，西方文化以多种形式侵略中国，学生的反帝爱国学潮轰轰烈烈。针对诸多的社会问题，柳诒徵撰写了许多学术论文。

1931 年，九一八事变爆发，针对日本的入侵，柳诒徵考察了明代倭寇入侵中国东南沿海以及各地人民反抗倭寇入侵的活动，为此写下了《江苏明代倭寇事辑》的文章。在这篇论文中，柳诒徵详细考察了明代倭寇在江苏的侵略活动，并指出，由于官府抵抗不力，民间涌现出了各种各样的抗敌义军，承重打击了倭寇的侵略势力。实际上他用这种方式表达了对国民党政府不抵抗政策的一种抗议。

第三，柳诒徵的社会史研究在学术上是中国传统学术在中国近代社会形势下的新发展，虽然他的研究方法基本上属于传统的，但是他所关注的问题都正是当时社会和学术界所关注的问题。柳诒徵一般被视为文化保守主义的学者，这主要应指他的传统的学术观念和研究方法。

柳诒徵的学术方法主要是通过深入地理解，进行义理发挥，这与新派重视考据之学形成了对比，而与后来陈寅恪在《冯友兰中国哲学史上册审查报告》中提出的“同情地了解”不谋而合，反映了新文化派与学衡派治学方法的区别。

柳诒徵的社会史研究是在当时新文化运动的背景下进行的，他以中国传统文化的保卫者出现，主张在中国当时的社会应当发扬中国文化的优良传统，在一定意义上是对当时新派学说的一种修正和补充。在今天这一时期已成历史的情况下，应该正视这一意见而不能仅仅看作一种守旧。从学术发展的角度来说，柳诒徵的社会史研究是在他对中国文化抱有深深敬意的情况下进行的。在这以后不久，陈寅恪、钱穆等人也开始了这种对中国历史的“敬意”和“同情”的研究。也可以说，柳诒徵的社会史研究开拓了中国近代史学研究的新领域，他的研究成就、研究方法即使是对今天的社会史研究也具有一定的学术意义。

第三节　家谱与家族史研究

柳诒徵认为，家族史是关于一个家族渊源和兴衰的发展史。研究一个家族的历史，就可以了解它的文化兴衰；研究一个地方众多的家族史就可以知道一个地区乃至国家的民族兴衰史。研究家族的历史主要是研究族谱、家谱。他说：

> 其次就要看家族的历史。有家谱的人，最好是要常看自己家族的谱牒。一个爆发的人，自家没有详备的谱牒，也须看其他大家的谱，那才知道一个人家盛衰兴亡的关系。某家由一个人勤俭起家，后来子孙繁衍，到今日几十代，有几百几千几万几十万的人了，都是由一个祖宗传下来的。某家有几十支，某一支富贵极盛，后来衰落到绝后了。某一支累代平民，却是绵延繁盛。聚起来逐细比较，那更比看一个人传记有趣。现在各国讲优生学，也最看重的是各人家的家谱。我们中国的家谱特别的多，特别的久，要考校我们中国民族的优点，最好研究家谱。再如人口级数增加的定律，也可以将各种谱牒聚集起来，作一个统计，那比调查户口的报告确实的多呢。①

① 柳诒徵：《讲国学宜先讲史学》，载柳曾符、柳定生《柳诒徵史学论文集》，上海古籍出版社 1991 年版，第 496 页。

柳诒徵在史学实践上，也有许多家族研究的论文。主要有，《族谱研究举例》《读赵氏宗谱》等文章；在其地方史《里乘》中收录了大量的家谱、族谱，并对这些家族的渊源、兴衰的历史作了梳理。这里以《族谱研究举例》为例，探讨柳诒徵的家族史研究成就。

柳诒徵研究族谱，是其地方史研究的延伸。在《族谱研究举例》文章的开头，柳诒徵就指明，他研究族谱源于对地方史的整理，并略述了中国族谱的发展史，并对族谱的体例进行了探讨。他比较了明代的王鏊以及清代缪荃孙在地方志书中撰写族谱的体例，而后总结出一条结论："地志之记氏族盖有二法：甲、先叙姓氏分枝及某房，次列世系表。乙、第述受姓迁居及重要人物，不列世系表。"① 他赞成使用甲种办法，因为甲种容易收集族谱，比较完备。

柳诒徵研究族谱，主要是研究家族的人口繁衍和文化发展情况，这和他的文化史观一脉相承。他在《族谱研究举例》一文中，列举了镇江赵氏族谱、长洲文氏族谱、长洲彭氏族谱、太仓王氏族谱、武进庄氏族谱等有名的世家族谱，对照了这些家族的人口生育、发展和文化教育的情况，试图来寻找这些地方家族繁衍的特点和规律。柳诒徵在研究这些族谱的过程中，接受了西方优生学的观念和近代科学的统计方法，对一些家族的人口生育进行了统计，只是还比较简略。

柳诒徵的家族史研究，为近代家族研究的先行。

第四节　历史文献的整理与出版

柳诒徵就任江苏省立国学图书馆馆长以后，对图书馆的旧藏进行了整理，并进购图籍，编辑目录。两年以后，在他的主持下完成了《国学图书馆图书总目》三十六册，为时人阅读图书提供了方便。而后，柳诒徵又影印了图书馆的善本书书影《砀山书影》三册，对馆藏的稿本、孤本善加选辑，选印其中重要的善本书书影，并撰写考跋，印行出版。到抗战爆发为止，柳诒徵在江苏国学图书馆，共印行出版了古籍 96 种，其中史部 40 种、子部 20 种、集部 24 种，其中有许多都是比较重要的

① 柳诒徵：《族谱研究举例》，载柳曾符、柳定生《柳诒徵史学研究论文续集》，上海古籍出版社 1991 年版，第 542 页。

史籍文献。如《洪武京城图志》、黄佐《南雍志》、王在晋《三朝辽事实录》、宋应昌《经略复国要编》《嘉靖东南平倭通录》《郑开阳杂著》、俞大猷《正气堂集》等，均为当时稀见的文献。

这些文献大体上可以分为这几个方面，一是图书馆馆藏的重要的珍本孤本，如上述所列举的《洪武京城图志》、黄佐《南雍志》等。二是印行的乡贤先德的著述，特别是镇江古代文人的文献。江苏自宋以来，文化发达、人才荟萃，留下许多宝贵的文化遗产，如《谷梁大义述补》《春秋属比考例》，就是柳诒徵的先祖柳宾叔、柳翼南两人的著述。《戒庵文集》是明代孝宗、武宗时期镇江籍高官靳贵的文集。三是印行的历代经世固边御侮之类的图书，如在 20 世纪 30 年代，全面抗战爆发前夕印行的《嘉靖东南平寇通录》《三朝辽事实录》《处置安南事宜》《使朝鲜录》《正气堂集》等。这些书籍的印行，是为了激励时人的民族大义。

柳诒徵在整理印行这些文献的同时，还对一些文献进行了研究，其中较为著名的是对《安南弃守本末》的整理与校补。

《安南弃守本末》，不著撰人，原藏于浙江丁氏，后归南京国学图书馆。是明代人从《明实录》中辑出的有关弃守安南史迹的著作。安南，今为越南。明代成祖永乐年间，明政府曾经收复安南，但不久由于朝廷处置不当，再加上安南的反抗，安南又告失守。此书因为抄录自《明实录》，所以夺讹之处不少，另有不少抄漏之处，柳诒徵对此书予以整理，并与《明实录》进行了勘对、校补，增加了不少文献资料，成为研究明初与安南关系的重要文献。

此书校勘、补正之后，柳诒徵为之撰写了校记、跋，并于 1935 年由南京国学图书馆影印出版。柳诒徵在为此书撰写的跋中说，校补此书，可以使“学者参互而读之，其中原委、曲折，纤细悉具。于以考镜得失不难矣”。因为，“前事者后事之师，印布此书，述往策来，资言规复者鉴焉”①。力图使此书成为人们阅读、研究的重要文献，而发挥其作用。

柳诒徵还组织印行了许多近代的重要文献，其中较为重要的有影印的《陶风楼藏名贤手札》。这是近代重要的文献资料，是柳诒徵为图书

① 柳诒徵：《校补安南弃守本末》跋，1935 年，江苏国学图书馆影印本。

馆收购的，江苏山阴薛氏收藏的，清代咸、同年间大臣的手札，共有77册。从这些文献中，柳诒徵选取了清代咸、同之时一些重要大臣如曾国藩、胡林翼、左宗棠、李鸿章、沈葆桢、郭嵩焘等人书信一千多件，编为八册，影印出版。柳诒徵为之撰写跋，其中说道：影印此文献的目的，一是显示这些名臣书法的“精神意量”，一是要显示这些名臣的“公诚之风”以“翼进群德”①。这些书信手札中，有许多涉及当时重要的历史事件，是研究近代太平天国史、洋务运动史的重要文献。

柳诒徵在江苏国学图书馆编辑、影印古籍文献，体现了他的辑史精神。他曾对自己的学生陈训慈说，“吾曹所到之处，凡求学或工作之所在，可说俱能撰留其史事以贻后人矣”。② 他还曾建议浙江图书馆，应该把该馆所藏善本整理影印。

柳诒徵在江苏国学图书馆期间，接触到大量文献。在工作之余，还在进行史学研究，撰写了多篇论文。柳诒徵撰写的论文主要有：《宋太宗实录校正》《江苏各地前六百年之米价》《读赵氏宗谱》《族谱研究举例》《明代江苏倭寇事辑》《碑传悬案》《校补韩蕲王碑》《沈万山》《记王锡侯〈字贯〉案》《〈明史稿〉校录》等，还撰写了大量的序、跋。这些文章有的在上文已经提到，大多是在编纂地方史志之余的研究成果。但有的是在整理印行文献的过程中所作文章，如《校补韩蕲王碑》《沈万山》《记王锡侯〈字贯〉案》《〈明史稿〉校录》等都是如此撰写而成的。

《校补韩蕲王碑》撰写于1929年，是南宋韩世忠的事迹，该文是通过对馆藏的碑刻文献与著作进行校勘的一篇文章。韩蕲王碑在吴县，此碑文虽收入《金石萃编》，但缺字很多。宋刻杜大圭《名臣碑传琬琰集》中也有此文，此书在江苏南京国学图书馆也有藏本，于是柳诒徵运用这两种文献进行了校补，列出其中的互异之处。

《记王锡侯〈字贯〉案》是对清代的著名文字狱“字贯案”的论述。王锡侯由于撰写《字贯》，被人告发，酿成大狱。此事在《东华录》中有详细记载。但《字贯》一书为什么会引起文字狱，仍是学术

---

① 柳诒徵：《陶风楼藏名贤手札》跋，1930年，江苏国学图书馆影印本。

② 陈训慈：《劬堂师从游脞记》，载柳曾符、柳佳《劬堂学记》，上海书店出版社2002年版，第78页。

界关心的话题。近代的孟森曾经在《心史丛刊》论述此事。江苏省立国学图书馆藏有日本翻印的《字贯》一书，柳诒徵于是运用馆藏的此书，对这一清代的文字狱事件进行了研究。他通过对《字贯》一书的序列、内容的研究，认为王锡侯本是一个无多大学问的人，编辑此书本意报国求荣，不料却酿成祸患。“锡侯欲藉问世以报国”，“乃竟以之得祸”①。柳诒徵认为当时朝中的大臣都知道王锡侯是冤枉的，乾隆皇帝也知道这一案件是冤案，但“高宗藉此昭示天下，使知吾之天擅聪明，任何书籍，可以立定罪名”，是一种愚人弄世之术，揭露了封建帝王残酷、专制、草菅人命的特性，发表了自己独到的见解。

而《〈明史稿〉校录》则是柳诒徵机缘之作。1931 年，有一河南人携带其先人所藏《明史》稿本 12 册到南京出售，自称是万斯同改稿本《明史》。当时柳诒徵的学生郑鹤声让柳诒徵审定。柳诒徵认为，此书无论是否为万斯同改稿本，作为《明史》问世前的一种未定稿的本子是无疑的。于是他和图书馆同人一道全帙录副，以充图书馆珍藏。在过录此书以后，柳诒徵就对这一文献进行了校证，撰写了文章。

柳诒徵认为，这部《明史》残稿，可以认定为康熙时期明史馆纂修诸公的手笔。他认为，稿本的封面虽有万琨题字和万斯同的印章，但不能把这定为此书就是万斯同稿件的确证，即使有翁方纲所提的长诗，也不足以信，因为时间上有偏差，因此不能断定为万斯同的改稿本。全文考证推断，如老吏断狱，抽茧剥丝，十分精当。柳诒徵认为，“此稿不问其为万先生原本，抑他人分任，经万先生润色者，持以与《明史稿》及《明史》对勘，则异同详略不胜枚举。由兹可以知构成《明史》之阶段，即前贤属文修史之谨慎。细至一二字，大至一人一传之取舍分合，以逮缀述之后先，采辑之繁简，罔不有以得其用心之所在。斯诚治史之津梁，抑亦文家之密钥矣”②。因而对《明史》编纂的研究，乃至对中国史学史的研究有重要的意义。

由上述可知，柳诒徵在南京国学图书馆期间，主要是结合自己在南

① 柳诒徵：《记王锡侯〈字贯〉案》，载柳曾符、柳定生《柳诒徵史学论文集》，上海古籍出版社 1991 年版，第 321 页。

② 柳诒徵：《〈明史稿〉校录》，载柳曾符、柳定生《柳诒徵史学论文集》，上海古籍出版社 1991 年版，第 185—186 页。

京国学图书馆的文献整理工作对中国文化史、地方史、历史文献进行的研究，并撰写了大量论文，做出了突出的成就。这些学术研究都突出了柳诒徵史学研究所突现的弘扬中华文化的精神。

第五节　地方史研究与文献整理所透露的文化精神

柳诒徵对地方史的研究与历史文献的整理，处处透露着柳诒徵研究史学是为了弘扬文化、进行史学教育的精神。他研究历史是为了弘扬中华传统，对于地方史的研究与文献的整理也不例外，可以说，这是柳诒徵治史的特点之一。在柳诒徵专门论述礼俗的文章《中国礼俗史发凡》中，他曾经说，“吾民族之根本精神，与周公、孔子之微言精义相通，用以保世滋大，不可徒囿于形式节目以论史也”[①]。他所认为的民族根本精神，就是人伦道德，即儒家的忠孝仁义。他研究中国文化史就是为了弘扬中华文化中的人伦，研究地方史挖掘历史文献，也是为了弘扬这一人伦。

柳诒徵认为地方史可以反映一地的民风，中国的礼制，使“天下以成一道德之团体”，而历史则记载了“此团体之合此原则与否也”，“地方志乘家族谱牒艺人专记，亦非账簿也，胪陈此团体中一部分合此原则与否也”[②]。

他编纂《江苏通志稿·礼俗篇》时曾提到，撰写《礼俗篇》的目的是借研究江苏礼俗的发展过程，来显现江苏的民众“尚礼义度数”，礼乐教化已经深入民间。他在文中详细叙述了江苏一省自古至今的礼俗发展，主要说明“今之礼由古之礼”。从礼的功能上注意到古代的礼教对江苏的民间习俗已经产生了影响，即从古代儒教中传承了古礼的大义。他从江苏民间的婚礼习俗入手研究，认为近代江苏民间的婚俗多守古礼，这是江苏人“笃于伦纪”，“复古而尚人情”而养成的习俗风

---

① 柳诒徵：《中国礼俗史发凡》，载柳曾符、柳定生《柳诒徵史学论文续集》，上海古籍出版社 1991 年版，第 613 页。

② 柳诒徵：《国史要义》，华东师范大学出版社 2000 年版，第 341 页。

尚[①]。从这里我们可以看出，柳诒徵认为，中国民间的伦常关系和社会习俗也是受到中国传统礼教的影响的。他研究地方史，就是要挖掘并弘扬这一精神。

对族谱和家族史的研究，也是为了挖掘中国文化的精神，为了寻找民族的优点，“要考校我们中国民族的优点，最好研究家谱”[②]。因而，柳诒徵在江苏国学图书馆任馆长期间，收集各地家谱、族谱特别是江苏地区的家谱和族谱，有的还予以影印，以此来挖掘民间的文献，其目的就是为保存民间的“人伦教化”，以补正史的不足。特别是在《里乘》一书中，柳诒徵抄录了许多家谱，因为家谱中的“贤士大夫交游撰著甚伙”。[③] 而这些可以反映出镇江历史上的众多“乡贤”的道德文望。

中国的东南地区，自宋以来文化发达，人才荟萃，留下了大量的文集文献，藏书丰富。江苏国学图书馆自创建以后，就收购了大量的古籍文献，如著名的丁氏万卷楼藏书、武昌范月槎木犀香馆藏书等众多的名家藏书，其中不乏珍本孤本。柳诒徵影印这些图书，一是为了更好地保存古籍文献，有利于历史研究，二是为了图书馆读者阅读方面的需要。

在江苏国学图书馆期间，他大量印行历史文献，这些多是江苏地方历史上文化人士的文集文献。其中印行这些文献，一是为研究当地历史之便，二是为补辑地方文献的不足。这些历史文献的整理与印行，更显示了柳诒徵在治史中挖掘中国传统文化精神这一特点。他曾撰写了大量的跋文，其中多透露了这一观念。在《戒庵文集跋》中他说，“吾乡靳文僖公贵，仕明孝武两朝，负文望。以帝师居宰辅而《明史》无传”，因此柳诒徵说“予辑《里乘》备载关于公之文字，兹述其略俾读公集者有所考焉”[④]。又如他印行《卢抱经增校附校补诗考跋》中也说道，印行此书也是因为此书“以示由宋儒而跻汉学之门径”，“备见群贤笔迹，而荟萃众说展卷瞭如，尤便循览”[⑤]。而印行这些书籍文献，就是因为这些著作“实是恢复民族精神之要籍”[⑥]。

---

① 柳诒徵：《江苏社会志初稿》，《国学图书馆第四年刊》，1930 年。

② 柳曾符、柳佳：《柳诒徵史学论文集》，上海古籍出版社 1991 年版，第 498 页。

③ 柳诒徵：《里乘》（卷三），《江苏省国立图书馆第九年刊》，1935 年。

④ 柳诒徵：《戒庵文集跋》，《江苏国学图书馆第九年刊》，1935 年。

⑤ 柳诒徵：《卢抱经增校附诸家校补诗考跋》，《江苏国学图书馆第九年刊》，1935 年。

⑥ 柳诒徵：《世史政纲》序，《江苏国学图书馆第六年刊》，1932 年。

第六节　目录版本方面的成就

就中国的传统学术而言，目录、版本是做学问的基本功。柳诒徵是受过传统教育的知识分子，他对于中国传统的学术目录、版本卓有建树，是这方面的专家。

在中国的国学领域，自清代以来目录学被视为第一学问，柳诒徵的老师缪荃孙就是这方面的卓有建树的专家，柳诒徵也不例外。

柳诒徵在目录学上最主要的贡献就是他在江苏国学图书馆馆长的任上主编了《国学图书馆图书总目》四十四卷、《补编》十二卷。这是我国近代公共图书馆创立以来第一部大型公共图书馆馆藏全部图书总目，对近代目录学的发展有着重大影响，具有开创性。

在柳诒徵就任图书馆长之前，江苏国学图书馆就在图书编目方面做出过努力。缪荃孙担任图书馆长，收购浙江丁氏藏书和武昌范氏藏书后，曾就他们所收藏的善本、珍本做了编目。后来，丁国钧、王懋镕先后编写了《江南图书馆善本书目》《江南图书馆书目》。柳诒徵就任图书馆长以后，在此基础上，让在图书馆任职的范希曾、汪汝燮、赵鸿谦诸人调查图书馆图书情况，柳诒徵和他们一起制订体例，编写书目，在1933—1936年陆续编印出版《国学图书馆图书总目》《国学图书馆图书总目补编》。《总目》收录馆藏各类图书3702种，59228部，198922册，478838卷；《补编》收书24926册。柳诒徵为此书目写了序，表明编写此书的目的，为了进入图书馆的读者读书检索的方便，“使海内为学者手是目而循省之”[①]。

这部图书目录有三个特点。

第一，继承了中国传统的图书分类——四部分类法，但将四库分类加以增删。将图书按照经、史、子、集、志、图、丛七部分类。志，为方志之书；图，为地图、画册；丛，为丛书。这三类图书内容庞杂，或非经非史，非子非集；或有经有史，有子有集。按照传统的四部分类法，根本无法著录。从中国的图书发展实际来看，明清以来这三类图书日渐增多，蔚为大观，不予著录，难于反映图书的全貌，读者阅读也不

① 柳诒徵：《国学图书馆图书总目》序，江苏国学图书馆编印本，1933年。

方便。于是《国学图书总目》就在四部之外再加三类成为七类。

在志、图、丛三类图书中，丛书为集录单书而成，但其中往往经、史、子、集俱全，分开著录破坏了丛书的完整。利用好丛书，是图书馆的一项重要的任务。柳诒徵把丛书中的单书又按照经、史、子、集各类划分，互相发明，大大方便了读者的查阅。

这种七部分类法是继承了缪荃孙的目录分类主张而划分的。是近代图书馆建立以后，针对新旧图书混杂，新书不断增多的情况下，柳诒徵和他的国学图书馆同人的创造，是对中国近代图书编目的贡献。

第二，将丛书子目各归分类，便于检索。将《四库全书总目》的44类扩充为85类，832属，提高了著录内容的明细度，增加了检索图书的准确性。近代，特别是随着西方的科学教育体系传入中国以来，中国的图书系统也在不断发生变化，图书种类日渐增多。怎样在这一形势下进行图书编目是中国图书馆界面临的一大难题。柳诒徵作为江苏国学图书馆馆长，编辑图书目录就要解决这一问题。柳诒徵的作法是在旧的图书目录的基础上增加新的目录内容。如近代的字母拼音、字典，归入了经学的小学类。近代以来，科学技术不断发展，多种科目的书籍、杂志、报刊不断涌现，针对这些新的图书，柳诒徵把它们归入子部，类分为新的科属，如哲学、自然科学、社会科学等类，进行了变通。

第三，别集编次，以作者卒年为断限，便于定易代之际作者的归属。图书作者的归属问题时学术界，特别是目录学界的一大难题。柳诒徵采用了以作者卒年为断限的方法，也不失为一种图书的著录方法。

柳诒徵的七部目录分类方法在近代有重要影响。不少图书馆在编目时采用了这一编目体系。近代上海合众图书馆所编的图书藏目就采用了这一方法；日本东方文化学院京都研究所在1938年编纂汉籍目录、上海图书馆编纂的《中国丛书综录》，均采用了江苏国学图书馆的丛书子目分类法。因此学者顾廷龙评价说："国学图书馆之《总目》实导夫先路，在目录学史上应有一定地位。"①

1946年江苏国学图书馆在历经日本8年的侵华战争之后，柳诒徵又复任江苏国学图书馆馆长。他就任之后，开始了图书清点和整理工

---

① 顾廷龙：《柳诒徵先生与国学图书馆》，载柳曾符、柳佳《劬堂学记》，上海书店出版社2002年版，第249页。

作，努力回收散失的图书，1946 年 8 月历尽艰难的国学图书馆又重新开放。柳诒徵在图书馆开放以后，又主持编写了《江苏国学图书馆现存书目》，对世人公开了国学图书馆的藏书情况。在那个多灾多难，战争频仍的岁月，尤其难能可贵，是他对图书馆目录编纂的又一贡献。

在中国的传统学术中，版本学也是一门专门之学。柳诒徵十分留意版本学，特别是他成为国学图书馆馆长以后，针对图书馆的珍本、善本，进行了妥善的处理。

为了学术研究和国学图书馆的发展，他对国学图书馆馆藏宋元刻本、珍本孤本、名家稿本墨迹影印了书影，为《砀山书影》，柳诒徵撰写了考证文字，指点学人利用古籍，为时人研究古籍尽力提供方便，不仅仅是为了鉴赏的目的。他在为此书影撰写的跋中就表述了这一思想，"俾海内学者得家买户购"，以研究中国的文化古籍，"景先民文化之懿用，以推迹国工，瀹启新智，则其为效岂徒区区鉴藏欣赏而已哉！"[①]

正如孙永如所说："《砀山书影》的出版是中国近代图书馆界中罕有的盛事，它使人所奇秘的宋、元珍籍大布于天下，使读者打开了眼界，切实了解了宋元刻本特点，增长了版本学知识。"[②] 为版本知识的普及做出了一定的贡献。

在多年实践的基础上，柳诒徵撰写了《中国版本说略》的小册子，对自己的版本学理论进行了总结，1931 年由明复图书馆出版。此书内容十分简略，仅有几页不足五千字，是在上海参加中国科学社上海明复图书馆开馆典礼，并为该馆举办的版本展览会编写的，是一部急就篇。但也表现出柳诒徵在版本方面的学识。如对抄本的认识：

> 中国人大抵写字、刻字两事同时并进。六朝隋唐人所写卷子本流传固多，即宋以后，刻书之发大兴，抄书者依然勤苦不倦。明清两朝最大之书若《永乐大典》、若《四库全书》，皆抄本，无印本。藏书家以精抄本与宋元刻本相此比。[③]

---

① 柳诒徵：《砀山书影》跋，江苏国学图书馆影印本，1928 年。

② 孙永如：《柳诒徵评传》，百花洲文艺出版社 1993 年版，第 194 页。

③ 柳诒徵：《中国版本说略》，明复图书馆印行 1931 年版，第 2 页。

又如对监本的认识：

> 由唐而至五季，刻书者益多。后唐长兴三年，国子监依石经文字刻九经，是为监本之始。大宗书籍，非官力不办，后世国子监广刻诸书以此也。①

柳诒徵尤其对明代的南监本进行了研究，撰写了《南监史谈》，对明代南监“二十一史”的情况进行了详细的考察，指出了“二十一史”的版本来源、翻刻时间及特点。他指出：“明南京国子监廿一史，世称为南监本。其中故有宋版者七，元版者十，唯辽、金二史翻刻元版，宋元二史为明版。沿及清初，各史又多有顺、康补刊之版。故南监二十一史，实合江南、四川、广东、北平各地版本，亘宋、元、明、清四朝，搜集、雕刊、翻修、校订，历历不绝者七百年。”②

“嘉靖以前监本，仅有十七史，其《元史》则刊于南都，当亦早归国学，成、弘、正德间，迭有修补，未刊全部史籍也。其大规模之雕版，则以嘉靖七年至十年为第一期，所刊者为《史记》、两《汉》《辽》《金》五史，余皆略事修补。万历二至二十四年为第二期，所刊者为《史记》《三国志》《晋书》《宋书》《南齐书》《梁书》《陈书》《魏书》《北齐书》《北周书》《隋书》《南史》《北史》《新五代史》十四史，其余随时补刻，迄启、祯不替。”③ 这样，南监本二十一史的版本源流毕现，特点尽出，为后人研究、利用提供了方便。

---

① 柳诒徵：《中国版本说略》，明复图书馆印行 1931 年版，第 3 页。

② 柳诒徵：《南监史谈》，载柳曾符、柳定生《柳诒徵史学论文集》，上海古籍出版社 1991 年版，第 170 页。

③ 同上书，第 174—175 页。

第八章　柳诒徵与近代史学学术刊物、学术团体

——以史地研究会、《史地学报》为中心

柳诒徵在史学观念上是比较传统或者说是比较守旧的学者，但在近代史学的学科建设和制度建设方面却做出了卓越贡献[①]。其中主要包括史学学科体系的建立、史学研究机构的设置与运行、学术团体的组织与活动、历史知识的传播方式与渠道等方面。柳诒徵在近代史学发展中，在这些方面取得了很大成就。

柳诒徵的史学制度建设主要表现在这几个方面：一是在学校教育中，对中国现代史学学科的建设做出了成就；二是在史学学术团体的创建方面，柳诒徵和其同人一道建立了史学研究会等组织，在规范史学研究机构和制度方面提出了一些设想，并予以实践；三是在历史知识的传播渠道方面，柳诒徵开始利用学术刊物、广播电台及学术演讲等方式传播历史知识，并创办史学刊物。总之，在近代的史学运行机制方面，柳诒徵做出了应有的贡献。当然，近代史学的这些新发展不是一两个学者所能决定的，是社会形势的发展使必然，但他们站在历史的潮头，有所作为，身体力行，这就是对学术发展的推动。柳诒徵就是其中杰出的一位。

在史学学科建设方面，在第四章已经有所论述。这里着重叙述柳诒徵在近代史学学术刊物与史学学术团体中的史学活动及其学术研究。

史学学术团体与史学专业刊物的出现，是中国近代、特别是20世纪20年代以来中国史学界的新现象。它是中国近代史学走向专业化、学科化的重要体现。最早在1908年，贵州陆军小学曾经成立了历史研

---

① 本书这里参考了胡逢祥提出的“史学运行机制”的概念。参见胡逢祥《现代中国史学专业学会的兴起与运作》，《史林》2005年第3期。

究会，湖北也曾出现过湖北史学会。但这些组织实际存在时间不长，不久就悄无声息了。

新文化运动开始以后，随着现代史学学科建设的发展，史学会这一学术团体开始在高校出现。1915 年，北京高师和武昌高师分别成立了史地学会，他们举办演讲会，进行学术研讨，对史学研究的发展和加强学者之间的学术交流产生了很大作用。这些史学学会在后来的发展过程中，开始逐渐交流论文，问疑辩难，于是史学学术刊物也就产生了。较早的专业性的史学学术刊物，当属 20 世纪 20 年代初期的北京高师的《史地丛刊》、南京高师的《史地学报》。史学学术团体的成立与史学专业刊物的出版推动了史学的发展，增进了学术的交流。它们能够及时传播学术研究成果、传递学术信息、开展学术交流与学术批评，使近代史学学术研究走上迅速发展的轨道。也为许多学者提供了发表学术研究成果的机会，使他们在史学论坛上很快崭露头角。

许多有共同学术旨趣和观念的人走到一起。他们编办学术刊物、研究学术问题、交流学术成果、进行学术的批评和论辩，形成了近代学术史上形形色色的学术思潮和学术流派。顾颉刚曾说，正是因为《禹贡》才使他成名。如果说顾颉刚的“古史辨”派和《禹贡》、陶希圣和《食货》、傅斯年的“史语所派”与《中央研究院史学与语言研究所集刊》不可分的话，那么柳诒徵和《学衡》《史地学报》《国风》《史学杂志》也是分不开的。

在柳诒徵学术生涯中，参加建设的史学学术团体并创办的学术刊物主要有：20 世纪 20 年代的史地研究会及《史地学报》；中国史地学会及其会刊《史学与地学》；南京中国史学会及其会刊《史学杂志》。在 20 世纪 30 年代，柳诒徵曾经和东南地区的学者一起发起过建立中国历史学会的倡议书。在学衡社中还参与了《学衡》杂志的创办活动。在抗战后期，国民政府曾经成立过中国史学会，柳诒徵成为理事之一。在 1947 年，国民政府成立了国史馆这一官方组织机构，并创办《国史馆刊》，柳诒徵也曾是主持者之一。因此可以说，在柳诒徵大半生的史学学术生涯中，他的学术活动与史学学术团体以及史学专业杂志有密切的关系。其中对柳诒徵的史学学术研究影响最大的是史地研究会与《史地学报》。因此本章，我们主要以史地研究会和《史地学报》为中心，探讨柳诒徵与近代的史学学术团体及专业史学刊物的关系。

第一节 柳诒徵与《史地学报》及史地研究会

《史地学报》是中国现代史学中创刊较早的学术刊物。《史地学报》是“史地研究会”的刊物，而史地研究会则是以南京高等师范学校文史地部为主，加上本校其他科系的学生在教师的指导下，联合组成的学生学术团体。史地研究会的前身是南京高师的“地学研究会”。地学研究会成立于1919年10月，共有会员六七十人，当时的地理教授童季通对学会的成立给予了帮助。研究会当时推举龚励之为总干事，另有其他职员若干。地学研究会成立以后，曾有过若干次的学术活动，主要是请一些教授进行讲演，其中也包括柳诒徵。到了1920年，当时地学研究会的学生们认识到史学与地学不可偏废，因此在1920年5月13日召开大会，对这一问题进行了讨论。最后地学研究会决定改名为史地研究会。史地研究会通过了简章，并请当时的教授柳诒徵、竺可桢、朱进之、童季通为指导员，开始了长时间有组织的学术活动。

史地研究会是学生自治性质的学术活动团体，为了配合学生的学习课程，主要进行了一些学术活动：一是聘请本校的史学、地学教授进行学术讲演；二是组织了研究会成员对南京周边一些地区进行旅行考察；三是研究会的成员组织学术会议，并发表自己的研究成果。

1921年，研究会进行了改选，在这一届研究会上，胡焕庸当选为总干事。《史地学报》的筹备、创刊就是在这一年。“本会以中国史地界之沉寂，拟就力所能及，出其一得，以供社会之商榷。久蓄此意，至本届始决定，而于筹备伊始，力求审慎，凡开编辑会议三次（3月17日、4月20日、6月10日），并寻求指导员之意见。六月十七日，本校出版委员会认本会之《史地学报》为学校丛刊之一，由上海商务印书馆承印发行。”[①] 后来《史地学报》在1921年11月正式创刊发行。

《史地学报》从1921年11月创刊，到1926年10月停刊，一共发行20期。其中第一卷四期，第二卷八期，第三卷七期，第四卷一期。第一卷为季刊，自第二卷改为月刊，但实际上每年出版八期（一个学期

① 《史地学报》（第一卷），第一期，1921年。

四期）。第一卷、第二卷由南京高师史地研究会主编，后来由于学校合并改由东南大学史地研究会主编。由此可见《史地学报》的创刊，基本上是现代意义上的学校教育发展的结果。

柳诒徵对史地学会的学术活动进行了长时期的指导和帮助。在开展史学研究活动时，柳诒徵把史地研究会的会员（学生）分成几个研究小组，然后，制订研究课题，阅读史料，撰写论文。柳诒徵自己亲自负责指导中国史组的学生，这些会员撰写出论文后，他还亲自批改指导，优秀的论文，就登载在《史地学报》上。这一时期，史地研究会的会员们撰写出了许多中国史方面的学术论文，柳诒徵功不可没。据郑鹤声回忆，他的论文《汉隋间之史学》就是这样写成的。他们还计划编辑中国史研究论文集，并计划在《史地学报》出版关于中国史研究的专号。柳诒徵还为论文集撰写了序①，后来由于各种原因，这部论文集没有出版。

柳诒徵在史地研究会还经常给学生做学术演讲，影响着学会成员的学术研究。《史地学报》几乎每期都刊载史地研究会的活动记录，其中就有这样的记载："十一月三日，第三次会请指导员柳翼谋先生演讲史之性质与目的。""十一月二十九日，会员发表研究问题：缪凤林君演讲历史与哲学，胡焕荣君演讲纪元问题，陈训慈君演讲何谓史。于纪元问题会员并有相互讨论。是日并请指导员柳、徐两先生莅会批评。"②其中的柳就是柳诒徵。又如："五月十二日开第二次会，柳翼谋先生演讲中国近世史料"③，"十二月十八日晚七时，请柳翼谋先生讲演正史之史料，大致略述吾国史官及历代修史之制，并以太史公为例，述其史料取源所自"④。

作为史地研究会的主办刊物，柳诒徵对《史地学报》也有重要影响。首先是柳诒徵对《史地学报》的编辑及文章作者的影响与学术引导。《史地学报》基本上是学生主持编辑的，主要的编辑者是张其昀、向达、郑鹤声，另外还有诸葛麒、胡焕庸、陈训慈、刘𠜱藜等人。由于

① 后来，这论文集因种种原因并没有出版，但柳诒徵撰写的序文刊载于《史地学报》的第三卷第五期。

② 《史地学报》（第二卷），第四号。

③ 《史地学报》（第一卷），第三号。

④ 《史地学报》（第二卷），第四号。

是学生做编辑，所以成员不稳定，教师的指导作用就相当大。当时，南京高师（后为东南大学）的主要史学者是柳诒徵和徐则陵等人。两人恰恰是《史地学报》的指导员，对学报的学术方向起着重大影响。近代著名学者吴宓曾说，“南京高师校之成绩、学风、声誉，全由柳先生一人多年培植之功。论现时东南大学之教授人才，亦以柳先生博雅宏通为第一人”①。《史地学报》前期的主要编辑是胡焕庸、张其昀，后期主要是向达、郑鹤声等人，他们都是柳诒徵的学生，而且学术上接受了柳诒徵的治学主张与方法，所发表的论文许多是在柳诒徵的指导下完成的。

从《史地学报》所刊载的文章看，其治学的方法主要还是中国传统史学的治学方法。据郑鹤声回忆，当时柳诒徵“教授两汉历史，则以司马迁《史记》、班固《汉书》等为基本参考教材，其中则出若干题目，令学生选择其一，就指定参考资料，加以阅读，选出基本材料。然后再参考其他材料，加以组织成篇，由柳先生详加批阅，指出问题所在，虽一字一句，亦不放过，数经修改，择其优者，选入该校所出版的《史地学报》，以资鼓励”。“《史地学报》及《史学与地学》中所刊文章，大体而言，皆是课程作业中的优良作品。”② 这是郑鹤声回忆作为学生时期的情况。可见《史地学报》的学术方向就是南京高师的学术方向。而《史地学报》对中国传统史学的研究，也是由于柳诒徵。这里可以从几篇文章中看出来，如《史地学报》第一卷第一期上刊载了陈训慈的《史学观念之变迁及其趋势》、缪凤林的《历史与哲学》、张其昀的《柏拉图理想国与周官》等文章，这些文章的作者都是柳诒徵的学生，在这些文章的注释中，他们都注明这些文章的观点或方法受到了柳诒徵《中国文化史》或《史学研究法讲义》的影响，有的材料还直接取材于柳诒徵的著作③。

其次，柳诒徵为《史地学报》撰写了发刊词。实际上这就是后来《史地学报》的学术发展方向，它直接影响了《史地学报》的编辑工

① 吴宓著、吴学昭整理：《吴宓自编年谱》，生活·读书·新知三联书店 1995 年版，第 229 页。

② 柳曾符、柳佳：《劬堂学记》，上海书店出版社 2002 年版，第 103—104 页。

③ 可参考《史地学报》第一、第二卷刊登相关文章。

作，对学报发展趋向产生了决定性影响。柳诒徵正是有感于近代以来，中国传统学术在西方文化的冲击下，趋于没落，于是要振兴中华传统学术，发扬中国史学的优良传统。而当时作为史学大师的柳诒徵正值盛年，他和他的学生也正有这一机会。这就是创办《史地学报》的文化意蕴。正如有的学者所指出的，《史地学报》的出现，一是要弘扬中国传统的民族主义史学，二是要提倡经世史学。借此以恢复民族的自信心。所以，《史地学报》的创刊，是为了赓续中国传统史学的研究。在柳诒徵的心目中，从某种意义上，是给当时唯“西”是上的学者的一种纠正。

第二节　《史地学报》与柳诒徵的史学研究

《史地学报》上共刊载了柳诒徵 20 篇文章和一封致章太炎的信。在《史地学报》共 4 卷 21 期中，除了在第二卷第四期，第三卷第四、七期，第四卷第一期没有刊载他的文章，其他各卷各期均刊载其文章。著名的有《论今人讲诸子之学者之失》《论以〈说文〉证史必先知〈说文〉之义例》等论文。

《论今人讲诸子之学者之失》这篇文章，批评章太炎、梁启超、胡适等人在诸子研究上的一些偏颇，并指出了他们在研究方法和研究态度上的错误。柳诒徵在文中说：“讲求学术必先虚心，读书实事求是，不可挟一偏之见舞文饰说，强古人以就我。”[①] 他认为，章、梁、胡诸人在口头上这样讲，但实际上“论学多偏于主观，逞其臆见，削足适履，往往创为莫须有之谈，故入人罪”[②]。他说，章太炎论孔、老，则似近世武人正当争权暗杀之风。说孔子有夺老子之命，含逢蒙杀羿之意。章太炎以此诬孔子，胡适则加以推波助澜。“胡适论学之大病，在诬古而武断。一心以为儒家托古改制，举古书一概抹杀，故于书则斥为没有信史的价值。”[③] 这些错误在从研究方法上是因章太炎、梁启超、胡适等

---

① 柳诒徵：《论今人讲诸子之学者之失》，载柳曾符、柳定生《柳诒徵史学论文续集》，上海古籍出版社 1991 年版，第 537 页。

② 柳曾符、柳定生：《柳诒徵史学论文续集》，上海古籍出版社 1991 年版，第 537 页。

③ 同上。

人在学术研究上的主观臆断。所以说他们对于诸子之学，“不但不知其源，复不知其流”[①]。所以，梁启超、章太炎、胡适等人诸子学的研究实际上是对儒家文化的一种背叛，是一种学术上的劫难。“非儒谤古，大言不惭，则国学沦胥，实诸氏之过也。”[②]

柳诒徵撰写此文，目的是近代学者因形势的需要，反孔非儒，章太炎就是其中的典型。但到章氏晚年，其主张又趋于保守而尊孔。他后来给柳诒徵的一封信中也表示了这样的态度，“翼谋先生足下，顷于《史地学报》中得见大著，所驳鄙人旧说，如云孔子窃取老子藏书，恐被发覆者，乃十数年前狂妄逆诈之论，以有弟兄嚱之语，作逢蒙杀羿之谈，妄疑圣哲，乃至于四，是说向载《民报》，今丛书中已经刊削，不意浅者犹陈其刍狗，足下痛于针砭，是吾心也，感谢感谢”[③]。此时的章太炎，实际在学术主张上和柳诒徵是一致的。但胡适实际上并不同意柳氏的学术主张，1921 年 7 月，胡适应东南大学暑期学校的邀请，到东南大学演讲《研究国故的方法》。他的研究方法和学术理念，与东南大学的学者截然不同。讲演过后，柳诒徵的学生缪凤林等人与他谈话，并出示柳诒徵的文章，胡适表示：“他的立脚点已错，故不能有讨论的余地。”[④]

《论以〈说文〉证史必先知〈说文〉之义例》一文，是柳诒徵为反对顾颉刚的“古史辨派”而发，在当时史学界引起了一场大的争论。顾颉刚于 1923 年 4 月在《读书杂志》上发表了《与钱玄同先生论古史书》，提出“层累地造成的中国古史”观，对中国古史进行大胆怀疑。此论一出，学界哗然。史地学会成员刘剡藜当即以《读顾颉刚君与钱玄同先生论古史书的疑问》加以问难，后又有《讨论古史再质顾先生》一文加以补充。1924 年柳诒徵也加入战团，支持刘剡藜。《史地学报》三卷一二合期转载了《读书杂志》上讨论古史的文章，同时刊载了柳诒徵的《论以〈说文〉证史必先知〈说文〉之义例》。柳诒徵在文中强调：“今之学者欲从文字研究古史，盖先熟读许书，潜心于清儒著述，

---

① 柳曾符、柳定生：《柳诒徵史学论文续集》，上海古籍出版社 1991 年版，第 526 页。
② 同上书，第 537 页。
③ 同上书，第 537—538 页。
④ 柳曾符、柳佳：《劬堂学记》，上海书店出版社 2002 年版，第 407 页。

然后再议疑古乎?"[①] 矛头直指顾颉刚。对于柳诒徵的"进攻","古史辨"派同人进行了强势反击。《北京大学研究所国学门周刊》第15、16期合刊特辟"说史讨论号",刊载了顾颉刚的《答柳翼谋先生》、钱玄同的《论〈说文〉及壁中古文经书》、容庚的《论〈说文〉义例代顾颉刚先生答柳翼谋先生》和魏建功的《新史料与旧心理》。其中钱玄同以"咱们"和"他们"来区分"古史辨"派和柳诒徵诸人。他认为柳诒徵诸人"他们正因为缺乏勇敢疑古的胆量,所以创获未免太少了;正因为太熟读许书,对于假字误体不敢议疑古,所以承误袭谬的解说又未免太多了。咱们正想改变那信而好古的态度,不料反而有人来劝咱们做许老爹的忠奴。这种盛情只好璧还他们了"[②]。柳诒徵对此没有加以反驳,但经此一役,柳诒徵等人"信而好古"的名声不胫而走,乃至后来冯友兰区分近代学术派别时,径直将柳诒徵作为"信古"一派的代表。

柳诒徵此文,主要是针对顾颉刚有关"禹可能是九鼎上所铸的虫"这一看法提出尖锐地批评。他认为,研究中国古史,不可专信文字,即使以文字证史,也应当知道造字的通例。他说:"研究古代文字,虽亦考史之一涂术,要当以史为本,不可专信文字,专举古今共信之史籍,一概抹杀。即以文字言,亦宜求造字之通例。说文之通例,虽第举一字,必证之他文而皆合,此清代经师治诸经、治小学之法也。不明乎此,第就单字只谊,矜为创获,眇不可谓通人所笑。"[③] 柳诒徵的这一批评,在学术界引起很大反响。长期以来,柳诒徵一直被当作反对新史学、保守学者、信古派的代表。柳诒徵并不反对史学的创新,也不反对以文字证史,他只是反对片面地以文字证史。正如他在此文中所言:"以说文证考经史,必先明说文之义例。不明《说文》之义例,剌取一语,辄肆论断,虽曰勇于疑古,实属疏于读书。"[④] 他认为,《说文解字》是一部字书,是解释文字字义的,不是解释人名的,所以从学术方法上,用《说文》来证大禹是虫的说法是站不住脚的。后来,顾颉刚

① 柳曾符、柳定生:《柳诒徵史学论文集》,上海古籍出版社1991年版,第71页。
② 同上书,第66页。
③ 同上。
④ 同上书,第69页。

虽然对柳诒徵的文章进行了反驳，但他后来再也没提大禹是一条虫的说法，实际上也算接受了柳氏的部分意见。

除了上述两篇文章以外，还有：《汉人生计之研究》（《史地学报》第一卷第二号）、《钦天山重建观象台议》（第一卷第三期）、《清史刍议》《近世史料》（第一卷第四期）、《论臆造历史以教学者之弊》（第二卷第二号）、《正史之史料》（第二卷第三号）、《婆罗门述》《契丹小字考》（第二卷第五号）、《大夏考》（第二卷第八号）、《拟编全史目录》（第三卷一、二合期）、《泉男生墓志跋》（第三卷三期）、《历史之知识》（第三卷七期）、《中国文化史绪论》（第三卷八期）等。

这些文章涉及中国古代经济、文化、民族、对外关系以及中国古代史学与史料学的诸问题。从研究方法上来说，是传统的史学考据方法，他所关注的问题都正是当时社会和学术界所关注的问题。如前面所述与顾颉刚等人的论辩。这些文章也使柳诒徵和《史地学报》成为近代史学学术文化保守主义的代表之一，所以有人就把柳诒徵及其众多的学生称作近代史学的“史地学报派”[①]，当代也有学者把他们称作“南高学派”[②]。

从学术生涯来看，东南大学时期是柳诒徵学术发展的黄金时期。一方面，他和吴宓等人在《学衡》杂志上宣扬中国的传统学术，另一方面，他在东南大学的学术讲坛上授业教书，协助编辑《史地学报》，并在其中发表大量学术论文，可以说是在他的学术教学生涯中的辉煌时期。

《史地学报》由于有柳诒徵、徐则陵、竺可桢等著名学者的指导和帮助，在短短的时间内成为中国学术界著名的刊物。这一专门性期刊综合性地反映了史学研究成果与史学界的动态，为史学家提供了发表研究成果的园地，还刊载了史学研究领域的各种形式的文章。全面地反映了当时史学界的发展状况，及时反映史学的研究成果，并积极介绍国内外史学研究的新动态，成为中国近代史学现代化的重要环节，为中国近代

---

① “史地学报派”这一提法可参见彭明辉的著作《历史地理学与现代中国史学》一书。本书部分章节被《劬堂学记》收录，可参考。

② 可参考吴忠良著作《传统与现代之间——南高史地学派研究》，华龄出版社 2006 年版。

史学的现代化做出了应有的贡献，他被当代学者称为“南高学派”的领袖也是理所当然的①。

第三节　柳诒徵与其他学术团体及史学杂志

1923 年，胡焕庸、陈训慈、张其昀、缪凤林等史地研究会骨干毕业了，史地研究会开始出现衰退。到 1925 年，向达、郑鹤声、陆维钊等人也相继毕业，此后史地研究会的成员都分散到各地。再加上同年东大学潮使诸多教师离去，也使学生们失去了治学的指导，史地研究会实际上已经名存实亡。这从《史地学报》的出版状况也可以看得出来，《史地学报》（第三卷）第 8 期在 1925 年 10 月才得以出版，而第四卷的第一号在 1926 年 10 月出版后，《史地学报》和“史地研究会”就悄无声息了。

① 张其昀《吾师柳翼谋先生》文中说：“民国八年以后，新文化运动风靡一时，而以南京高等师范为中心的学者们，却能毅然以继承中国学统，发扬中国文化为己任。他们的代表性刊物是《学衡》杂志，该刊的《发刊词》，出于柳师手笔，可见他所居的地位。世人对北大南高有南北对峙的看法。”《张其昀先生文集》第九册，第 4712 页。不仅柳诒徵的学生张其昀这样讲，当代学者桑兵也有这样的观点，在桑兵所著《晚晴民国的国学研究》一书中作者这样讲道：与北京大学的新文化派遥相对立的南高学派，在五四之后也开始改革课程。1919 年 9 月，南京高等师范学校新任校长郭秉文提出“改革课程案”，把国文部改为国文史地部，原为国文部下的史地学科升格为史地学系。以后又改为文史部，历史系独立，所开设的课程为中国文化史、朝鲜史、日本史、印度史、亚洲文化史、史学问题、大战史、历史教学法、中国通史等。同时因为实行选课制，历史系学生要选修国文、西洋文学、地理、哲学等系的课程。其必修课即包括西洋哲学史、哲学入门、伦理学、地学通论、地质学、历史地质学等。南高学派因为对北大的新文化派多有批评，历来被新派学者视为文化保守主义的营垒。其实正如近人所指出，他们只是反对激烈地反传统文化，提倡调和中西文化。而在引进西方文化方面，又主张溯本求源，全面系统，反对断章取义的拿来。该派中留学生与老师宿儒和睦相处，相得益彰，就是其主张的最佳体现。南高同样重视史学，1920 年 5 月就成立了史地研究会，较北大还早两年。其中在史学方面发生影响的主要有柳诒徵、徐则陵、陈训慈、缪凤林等。该会定期举办学术演讲，先后演讲的指导员和会员及其讲题有徐则陵的“史料之收集”“新史学”，柳诒徵的“史之性质与目的”，缪凤林的“历史与哲学”，陈训慈的“何谓史”等。并经常邀请外校及外国学者演讲。与北大相比，南高学派提倡史学研究的态度颇有异同。其相同或相近方面，如重视外文及西书，强调以欧洲新法治中国历史，给予中国文化以适当的历史地位，注意科学史学的潮流和社会科学化的趋向，认定史学为各种科学之汇合等，与北大精神相一致。其相异方面，则有：第一，以史学为实学研究的重要领域，矫正新文化运动的虚浮偏颇。南高史地会的《史地学报》“编辑旨趣”称：“近年以还，国人盛言西学，谈论著述，蔚为巨观。顾于真实之学，辄相畏避，史学地学，尤希过问。”……第二，既注意欧美史学的发展动向，又讲究本源，观照全面，以免偏于一端。第三，史学的发展动向都受浪漫主义和实验主义两大思潮的影响。桑兵：《晚清民国的国学研究》，上海古籍出版社 2001 年版，第 76—77 页。

但史地研究会的活动终止以后，柳诒徵和他的一些学生在学术上仍然保持着密切的交往，并为建立史学学术团体而努力。1926 年初，柳诒徵与张其昀、向达、陈训慈、缪凤林等人组织了“中国史地学会”，柳诒徵被推为总干事，创办了《史学与地学》杂志，具体事务由在商务印书馆任职的向达、张其昀负责。关于“中国史地学会”的详细活动，在《史学与地学》杂志中也没有记载。仅有一则“中国史地学会启事”，显示了《史学与地学》与“中国史地学会”的关系，并表达了它的学术意愿：“本志为中国史地学会所发行。唯草创伊始，简陋粗疏，盖待吾同人等，一方面自当力求精进，以祈有新颖之贡献；一方面以祈海内贤达，不吝赐教，多方匡助。众擎易举，则史地之学，或可渐睹光明之境欤！”[①] 从《史学与地学》刊载的文章来看，它继承了史地研究会的学风。我们可以说，“中国史地学会”这一组织是南京高师史地研究会的继续，而《史学与地学》则是《史地学报》的翻版。但“中国史地学会”的活动不多，《史学与地学》杂志也不经常出版，到 1929 年被《史学杂志》代替。

1927 年，柳诒徵回到了南京，他的南高学生范希曾、向达、缪凤林、陈训慈、郑鹤声、张其昀也相继到南京工作。在 1929 年，柳诒徵等人于南京成立了“南京中国史学会”，同时发行会刊《史学杂志》。柳诒徵为《史学杂志》撰写了发刊词，其中说到了史地研究会、中国史地学会与“南京中国史学会”的渊源关系，“往偕诸生倡《史地学报》，嗣又倡《史学与地学》，皆骈列史地，犹昆弟孪生者然。去年张子其昀倡《地学杂志》于大学，今年缪（凤林）、范（希曾）、陈（训慈）、郑（鹤声）诸子又与张子倡《史学杂志》，盖孪生之子自毁齿而象勺，虽同几席而专其简策之通轨也。”[②] 我们可以看出，随着时间的推移和学术的发展，原来的《史地学报》一分为二，到 1929 年成为《史学杂志》和《地学杂志》。而这时缪凤林等人已经开始在史学界崭露头角，他们和自己的老师柳诒徵一起成为东南地区史学界的主要人物。

建立“国风社”，创办《国风》杂志。1932 年，柳诒徵正担任江苏

---

① 柳诒徵：《史学与地学》弁言，《史学与地学》（第一期），1926 年。

② 柳诒徵：《史学杂志》发刊词，《史学杂志》1929 年第 1 卷第 1 期。

省立国学图书馆馆长，与自己的学生缪凤林（当时担任中央大学教授）等联络南高时期的师友一起组织了“国风社”，并成立了钟山书局，创办了《国风》半月刊杂志。

国风社，顾名思义就是弘扬中华文化的学术团体。1932 年 8 月，《国风》半月刊创刊。柳诒徵是杂志社社长，缪凤林担任主编。《国风》杂志的封面上书有这样的题词：发扬中国固有之文化，昌明世界最新之学术。柳诒徵还撰写了发刊词，谈到了《国风》杂志问世的背景和创办杂志的宗旨。柳诒徵在发刊辞中叙述了中国当时所面临的民族与文化危机，他说现时的中国比历史上的外族入侵所面临的状况还要严重得多，在历史上，“女真、蒙古能夺吾之土，民可杀、可屠、可虏、可笞，而不可使之举声名文物挫折而从夷狄”。而今天的中国，民族文明也已经到了岌岌可危的地步，“一切尽其所有，惟恐其肤黄发直，不齿于人。附会文明，颠倒黑白，乱名改作，欲海沸腾。于是国族文明，斩于寻斧”①。

正由于此，柳诒徵及其国风社的成员，要弘扬中国的民族文化，为当前的现实服务。柳诒徵在发刊辞中强调《国风》杂志的宗旨是：“斯刊职志，本史迹以导政术，基地守以策民瘼，格物致知，择善固执，虽不囿于一家一派之成见，要以降人格而升国格为主。”②

在历史和文学方面，《国风》杂志一方面继续加强对中国传统文化的研究和宣扬，另一方面加强了对外国特别是对日本的研究，这也是针对当时日本侵略中国日益加剧的社会现实而来的。在科学技术方面，《国风》一改过去《学衡》只讨论中西文化优劣的理论问题，而是对现代先进的科学技术进行了全方位的宣传，包括地理学、教育学、物理学、生物学等多方面的内容，真正达到了“昌明世界最新之学术”的目的。

作为《国风》杂志的主要创办者之一，柳诒徵在《国风》杂志上发表的文章还是以弘扬中华传统文化为主，保持其文化保守主义的立场。他在《国风》发表的主要学术文章有：《正义之利》《明代江苏省倭寇事略》《孔学管见》《对中国文化之管见》《从历史上求民族复兴之路》等。由此可见，《国风》仍然是柳诒徵宣扬自己文化主张的主要阵地。

---

① 柳诒徵：《国风》发刊辞，《国风》创刊号，1932 年 8 月。

② 同上。

第九章　柳诒徵与近代学人

柳诒徵活跃在中国史坛有半个世纪之多，他和许多学者有过学术上的交往。这些学术交往，可以分为前期、中期、后期三个阶段。前期，柳诒徵与缪荃孙、陈庆年等人有学术上的往来，柳诒徵向他们请教学问，形成了自己早期的学术交往圈子，对他早期史学思想的形成、史学成就的取得起到了重要作用。

1917 年，柳诒徵来到南京高等师范学校。柳诒徵的学术研究迈向一个新的高度。在这里，柳诒徵和刘伯明、吴宓、章太炎、梁启超、胡适等人有过学术上的交游，在学术的不同主张上有激烈的交锋，确立了柳诒徵在史学界和文化界的地位。柳诒徵还和自己的学生缪凤林、张其昀、向达、王焕镳、郑鹤声等人一起共同建立学术组织、学术团体、创办学术杂志，形成了如当代学人所说的“南高学派”，柳诒徵在其中发挥着导师与合作者的作用。他的代表作《中国文化史》，也是完成于这一时期。

抗战开始后，柳诒徵在抗战后期来到了大后方重庆，在中央大学讲学。在这里，他和熊十力有过学术上的来往；抗战胜利后，柳诒徵回到南京。此后他又担任了江苏省立国学图书馆馆长，同时兼任了国史馆的总纂。在国史馆，他和学者但涛、汪旭初、汪辟疆等人在国史的修纂方面进行过学术上的交流。这里仅选取缪荃孙、胡适、缪凤林、张其昀等为代表来叙述柳诒徵与近代学人的学术交游，以探讨柳诒徵在近代史学界的地位与作用。

第一节　柳诒徵与缪荃孙

缪荃孙（1844—1919），字炎之，一字筱珊，晚号艺风，江苏江阴人。1876年考中进士，1877年任翰林院编修。曾经充任国史馆总纂，主讲于江阴南箐书院，1896—1901年主讲江宁钟山书院，兼龙城书院讲习。1902年，钟山书院改为学堂，次年正月，他奉张之洞之命率团赴日本考察教育。归国后，继续主持江南高等学堂的工作。1907年主办江南图书馆。晚年，任清史馆总纂，还参加了《江苏通志》《江阴县续志》的编修。他学识渊博，交游广阔，熟悉文史掌故，精于金石碑帖、版本目录之学。著述丰富，主要有《艺风堂文集》及《续集》《艺风堂文漫存》《艺风藏书记》及《续记》《再续记》，以及《艺风堂金石文字目》《辽文存》等。

缪荃孙是柳诒徵走向史坛的引路人，学术导师。据柳诒徵回忆："缪先生激赏吾文，手批于册曰：古之刘孝标，今之彭兆荪甘亭。迄今思之，匪所敢承也。及之江宁，馆于钟山书院园榭，遂执贽于先生之门，先生温煦，奖掖备至。"①

光绪二十七年（1901）十一月，缪荃孙受张之洞之邀到南京主持江楚编译局，担任江楚编译局总纂，成为近代东南地区这一文化机构的主持者。光绪二十八年（1902）七月，江宁开办学堂，缪荃孙总领高等、中、小三堂事。江楚编译局是一个以"中学为体，西学为用"为指导思想、为教育服务的编译机构，创建的初衷是为江鄂两省新创建的学堂提供教材。从光绪二十七年（1901）九月创建，到宣统二年（1910）四月改为江苏通志局，它存在了8年又8个月。而柳诒徵当时经父亲的学生陈庆年介绍，与缪荃孙相识，并进入江楚编译局。在这以后，在缪荃孙的领导下，进行编书活动，学术思想上也受到缪荃孙的影响。

柳诒徵编纂《历代史略》时，缪荃孙即不时提出意见。如在柳诒徵后人家藏的书札中就有缪荃孙一篇书札，申述如何修改《历代史略》的内容，指导十分具体：

> 元史略末篇乞稍改即付钞，近来止张、胡二位钞书，恐迟误，可交荃请人另钞也。明亡应入明史略，于元止载明祖起兵何处，何时得某地入上都，载于上篇之末。昔人议论毕修《通鉴》不应载明

① 柳曾符、柳佳：《劬堂学记》，上海书店出版社2002年版，第38页。

祖战胜攻取之略，是也。[①]

缪荃孙不仅教柳诒徵做学问、编教材，还教他做人的方法。针对江楚编译局这一官方书局中人浮于事的情况，缪荃孙曾谆谆告诫柳诒徵，“局所积习，必有若干人不事事，子毋染其习”[②]。缪荃孙不仅把柳诒徵当作下属，还把他视为自己的学生、晚辈，时时给予教诲、指导，柳诒徵在学术上不断成长。

1903 年初，缪荃孙、徐乃昌奉命带领代表团赴日本考察学务。代表团以江楚编译局的人员为主，柳诒徵也在这一代表团之内。这次考察这实际上是清政府洋务派官员张之洞等人主持的教育新政的一部分。代表团在 1903 年阴历的正月出发，三月回国。但是他们在日本的教育考察实际只有一个多月。在这一个多月的考察中，柳诒徵等人在缪荃孙的带领下，遍游日本的横滨、大阪、东京、京都、神户等地，考察了日本的诸多学校和教育机构，所到之处日本教育界多派人进行讲解介绍日本的教育情况与经验，只有柳诒徵作了笔记。回国后，柳诒徵受缪荃孙的嘱托，把笔记整理出来，交与缪荃孙。这就是后来以缪荃孙署名出版的《日游汇编》。这一事情在第一章已经有叙述，在此不再赘述。

这次教育考察对柳诒徵影响很大，一方面使他眼界大开，增进了对近代教育的理解，另一方面也使他深受教育，认识到中国要想发展起来，必须要大力发展教育事业。柳诒徵此后几乎离不开中国的教育事业，与这次考察的影响是分不开的。因此，我们可以说，柳诒徵能够步入教育领域，进行教育活动，从事史学学术的研究与缪荃孙的大力提携有重要的关系。

柳诒徵的有些论文，是因为缪荃孙的缘故才得以问世。如他曾撰写过《清史刍议》的论文，对《清史稿》的撰写中各家的不同意见进行了比较，并就“清史”的编纂体裁、体例发表了自己的看法。而这篇论文的撰写，也是由于缪荃孙的缘故。在这篇论文的开头，柳诒徵曾这样写道：“此在都门代某君所撰稿，其中皆就旧史法立论，不敢讲新史

---

① 柳诒徵：《柳诒徵日记抄》，柳曾符、柳佳《劬堂学记》，上海书店出版社 2002 年版，第 198 页。

② 柳曾符、柳佳：《劬堂学记》，上海书店出版社 2002 年版，第 39 页。

学之义利也。后某君竟以此见摒于当事，该旧史馆诸公，十九清之达官，即此亦不谓然也。”①

“某君”指的就是缪荃孙，“竟以此见摒于当事”，是指缪荃孙在清末史馆任职因与清史馆总纂徐桐不和，被辞退之事。这是近代史学发展中的一件学术公案：光绪八年（1882），缪荃孙充国史馆修纂，次年三月奏派国史五传纂修，所谓五传者，即《儒林传》《文苑传》《循良传》《孝友传》《隐逸传》。光绪十一年（1885），缪荃孙被任命为国史馆总纂，也是这一年，他因修《儒林传》和掌院徐桐发生龃龉。徐桐命缪荃孙将纪大奎编入《儒林传》，缪荃孙从学术角度考虑，也恐为清流所鄙，力持不肯，徐桐因此构怨，先是不派缪荃孙应取常缺，考绩评语平常，限制了缪荃孙的仕途发展，后是借朝考压制缪荃孙，光绪二十年（1894）御试翰林院詹事，缪荃孙考卷本被定为三等一名，为徐桐抑为三等一百二十四名，罚俸两年。缪荃孙的仕途陷入了困境。缪荃孙只得辞去史馆职务。民国三年（1914 年），缪荃孙参加并主持了《清史稿》的编纂。当时缪荃孙不顾年迈体衰，曾两度赴京商办史事。当代学者王锺翰曾经述说：“民国三年（1914），开清史馆。赵尔巽为馆长，聘总纂、纂修、协修，先后百数十人，而名誉总纂、纂修、顾问不计焉。馆中执事者，有提调、收掌、校勘等职。是时遗老，有主张修史者，有以为不当修者，卒之应聘者多。缪荃孙为国史馆总纂前辈，以史事自任，巍然为之魁率。体例未定，建议蜂起。梁启超所言尤繁夥，然多不中义例，卒从荃孙之议，而略加通变。”② 柳诒徵因与缪荃孙的关系，在北京曾经撰写《清史刍议》，所谓在“都门代某君所撰稿”，就是代为缪荃孙的编修所发表的学术看法。

在学术观点上，在文献目录的分类方面继承了缪荃孙的分类方法。缪荃孙在文献目录的分类上，主张不受四部分类法的约束。他对中国典藏图书重新制定了分类标准。他的图书目录分类法有十分法、七分法两种。柳诒徵继承了缪荃孙的目录七分法并付诸实践，在他后来主持编写《江苏国学图书馆总目》中，所用的就是七分法：即经、史、子、集、志、图、丛七部，古今兼顾，中西会通。

---

① 柳曾符、柳定生：《柳诒徵史学论文集》，上海古籍出版社 1991 年版，第 15 页。
② 王钟翰：《清史补考》，辽宁教育出版社 2004 年版，第 172 页。

更为重要的是，柳诒徵还继承了缪荃孙的图书馆事业。1927 年 6 月，柳诒徵被聘为南京国学图书馆馆长。作为江苏国学图书馆馆长柳诒徵在图书馆馆长的任上，为中国近代图书馆事业的发展，做出了应有的贡献。

柳诒徵首先把图书馆藏书楼进行了整理，并命名为陶风楼，陶风楼这一名称，就是为了纪念南京国学图书馆的创建者端方和缪荃孙。而后柳诒徵在这里采取了一系列措施，发展南京国学图书馆。一是制订图书馆管理的规章制度，开放时间和借阅制度，采编、藏书保管制度和防火安全制度，生活和总务制度等。二是加强书籍的整理和藏书建设，在他的管理下，该图书馆成了全国藏书量最大的图书馆。他对图书馆的书籍进行了重新整理从而便于使用，并将宋元时代的珍本、普本书籍做了复制本。虽然国学图书馆经费不足，但是柳诒徵尽可能挤出经费，收购图书，为了提高大批宋代、元代善本的社会利用，筹划印刷书影，先后推出《砀山书影》三种（宋本一、元本二），以及若干单行珍本百余种之多，全国绝无仅有，成为当时国内著名图书馆。三是大胆引进人才。柳治徽十分重视人才，并大胆地使用人才，发挥他们才智。四是开展学术研究，在他带动下，图书馆发挥了学术研究的功能和作用，当时他领导的国学图书馆研究的成果，走在国内前列。

1919 年，缪荃孙在上海逝世时，柳诒徵曾赴沪吊丧，有挽诗一首道出了他与缪荃孙的关系："白门从游十稔强，温温春座更东航。论文上掩谟觞馆，校士亲承学海堂。陵谷崩腾千古变，乾嘉流派万流藏。江难独诵招魂句，洒涕钟山旧讲堂。"

第二节 柳诒徵与胡适

胡适是中国新文化运动的主将，对中国现代学术思想的发展有巨大的推动作用。胡适又是以顾颉刚为首的"古史辨"派的积极指导者，顾颉刚则是中国近代"古史辨派"的学者，其重建中国上古史的企图，打破了中国自司马迁以来以炎、黄为首开创中国历史的神话体系。胡适、顾颉刚与柳诒徵在关于中国上古历史的看法上有根本的分歧，又有学术方法上的不同，但根本在于他们对待中国文化的态度和原则不同。柳诒徵和胡适、顾颉刚的学术分歧是中国史学走向现代化过程中的一种必然。在走向现代史学过程中，从柳诒徵和胡适、顾颉刚的学术争论上，可以看出传统学者和具有现代思想学者之间，关于建立中国现代文化的路径和观念上存在着不同的思路。

柳诒徵与胡适的交往，主要是在学术论争上。他两人的第一次直接会面是在1923年，1923年12月1日，在东南大学学生胡梦华与吴淑贞的婚礼上。此时胡适正值在南京讲学，被邀作证婚人。学衡派的梅光迪、楼光来为男女双方的介绍人，杨杏佛、吴宓等在场。柳诒徵也被邀请参加了这一婚礼。也正是这一难得的场面，使学衡派与胡适有了一次正面的交锋，也使柳诒徵与胡适有了正面学术争论之机。据胡梦华回忆，在这个婚礼上“吾家博士适之叔展出文学革命观点，梅、吴二师提出希腊大师苏格拉底、柏拉图、亚里士多德以示当时名遍中国学术界的杜卫、罗素二博士，未必青胜于蓝，更不足言后来居上。接着柳师还提出子不学的孟轲助阵，适之叔单枪匹马，陷入重围；杏佛师拔刀相助，雄辩滔滔”①。从胡梦华的回忆来看，胡适与柳诒徵以及梅光迪、吴宓的争论不过是婚礼上的一种调侃戏谑。但也反映了两派学术上的尖锐分歧。后来，胡适与柳诒徵也有过几次会面，虽然胡适对柳诒徵十分客气尊敬，但却掩盖不了学术上的分歧。胡适在南京讲学期间，柳诒徵的学生曾经当面问过胡适对柳诒徵的评价，胡适曾讲：“讲学问的人，多少总有点主观。因为他提倡客观，我说他的议论并不纯是客观也。”从这里的片言只语可以看出，胡适对柳诒徵的批评也不以为然，认为有主观臆断之处。胡适对柳诒徵的学术批评，主要集中体现在一篇对柳诒徵《中国文化史》的评论文章，该文载入1933年6月《清华学报》（第八卷）第二期上。后来收入《胡适全集》时定名为《评柳诒徵编著〈中国文化史〉》。而柳诒徵对胡适的批评则主要集中在《论近人言诸子之学者之失》一文。

表面看来，柳诒徵与胡适的学术分歧是学术方法的分歧，实则是新旧学人在文化观上的差异和对中国传统文化态度的不同。胡适在《评柳诒徵编著〈中国文化史〉》一文中，首先对柳诒徵的著作给予肯定，说：“《中国文化史》之试作虽有几位学者计划过，至今未有成书。坊

① 胡梦华：《青春文艺姻缘忆东南》，转引自沈卫威《“学衡派”与东南大学》，《文史知识》2002年第5期，第46—47页。

间所出小册子，更不足论。柳先生的书可算是中国文化史的开山之作，读者评者都应该记得这一点。……他为中国文化史立下了一个草创的规模，替一般读者搜集了一些很方便有用的材料。”①

但接着胡适就对柳诒徵的文化史进行了批评。这批评可分为三个方面：选材上的详古略今；方法上的不严谨；材料上的疏忽。关于选材方面，胡适对《中国文化史》的批评是：“在全书里，第一时期占去四百二十八页，过全书十分之四的篇幅；第二期只占三百六十页，第三期只占二百六十页了。这样详于古代而太略于近世，于史料的详略恰成反比例，实在使我们不能不感觉作者对于古代传说的兴趣太深，而对于后世较详而又较可信的文化史料则兴趣太淡薄。试看第一编第十九章‘周之礼制’一章，全用《周礼》作材料，凡占八十六页，共占全书十二分之一的篇幅。然唐朝一代的文学史，则仅寥寥十一行，尚不满一页！”②还说，“此书之前二十一章，约占全书四分之一，其所据材料多很可疑，其论断也多不可信，为全书最无价值部分。太古文化史决非依据传说所能为功；此治学者当存谨慎的态度，细心研究石器、金器及同时代的其他实物，下及甲骨文、金文，证以后世较可信之史料，或可得一种简略的概论”③。

在史学方法方面，胡适说柳诒徵是“一位不曾受过近代史学训练的人，所以他对于史料的估价，材料的整理，都不很谨严”④。

在材料的运用方面，有滥用间接材料的毛病。在材料的整理方面，也多有疏忽，或者潦草的地方，胡适也指出了不少例子。

胡适对柳诒徵《中国文化史》的评价，客观地说还是比较公允的。柳诒徵确实是一位没有受过近代史学学术方法训练的学者。柳诒徵的许多论文都有这些方面的缺陷。实际上，在胡适看来《中国文化史》全书最无价值部分，在柳诒徵看来，却是全书的精彩部分。因为在柳诒徵看来，从远古至两汉时期，是中国历史上文化创造独立的重要时期，而这一时期的周礼制度是后来中国文化的核心部分，当然要用极大的篇幅

---

① 季羡林主编：《胡适全集》第13卷，安徽教育出版社2003年版，第149—150页。

② 同上书，第150页。

③ 同上书，第151页。

④ 同上。

去加以叙述。在这里还涉及对中国文化的态度和对上古历史史料的信任问题。那些上古的史料也由于是史官所记，是比较可信的。而在胡适看来，中国上古的材料，没有多少可信之处，只是一些神话传说。是不能作为确证材料的。因此胡适的《中国哲学史大纲》从春秋战国时期的儒家、诸子开始写起。

胡适在青年时代即到美国留学，学习农学、哲学，受过系统的近代学术训练。柳诒徵则是前清的秀才，年轻时期，虽然到了江楚编译局，但那里的主持者是传统的学者官僚缪荃孙，所接受的是“中体西用”的学术主张。因而，两人在文化观和治学方法上有截然的不同，当然会有激烈的争论。从这一激烈的争论中，我们可以看到，中国近代的史学是在一步步走向近代化的，从旧学人到新学人，从思想文化观念，到治学方法无不如此。柳诒徵和胡适是中国近代史学中新旧学人的典型。

两人在学术观点和治学方法上虽然相左，但并不妨碍两人的友好交往，两人都有学界长者的风度。据柳诒徵后人回忆，柳诒徵与胡适在20世纪40年代有过几次会面，一次是1946年10月，胡适以北大校长、国大代表的身份到南京参加国大会议时，曾经到南京国学图书馆访问柳诒徵。在柳诒徵日记《劬堂日记抄》有如下记载：“壬辰、执、晴。胡、董（作宾）、劳（干）三君偕缪生来，阅《水经注》，予至善本阅览室招待。胡逐卷指示其假定之说，皆得赵氏原本之印证，意甚得。然读济湿之漯字作骡音，殊可骇叹，大学校长以考证校勘自矜，乃读别字，不亦羞当世之士乎。午刻胡邀予至福州饭店午餐。予询胡前此腿患，是否服黄芪而愈，胡谓迄今未能明言，以西医有科学方法，而不能断定其为何症，殆非服黄芪之功，只系自行休息而愈耳。胡之腿患以中医劝之服黄芪而愈，人所共知，而胡必讳言之，以中医不足道也。”①柳诒徵和胡适虽然交谈时态度平和，但其中隐藏着中国文化观的分歧。柳诒徵日记中所言胡适读别字，讳言中医，不乏讥讽。第二次会面，两人的态度则比较平和。1948年中央研究院在南京召开院士会议时，胡适来南京，又曾到国学图书馆阅读《水经注》，柳诒徵进行了接待，午间设宴招待。据柳诒徵的后人回忆，当他们到饭店用餐时，有人认出胡适，请他签名时，胡适还是比较客气地请柳诒徵先题字，然后在旁边写

① 柳曾符、柳佳：《劬堂学记》，上海书店出版社2002年版，第188页。

了“胡适随侍”，以示恭敬。

从这两次见面来看，柳诒徵对胡适还是有隔阂的，尤其是柳诒徵说胡适不识字、不信中医，并在日记中进行挖苦、讥讽。柳诒徵与胡适在一般交往时客客气气，但在学术上还是没有共同的语言，这主要还是由于二人对中国文化与治学态度上的不同使然。二人在治学上的争论主要表现在对“诸子出于王官”说的不同看法，这在前面已经论说，这里不再赘述。

柳诒徵是传统学者的代表，而胡适则是新史学的学术代表人物。柳诒徵是中国传统文化的坚定维护者，是坚持中国民族文化至上的学者。而胡适则不同，他的信条是重证据，重方法。对柳诒徵所热烈赞颂的夏、商、周三代的社会历史，胡适则坚持宁失之于疑勿失之于信的立场。他们的学术对立是新旧两派学人在中国近代史学界的对立，也是中国近代史学在近代化过程中的思想观念的对抗。

第三节 柳诒徵与南高学生：以缪凤林、张其昀为中心

“南高学派”或者“史地学报派”的提法，近年在学术界才较多提及。在港台和大陆提法稍有不同，但其含义是一致的。其实最早提到“南高学风”“南高学派”是南高毕业的学者自己提出的。但当代学者彭明辉、区志坚等以及大陆学者吴忠良也撰文提及南高学派的存在，并予以考证论述。

柳诒徵是南高史学的领军人物，在他的教导下，中国史学界出现了一批史学学者，这些人有的直到 20 世纪后半期还活跃在中国的学术舞台上。著名的史学学者有缪凤林、张其昀、陈训慈、郑鹤声、向达、胡焕庸、徐震谔、范希曾、刘剡藜、景昌极、张世禄等。这里以缪凤林和张其昀为例，叙述柳诒徵对学生的培育和影响，来显示中国史学的学术传承。以此来展示柳诒徵在中国近代史学界的学术地位，和近代中国史学的学术发展。

1919 年，五四运动之际，柳诒徵在南京高等师范学校史地系任教授。这一年，考入南高的学生中人才汇集，张其昀、向达、缪凤林、陈训慈等都在其中。柳诒徵曾经担任南高文史地部国文、中国文化史、亚

洲史、历史研究法等课程授课。他在南高教学，循循善诱，以学术和人格感召学生，对这些学生的学术产生了很大影响。可以说柳诒徵是南高文史地学科的代表人物，后来浙江大学文学院史地系“历史地理学”的崛起，即是南京高师文史地系学术精神的延续，可视作是一种学术的传承。当时那里主持的著名历史地理学者张其昀、胡焕庸、王庸、向达都出自南高，而且都是柳诒徵的高足。后来，南高并入东南大学，柳诒徵仍然是东南大学历史系的中坚力量，培育了大批的学者。这里仅以缪凤林和张其昀为例叙述他们在史学学术上所受到的柳诒徵的影响。

缪凤林（1899—1959），字赞虞，浙江富阳人，近代史学家。1919年考入南高，毕业后曾在东北大学、中央大学担任教授。他和柳诒徵关系密切，终生事柳诒徵恭谨。缪凤林在南高期间，与柳诒徵的关系就比较密切。当时，缪凤林就是史地研究会的成员，在《史地学报》就发表了多篇论文，如《历史与哲学》《研究历史之方法》《三代海权考》等论文。缪凤林在学术上受柳诒徵影响很大。

首先，缪凤林继承了柳诒徵“经世致用”的思想。他认为，“一切历史事实，皆属逐渐发展，逐渐蝉蜕，旧者未全灭，新者已兴；新者虽盛，旧者犹有存焉”[①]。因此，历史记载“与人类之进化，民族之兴亡，所系至钜”。“人类有史，乃能以前人之经验成就，传之后人，递遗递袭，继长继增，故为时短而进步速”，而“野人无史，自遗传本能与口授技能外，凡事皆须自创，故历年久而进步缓”[②]。他又说，“过去为现在之母，闻故而知今，惟历史能解释当前之现象”。[③] 因此史学的功用在于“闻故而知今，彰往而察来，蓄德而日新，崇善而去恶，生活之超脱，胸怀之扩大，精进之心生”[④]。缪凤林认为，史学的功用在于借鉴前人的经验，彰往而察来。这种经世致用的史学思想无疑是受柳诒徵史学思想的影响。

缪凤林研究历史，是由于当时中华民族所面临的民族危机的现实，意在唤醒世人的爱国之情，成为振兴民族精神的重要手段。这也是受到

① 缪凤林：《研究历史之方法》，《史地学报》（第一卷），第一期。
② 缪凤林：《中国通史要略》，商务印书馆 1947 年版，第 9 页。
③ 缪凤林：《中国民族史序论》，《史学杂志》（第二卷），第四期。
④ 缪凤林：《历史之意义与研究》，《史地学报》（第二卷），第七期。

柳诒徵民族主义史学思想影响而有所发展。其民族主义史学思想可以归结为以下几点。

探索中华民族起源问题，驳斥“西来说”的理论。缪凤林对中华民族“西来说”的批驳，主要是出于一种民族的情感。他先后发表了《中国民族西来辨》[1]《中国民族由来论》[2] 等论文，批驳了中华民族来自西方的理论，探讨了中华民族的渊源。在《中国民族由来论》中，缪凤林运用中国上古的传说和先秦流传下来的古籍对中华民族的渊源进行了探索，指出了两点史实：“于中国民族可正式稽考之前，东亚之地，已有民人居住，证之近人考古学上之发现，殆成铁案”；“洪水前后，夏族与九黎三苗之争……黄帝时曾大决战，至虞夏时，始告平静。前后绵亘，至少亦逾千年，则古代东亚之地，除中国民族之外，必有他种异族之人民”[3]。缪凤林还从“地理上之阻碍”来论证夏族不可能来自西亚。并试图运用当时的考古学成就来论证中华民族非西来之民族。

这些具体的学术观点正确与否，在这里先置而不论，在学术思想和方法上，缪凤林的研究明显继承了柳诒徵的思想而有所创新。在文化观上，缪凤林对中华上古的历史是深信不疑的，而且还大量运用了传说中关于黄帝的史料，以及虞夏的历史资料，这是柳诒徵信古思想的继续，但有所不同的是，缪凤林毕竟是新一代的学者，他还试图运用考古学的成就来研究历史问题，解决中国民族的渊源问题，这是和柳诒徵不同的。

受柳氏影响，缪凤林特别重视异族入侵中国的历史。他认为，中国文化生命力极强，面对异族文化的挑战，中华民族总能够死而复生，亡而后存。中国历史上虽然不乏异族统治者企图“以夷变夏”，也有汉人“数典忘祖，甘同异种者”，但是“我夏族虽时有亡国之痛，永无沦胥之祸”，“盖夏族文化冠绝东亚政教文字，根深莫拔，故异族有中国者，必行汉法乃可长久”，而且中华民族素来“以世界主义为理想，异族进于中国，则中国之有怀远之习，鲜种族之见”[4]。缪凤林的这一史学观

---

① 载于《学衡》第 37 期。

② 载于《史学杂志》（第二卷），第二、三、四期。

③ 缪凤林：《中国民族由来论》，《史学杂志》（第二卷），第二、三、四期。

④ 缪凤林：《中国通史纲要》，钟山书局 1933 年版，第 47—49 页。

点，带有中国传统史学中“夷夏”民族观，是柳诒徵民族主义史学思想的继续发展，虽然带有时代的局限性，但在当时日本侵略中国，中华民族面临民族危亡之际，还是有现实意义的。

缪凤林还注意总结中国历史上民族竞争成败的经验教训，指明其中的历史经验。例如，在论及秦汉之强盛，缪凤林高度评价了秦汉统治者“以全国之发展与安全为目的，通盘筹划，从事徙谪”[①]，对开发边疆，巩固国防具有重要意义。缪凤林认为国家的强弱和政治的清明与否有着密切联系。比如，他论及南北朝“北强而南弱”的原因时指出，“盖南朝自刘裕已降，不知作育人材，而以诛除异己摧抑英尤为得计”，“且篡弑相寻，变乱时起，民力物资，多耗于内乱，谋臣将帅，多自相贼杀”，加上北朝的“骁雄劲悍”，因此南朝最终败于北朝。另外，缪凤林还有诸多与此类似的历史论断。如隋、唐、宋、元的强盛的原因分析。以政治得失清明与否来分析中国历史发展的走向，这是对中国传统史学思想的继承与发展，这与柳诒徵的影响是分不开的。

柳诒徵分析中国文化，在考察中国传统文化对当时中国的影响时，不免要对中国民族性格进行一番臧否，探索中华民族的振兴之路。缪凤林也如此的探索。他把中国的国民性归结为六个方面：国家主义；中庸主义；世界主义；和平主义；政治上的不干涉主义；实用主义。中国要走富强复兴的道路，必须要把这六大国民性的优点和外来文化相结合“革其缺失，并吸收他人之长，补吾之短，以竞存于兹世，且永葆世界先进之令誉”[②]。

毕业以后，缪凤林曾经进入南京支那学院，师从欧阳竟无学习佛学。1925 年，他与同学景昌极、郭斌以及柳诒徵一起同赴东北大学任教。1927 年回南京后，曾被柳诒徵邀请，担任江苏省立国学图书馆印行部主干。后来担任南京中央大学教授，学术上和柳诒徵关系极为密切。1932 年，他曾经和柳诒徵一起建立了国风社，创办《国风》杂志。后来又和柳诒徵创办《史学与地学》《史学杂志》等刊物，是柳诒徵在学术上的得力助手之一。学术上受柳诒徵的影响也最大。不过，他和柳诒徵毕竟不是同时代人，他在研究中国历史的同时，还注意研究外国的

① 缪凤林:《中国通史要略》（第一册），商务印书馆 1947 年版，第 9 页。

② 同上书，第 3 页。

历史。特别是在日本侵华步伐日渐加快，中华民族危机逐渐加深之际，他加强了对日本历史的研究，在《国风》杂志的创刊号上，曾发表了《日本开化论》，九一八事变后，更激发了他研究日本的热情，撰写《日本通史》的决心。后来由于其他的原因，《日本通史》没有问世，便将初步的研究成果汇集成《日本论丛》（第一集）。中华人民共和国成立以后，缪凤林留在了大陆。十分可惜的是，由于患病，他于 1959 年就去世了。

柳诒徵的另一著名学生是张其昀。张其昀（1901—1985），字晓峰，浙江宁波人。著名史学家，地理学家。1919 年考入南高文史地部。后来在中央大学、浙江大学史学系任教授。

张其昀回忆柳诒徵对他的教导时说：

> 现在回想起来，得益最多的有三点，就是（一）方志学，他以为各省县的志书，卷帙浩繁，比国史所记载尤为详备，应该充分利用，以补国史之所不足。（二）图谱学，他曾引宋人郑樵语："古之学者，左图右书，不可偏废。刘氏（西汉刘向）作七略，收书不收图。班固即其书为艺文志。自此以还，图谱日亡，书籍日冗，所以困后学而毁良材者，皆由于此。何哉？即图而求易，即书而求难，舍易从难，成功者少。"他所手创史地陈列室，即以搜求图谱和实物为职志。（三）史料学，他引黄梨洲《明儒学案》语："学问之道，以自己用得着者为真。"史籍浩如烟海，必须有方法加以选择。他以为章实斋《文史通义》所说的两种方法，"裁篇别出"和"重复互注"，是做学问必须具备的功夫。我根据了他的指导，收集自己用得着的资料，迄今已四十年。①

后来，张其昀还撰文回顾柳诒徵的治学方法，其中说："金陵古称文献渊薮，当时南高初创，名家荟萃，而柳氏劬堂，尤为全校重心所在，精神沾溉，获益至多……柳师指示我们平均每学期要读两种书，如此四年之间我们陆续读了十余种名著，于学问得以粗窥门径。"

张其昀在其中提到，柳诒徵对许多书籍都有具体的评论，并对学生

① 张其昀：《中华五千年史》序，台北，中国文化大学出版部，1981 年版。

进行具体指导，如对《日知录》这样说，“读《日知录》可以了解如何做札记。”对《读史方舆纪要》则说：“柳师指示我们要读各省区的总论，其他部分只知道如何运用资料便可。但他特别提醒我们，没有做过细针密缕工夫的人，则崇论闳议便不可能，所谓分者极其详，然后合者能择善而无憾也。”而对郑樵之《通志二十略》则说：“柳师以为图谱之被忽视，为中国史学之一莫大缺憾。”张其昀还说，正是由于柳诒徵的启发，才使他对这些图谱感兴趣，也才有后来的《文物精华》的问世。

正是由于柳诒徵的影响，使张其昀把对中国文化史的研究当作毕生的事业来做，如他自己所说，“作者今日撰述《中华五千年史》，其志愿与基础即奠基于此时（指南高的学习生涯），师门风义，久而弥笃”①。张其昀后来编撰了许多有关中国文化的著作，如《清史》《中华民国地图集》《文物精华》等著作。而《中华五千年史》其中最为显著者。

张其昀之研究历史地理学也是得益于柳诒徵。柳氏曾经对张其昀整理《古今方舆书目》《方志月刊》本作过如下识语，从中可见二人学术关系：

> 张子晓峰，究心顾宛溪先生遗著及佚事。一再至梁溪胶山，诹访先生第宅、冢墓、谱谍、翰扎。复之常熟，踯躅三峰、尚湖间，仿像其遗迹。一夕，过山馆，忻然出一卷视予曰：“此《古今方舆书目》，宛溪未刊稿也。”叩所自，则得之常熟图书馆。师弟三人，穷一日之力，迻写卒事。入都，函登之《方志月刊》。虞馆亦传抄本，辗转过录。不无焉乌之讹。间有重出，如李濂《汴京遗迹志》之类。未知原本如是否。然宛溪治地学入手之法，由是可观。盖先从历代史志，勾录地理书目，依类以求，左右渔猎。虽佚书十八九，其散见传注者，不无零玑碎璧可辑。清代辑佚家所为，宛溪实肇其端。考镜折衷，非细事也。宛溪文不多见，俪体尤罕觏。“挥泪新亭，伤心雪窖”，此其著书职志。至谓“阔略者鲜攻近实，浮华者复惮精研”，今昔一辙，足为学者针石。晓峰有暇，能就史籍

① 这节有关的引文均摘自张其昀《中华五千年史》自序。

方志，加以笺证，辨章存佚。宛溪之学，其将大昌矣。甲戌初春镇江柳诒徵识。①

可见张其昀与柳诒徵之学术关系的亲密。

后来，张其昀在中国台湾建立中国文化大学，以弘扬中华文化为宗旨，可说是受柳诒徵学术的影响。在现在的中国文化大学还特设有“劬堂先生纪年堂”，并以研究文化，弘扬中国文化为此学校的一大特色，这也可以说是柳诒徵学术的遗续。

综上所述，柳诒徵在中国学术舞台上，活跃了半个世纪。在早期，他深受缪荃孙等传统学者的学术指导，对中国传统史学有很高的素养，但已经接受西方思想学术的影响，力图以新的方式和观念来阐发中国的史学学术，编纂了新式教科书。进入南京高等师范学堂以后，柳诒徵活跃在东南地区，开始在学术上与梁启超、章太炎、胡适等人进行辩难，成为文化保守主义的代表人物之一。史学上以挖掘中华文化精神为己任，撰写了《中国文化史》以及大量的学术论文，并在东南大学与学生建立的史地研究会有密切关系，对缪凤林、张其昀等年轻学者产生了很大影响，由此确立了东南地区史学的领军人物之一。因此，我们可以说，柳诒徵是一个保持传统，又接受了西方学术理念；既继承传统，弘扬传统精神，又融化新式知识和理论、并且希望把这一精神传承给后人的学者。

---

① 顾祖禹遗著，张其昀整理：《古今方舆书目》，载《方志月刊》1934 年第 7 卷第 2 期，附柳诒徵题识。页 1—38。底本据常熟图书馆藏传抄本。

结　　语

柳诒徵是没有受过现代专业训练的史学家，他仍是传统式的学者。这和他所处的社会环境有一定关系。20 世纪前半期，是中国社会发生重大变革的时期，学术环境也在发生剧烈的变动。柳诒徵的史学研究就是处于这一变化的学术环境之中。

第一是文化思想的改变。在此以前，中国在相当长的时间内儒家思想占据统治地位，中国的知识分子具有强烈的以天下为己任的思想信念。但到了 19 世纪后半期，世界的形势发生了翻天覆地的变化，中国的世界中心地位在知识分子的心中发生了动摇。19 世纪以来，西方先进的文化思想开始传入中国，并在知识分子的心目中逐渐占据重要位置。这时的中国如何建设新文化是摆在学者面前的重要课题，于是“全盘西化”“中体西用”“发扬国粹”等种种文化思想主张在学术界开始涌现，并且进行着激烈的争论。在这一文化争论当中，柳诒徵有以挽救中华文化为己任的坚定信念，他撰写了《中国文化史》，大力弘扬中华传统文化，提出中国文化“西被”的论调。并一生为此而努力。

第二是近代教育与学术体制的变化。20 世纪以来，西方近代的教育体制和学术体制在中国逐渐建立起来。20 世纪初清政府实施“新政”，中国的近代学校教育制度逐渐建立起来；而随着大学教育的开展，中国的学术研究机构也在逐步地建立。柳诒徵是在中国的教育体制和学术研究体制发生重大变化的情况下进入学术界进行史学研究的。20 世纪初期，柳诒徵进入江楚编译局编纂史学教材，后来又参与创办了思益小学堂，并进行史学教育活动。20 世纪 20 年代柳诒徵在南京高师、东南大学，后来在东北大学、北京女子师范大学、江苏国学图书馆等地方工作。柳诒徵的史学研究都是在新的学术机构中进行的，这与近代以前传统学者的工作环境相比已经发生了重大的变化。学者们已经走出书斋，他们的学术研究不仅要面对自己的同行，更要面对自己的学生，学术研究有了新的意义。

第三是社会大众传媒的发展，使中国近代学术界在20世纪，特别是在辛亥革命以后发生了剧烈的变革，对学术界也产生了极大的影响。报纸、杂志、广播等的出现，使文化学术思潮受其影响越来越大，而学术思潮也由于这些大众传媒的作用，在社会上产生了相当大的影响。一些学者和学术团体也在不断利用这些传媒扩大自己的影响。

在中国固有的传统学术向西式分科转型的重要时期，柳诒徵的史学研究生活也在发生着不断变化。他刚刚进入史坛时，中国史学刚开始发生新的变化，传统史学仍然占据统治地位。20世纪二三十年代柳诒徵活跃于史学领域时，中国学术正处于新旧文化交锋、新旧史学交融的时代，新史学蓬勃地发展，柳诒徵也投身其中，并对史学学术的发展做出了自己的贡献。当柳诒徵步入老年时代，正值中国处于新旧两种命运的决战之时，新中国成立以后，马克思主义史学逐渐在新中国占据了统治地位，而柳诒徵也逐渐退出了学术界。可见柳诒徵的学术生活是民国学者学术生活的一个缩影。

早年的柳诒徵，作为清末官方学校中成长起来的学者，他所处的时代正是新旧政权交替、中西文化激烈冲突的时期。20世纪二三十年代的柳诒徵，已经成为南京高等师范学校（后为东南大学）、东北大学的教授，江苏国学图书馆的馆长。而此时正是中国资产阶级史学蓬勃发展的时期，这一时期的柳诒徵和自己的学术同道一起开办学术杂志、创办学术团体，弘扬中国传统文化，已经成为史学界的领导者之一。到了抗战结束之时，柳诒徵已经成为学界名流，在文化界成为有影响的学者，他执掌的江苏国学图书馆也成为中国东南地区的著名图书馆。1947年柳诒徵当选为中央研究院院士，实际是对其史学成就的肯定。

一方面，柳诒徵是传统的学者，他自幼即受传统文化的熏陶，热爱中国的传统文化，对中国儒家的传统人伦道德津津乐道，并且身体力行。另一方面，他又接受了西方的知识和学术，尤其在辛亥革命以后接受了资产阶级的民主思想，所以他的思想学术又具有新的一面。在史学上，柳诒徵也一样具有亦新亦旧的特色：一方面，他对中国传统史学中以儒家的仁义道德为德教的一面，以史学经世；另一方面，他在史学上，又极力提倡史学的新知识，吸收西方史学、汉学家的学术成果，探讨史学界研究的前沿学术问题，撰写学术论文，具有了当代史学学术的特点。而这是中国传统史学所不具备的。

柳诒徵对中国近代史学的发展做出了重要贡献。在历史教材的编纂和历史教育、文化史的研究、历史文献的整理与研究、史学体系建设等方面发挥了重要作用。

作为中国近代著名的史学家，柳诒徵被看作耆儒宿学，其实他是一位有新思想、新观念的学者。20 世纪初到日本考察教育，使他已经接受了西方新的教育理念。后来他从事教育工作和学术研究，把这些理念贯穿其中，只是由于他极力主张保持中国传统的伦理道德，使他的传统色彩比较浓厚。在治学思想和方法上，与胡适等人所极力推崇清代的乾嘉考据而菲薄宋儒义理心性相反，主张治学以“经世”作为主要鹄的，反对纯粹的考据。因此钱穆这样评价他：“凡柳氏所陈宋、明、清三代学术大趋，与夫其分别异同得失之所在，较之当时群所鼓嚣之学风，尽力推尊清代乾嘉诸儒之考据，而菲薄宋儒义理心性之学者不屑一顾，正不啻恰相处在一对立之地位。”[①] 他与当时史学的新派治学方法不同，和马克思主义史学也有很大的差距，使他的史学在中华人民共和国成立以来很少被人注意，即使提到也只是简单的归入落后守旧的一边。其实柳诒徵的史学是非常丰富的，只用守旧一词是不能涵盖的。

① 钱穆：《柳诒徵》，载中华学术院《中国文化综合研究——近六十年来中国学人研究中国文化之贡献》，（台北）中华学术院印行，1974 年版。

附录 柳诒徵学术年谱简编

1880 年，一岁

光绪五年（1880）腊月二十五日生于江苏镇江。其父柳泉，字逢源（1834—1885）；母亲鲍还珠（1845—1910）。柳氏世为京江望族，入清以来，先辈以儒学名于世。但其祖父时，因太平天国时战乱，家业败落，其父以教私塾为业谋生。

1885 年，六岁

父亲病逝，母亲携柳诒徵和姐姐到外祖父家。母亲鲍氏课读诗书，学四书、《孝经》，逐日背诵，打下深厚的传统教育基础。

1888 年，九岁

读《诗》《书》《易》三经毕。

1989 年，十岁

受业于仲舅煦斋，后伯舅浚卿亦收徒，乃兼就两母舅塾受业。

1891 年，十二岁

受业之余，开始抄录诗文，先后抄有《海门诗抄》《江干诗抄》《石帆诗抄》《八松庵诗抄》等。

1892 年，十三岁

学作诗、学书法。

1893 年，十四岁

学八股文，此年应府县试不第。

1894 年，十五岁

本年先后借得“御纂七经”中之“三礼义疏”及惠定宇、张皋文所批《汉书》过录。

1895 年，十六岁

四月，至金坛应试中试，自是入学。

1896 年，十七岁

本年，从伯舅、仲舅应培风书院课艺，习作史论。因史论不拘骈散，自是常作骈文，常诵读《骚》《选》，以熟读背诵为度。

1897 年，十八岁

本年，应岁考报考骈文，后李恩绶劝读李兆洛《骈体文抄》，又常阅读吴锡麒《八家四六文抄》，习骈文益加勤苦。

这一年开始授徒糊口，始自炊，并谢绝戚族津贴，然束脩菲薄，生活还是十分艰苦。时购得前四史、《古文辞类纂》《国朝先正事略》诸书。

1898 年，十九岁

与父亲学生近代江苏著名学者陈善余（庆年）交往论学，陈善余之友赵森甫亦常与论镇江掌故及清代学者学术。

1899 年，二十岁

本年，应岁试列一等三名。

1901 年，二十二岁

经陈善余推荐至江楚编译局。担任分纂之职。

柳诒徵在书局编教科书，删订《字课图说》。时江楚编译局地址位于中正街（今白下路）祁门会馆，与陈三立对门。柳诒徵时时前往请益。

本年，尝应张謇所主正文书院试，为张所赏识。

1902 年，二十三岁

任职江楚编译局。八月，应乡试，房荐而不取。九月，编写《历代史略》成。

1903 年，二十四岁

任职江楚编译局。

正月中，缪荃孙、徐乃昌奉派赴日本考察学务，通行随员有张楠、侯巽等六人，先生亦随行。在日本五周，与三月中回国，撰写《日游汇编》介绍考察日本教育的收获。

自日本回国后，积极兴办学校，以启迪民智，得缪荃孙、陈三立之资助，与友人陶逊（字宾南）、陈义（字一甫）等南京中正街街北庐江会馆创办思益小学堂。五月初，思益小学堂开学，课程有国文、历史、舆地、算术、格致、体育等，当时深受教育界推崇。在思益小学堂兼课任国文、历史二门，历史课本就是自己编写的《历代史略》（由江楚编译局印刷发行）。

1904 年，二十五岁

任职江楚编译局。

正月，赵声在镇江创办安港小学，自宁返镇参加开学典礼，并介绍二哥砥如到该校任教。

1905 年，二十六岁

秋，辞去江楚编译局职务。当时，缪荃孙兼任江南高等学堂监督，因为国文教习出缺，柳诒徵被聘任江南高等学堂教习，讲授国文、伦理、历史。柳诒徵曾经广泛收集中外学士名人之嘉言懿行，自编伦理课讲义。

1906 年，二十七岁

时友人宗嘉禄开办商业学堂，柳诒徵被聘为教习，讲授国文、历史课程。后来，胡元倓创办的商业学堂与江南中等商业学堂合并为江南高中两等商业学堂，柳诒徵被聘为教习，讲授《中国商业史》《中国商业道德》课程，自编讲义。

1907 年，二十八岁

专任商业学堂教职，讲授“中国商业史”“中国商业道德”等课程。

本年，黄绍箕去世。受陈庆年之托，代黄编写《中国教育史》。

1908 年，二十九岁

任教商业学堂，兼任两江师范学堂历史教习，但仅授课一学期。其时与同乡革命党人赵声往来，常有书信往来。

1909 年，三十岁

任教商业学堂。夏，至苏州应试，得举优贡。代黄绍箕编《中国教育史》。

1910 年，三十一岁

在两江师范学堂教西洋史，仍兼课商业学堂。

1911 年，三十二岁

时任镇江县临时县议会副议长、县教育会会长及镇江府中学堂监督，夏，辞职。

辛亥革命后，镇江光复。12 月，孙中山过镇江，曾前赴车站欢迎。

1913 年，三十四岁

秋，应胡元倓之约入京，就任明德大学堂斋务主任兼历史教员，兼任交通传习所事务。

1914 年，三十五岁

任教明德大学堂。

1915 年，三十六岁

任教明德大学堂。

1916 年，三十七岁

就任南京高等师范学校国文、历史教员，兼任河海工程学校教员。

1917 年，三十八岁

就任南京高等师范学校国文、历史教员。

1918 年，三十九岁

就任南京高等师范学校国文、历史教员。

1919 年，四十岁

就任南京高等师范学校国文、历史教员，5 月，率学生赴日本参观。

冬，赴沪吊缪荃孙丧，有挽诗一首："白门从游十稔强，温温春座更东航。论文上掩谟觞馆，校士亲承学海堂。陵谷崩腾千古变，乾嘉流派万流藏。江难独诵招魂句，洒涕钟山旧讲堂。"

1920 年，四十一岁

任教南京高等师范学校，讲授文史地部国文及历史，有"中国文化史""东亚各国史"等课程，自编讲义。《中国文化史》的讲稿此时开始撰写。

5 月 13 日，文史地部学生成立史地研究会，柳诒徵被聘请担任研究会指导员，常为研究会作学术讲演。

1921 年，四十二岁

任教南京高等师范学校。

8 月，史地研究会创办《史地学报》，柳诒徵为创刊号撰写发刊词一篇，并发表《论近人言诸子之学者之失》。

本年夏，赴湖南讲学，同行者刘伯明、竺可桢。

此年东南大学成立，南高校长郭秉文兼任校长。

本年，柳诒徵撰写《中国文化史》讲义开始印行。

1922 年，四十三岁

任教南京高等师范学校。11 月，南高师与东南大学合并，柳诒徵，成为东南大学历史系教授。

梁启超讲学东南大学，柳诒徵与之商谈治史心得。梁启超为柳诒徵书写一联："授人以虚，求是于实；所见者大，独为其难。"

本年，《学衡》杂志创办，柳诒徵撰写发刊词。此年发表论著《汉人生计之研究》《钦天监重建观象台议》《清史刍议》（以上发表《史地学报》），《汉官议史》《梁氏佛教史评》《论中国近世之病源》《选举阐微》《顾氏学述》《论大学生之责任》《华化渐被史》《论今之办学者》《读墨微言》（以上《学衡》）。

1923 年，四十四岁

任教东南大学。

7 月，赴济南参加中华教育改进设大会，同行者竺可桢、陈鹤琴、王伯秋。

本年，发表论著《中国近世之史料》《江苏之财政》《论臆造历史以教学者之弊》《正史之史料》《婆罗门述》《契丹大小字考》（以上《史地学报》），《五百年前之南京国立大学》《中国乡治之尚德主义》《说习》（以上《学衡》）。

1924 年，四十五岁

任教东南大学。

夏，邀请章太炎到东南大学讲学。章氏以“博见强识，过绝于人”书扇相赠。

本年，发表《拟编全史目录议》《论以说文证史必先知说文之谊例》《马哥波罗游记导言序》《泉男生墓志跋》《奴儿干事辑》（以上《史地学报》），《明伦》《中国文化西被之商榷》《教育之最高权》《庆节母张孺人传》《评陆懋德周秦哲学史》《励耻》《学者之术》（以上《学衡》）。

1925 年，四十六岁

因东大学潮，暑假后去职。

6 月，任职东北大学，与缪凤林同在一校。

本年发表论著《历史之知识》《中国文化史绪论》（以上《史地学报》），《王玄策事辑》《罪言（一）》《学潮徵故》《自立与他立》《正政》《说酒》《唐初兵数考》《致知》《反本》《解蔽》《墨化》《述社》（以上《学衡》）。

本年《中国文化史》开始在《学衡》杂志连载。

为黄绍箕撰写《中国教育史》出版，署名黄绍箕。

1926 年，四十七岁

本年，改就北京女子大学之聘，兼任北京高等师范学校历史教员。在《史学与地学》发表论著《中国史学之双轨》。

1927 年，四十八岁

本年，回南京，就任江苏省立第一图书馆馆长。先后创办《国学图书馆年刊》《国学图书馆馆刊》。

在《史学与地学》发表论著《说吴》《宋太宗实录校正》。

1928 年，四十九岁

担任中央大学国学图书馆（因第四中山大学先后改名江苏大学、中央大学，国学图书馆之名也不断更改）馆长。聘任向达、缪凤林担任印行部主干兼访购事宜，印行馆藏的稿本及外间罕传的珍本书籍。编辑的《宋元书影》由国学图书馆出版。

编写《国立中央大学国学图书馆小史》，聘请著名学者陈汉章、王伯沆、汤用彤、李小缘为国学图书馆参议。

本年，发表《清德宗之大婚》（《史学与地学》）、《咏怀堂诗跋》（《学衡》）、《卢抱经年谱》（《国学图书馆年刊》）。《中国文化史》由中央大学重印。

1929 年，五十岁

任中央大学国学图书馆（10 月，改名为江苏国学图书馆）馆长。

这年，江苏省通志局成立，设局于镇江焦山，庄蕴宽担任总纂，柳诒徵被聘为编纂委员会成员，任常务委员，并负责《礼俗志》《书院志》《钱币志》的编撰事宜。

这一年，中华图书馆协会第一届年会在南京召开，柳诒徵当选为中华图书馆协会监委。本年，与缪凤林等组织南京中国史学会，并创办《史学杂志》。

发表论著：《述宋史质》《沈万三》《记王锡侯字贯案》《火葬考》《校补韩蕲王碑》《与某君论研究经济史之法》《南朝太学考》（以上《史学杂志》）、《说文句读稿本校记》（《国学图书馆年刊》）。

1930 年，五十一岁

任江苏省立国学图书馆馆长。缪凤林辞去图书馆职，续聘王焕镳及周悫继任。

本年，仍兼任江苏通志局事，撰写完成《社会志》《财政志》《清代江苏水旱灾表》。发表论著：《南监史谈》《读赵氏宗谱》《江苏各地千六百年间之米价》《论文化事业之争执》（以上《史学杂志》）、《国学书局本末》（《国学图书馆年刊》）。

1931 年，五十二岁

任江苏省立国学图书馆馆长。撰写《国学图书馆概况》（由国学图书馆出版）。

1 月，赴上海参加中国科学社上海明复图书馆开馆典礼。并为该馆撰写《中国版本说略》（由明复图书馆出版）。

8 月，赴镇江参加中国科学社第十六届年会。

本年，发表论著：《江苏钱币志》《青山庄诗史》（以上《史学杂志》）、《自由教学法》（《学衡》）、《族谱研究举例》《明史稿校录》《江苏社会志》《江苏书院志》（以上《国学图书馆年刊》）、《罪言（二）》（天津《大公报》）。

1932 年，五十三岁

任江苏省立国学图书馆馆长。图书馆主任赵鸿谦去职，张逢辰继任。柳诒徵痛心于日本帝国主义对华侵略之祸，刊布明代有关御倭文献以资借鉴，而振奋国人抗敌卫国之信心。

本年，与缪凤林等南京高等师范学校师友组织国风社，被推为社长，创办《国风》半月刊并成立钟山书局，旨在发扬中国固有之文化，介绍世界最新之学术。钟山书局正式出版柳诒徵所撰《中国文化史》。发表论著《陶风楼记》《正义之利》《明伦》《孔学管窥》《辽鹤卮言》《毛元徵传》（以上《国风》）、《砀山丁书检校记》（《浙江图书馆馆刊》）、《江苏明代倭寇事辑》（《国学图书馆年刊》）。

1933 年，五十四岁

任江苏省立国学图书馆馆长。主持编纂《国学图书馆图书总目》经部付印。

6 月，中国民权保障同盟会副会长杨杏佛在上海遇刺身亡。柳曾与杨氏同时任教于东南大学，意气相投，成莫逆之交，听到此噩耗，悲痛哀伤，既挽以诗，又以文哭之。7 月，考试院考选委员会聘请柳诒徵为高等普通检定考试委员。

8 月，教育部聘请柳诒徵任编订《四库全书》未刊珍本目录委员会委员。

10 月，国民政府简派柳诒徵为高等考试典试委员会委员。

本年，发表论著：《明代江苏倭寇事略》《介直王君墓志》《季明封爵表跋》《选印四库秘书拟目》《四库罕传本目》《复李君书》（以上《国风》半月刊），所主《里乘》五卷在《国学图书馆年刊》连载（至 1936 年即刊出四卷）。

1934 年，五十五岁

任江苏省立国学图书馆馆长，蔡尚思住在图书馆读书，为撰写“中国思想史”收集材料。蔡氏学习非常勤恳，常常在夜间与柳讨论学术。第二年辞归时，柳诒徵以南宋陈亮的“开拓万古心胸，推倒一时豪杰”书赠蔡氏。

4 月 22 日，在南京中国文化学会演讲“对中国文化之管见”。

8 月中，赴江西庐山参加中国科学社第十九届年会。为胡先骕作诗序。

本年发表论著：《书目答问补正序》《明孝陵志序》《从历史上求民族复兴之路》《小学国语教材之疑问》《谷梁大义述补阙跋》（以上《国风》半月刊）、《张慰西先生别传》（《地理学报》）。

1935 年，五十六岁

任江苏省立国学图书馆馆长，自从主持馆物以来，经历年访购，藏书增长到二十二万多册。《国学图书馆图书总目》全部编印，共计三十册，分为七部、八十五类、八百三十二属，并将丛书子目分隶各类，以便检阅。自有图书馆以来，能将全部藏书变成总目者以此为第一家。

3 月初，在中央广播电台广播演讲《讲国学宜先讲史学》。

9 月，在江苏省政府广播无线电台广播演讲《主张读经和反对读经的评论》。

11 月，与叶楚伧共同主编，并由王焕镳、周悫编纂的《首都志》出版。全书凡十六卷，五十余万言，是 1881 年续纂《江阴府志》以来关于南京的最为完备的新体裁地方志。在柳诒徵的指导下，该书自收集资料到编辑定稿仅六个月。

本年，发表论著:《玉池图翰跋》《唐荆川年谱序》《严修能批校荣斋随笔录跋》(以上《国风》)。

1936 年，五十七岁

任江苏省立国学图书馆馆长。

7 月下旬，赴青岛出席中华图书馆协会第三届年会，与叶恭绰、马衡、袁同礼、沈兼士、沈祖荣等同选为大会主席团成员。

10 月下旬，赴杭州参加浙江图书馆举办的浙江文献展览会开幕典礼，在杭州市曾到钱塘建大桥工地参观，赠茅以升长诗。

本年，发表论著《说志》《清季教育之国耻》《论非常时期之教育》《诗经正训序》《倪君远甫传》(以上《国风》半月刊)、《重校古经解钩沈序》(《国学图书馆年刊》)、《鄞县通志序》(《制言》)、《周易正义校刊记》《长乐县郑和天妃应碑亭记》(以上《边疆月刊》)。

1937 年，五十八岁

任江苏省立国学图书馆馆长。续编《国学图书馆图书总目补编》十二卷。

2 月下旬，赴苏州参观吴中文献展览会。

8 月 13 日，日军大举进犯上海，京、镇警报频传。国学图书馆拟建筑新书库，已经招工设计图纸，因为事变起而未果。14 日，装运善本书五箱寄存朝天宫故宫博物院分院地库。其后虽警报迭作，柳诒徵仍日夜监督员工装运书籍，到 16 日，又运送 108 箱寄存朝天宫故宫博物院分院地库。19 日，敌机轰炸南京，次日，参谋本部勘委会到国学图书馆觅屋办公，柳诒徵一再与之交涉未果，乃将馆中杂志阅览室及员工住屋、工役房等借给他们暂用，普通阅览室、报章阅览室仍旧开放。

11 月 15 日，鉴于上海、苏州相继失守，柳诒徵乃征得江苏省教育厅的同意，继续运图书馆藏书到苏北行化，首批装运地方志及丛书五十余箱。17 日晚，教导总队补充官兵六七十人持枪强占屋舍，迫令图书馆停止阅览。20 日至 28 日，又运藏书五十七箱（合计三万余册）至兴化。24 日，运载图书馆中重要文件，取道扬州向江苏省教育厅临时办公处报告一切。12 月 5 日，到达兴化，设立江苏省立国学图书馆临时办公处于西仓。

本年已出版十年之《国学图书馆年刊》《国学图书馆馆刊》，因战争爆发而被迫停刊。

1938 年，五十九岁

4 月 7 日，致函江苏省教育厅辞去国学图书馆馆长职务，并令会计周启文将经手折单、现款一并呈交教育厅。其后受聘于浙江大学。

5 月 8 日，在泰和浙江大学讲演“非常时期读史要略”。开讲不久就因高血压而倒地，经及时抢救而脱险，

1945 年，六十六岁

寓居柏溪，每月为沙坪坝、柏溪二地文史系学生作讲演一、二次，间断为教育部审阅学术论著。

3 月底，赴沪出席教育部学术审议会。

8 月 15 日，日本正式宣布无条件投降，闻讯大喜，急图东归收复国学图书馆旧藏，遂与教育部联系，得于 9 月 28 日离渝，经汉口，于 10 月 10 日安全返回南京，寄居在教育部宿舍，第二天，到龙蟠里馆视察。八年战祸，故籍星散，为之痛苦。16 日回镇江。

11 月 8 日，由江苏省教育厅领到经费二十万元，马上召集旧日图书馆工作人员，接受第一临时中学腾让的余屋，布置办公。22 日，重回山馆，再度协商与各方接洽收复图书之事。23 日，收回玄武湖伪图书馆分馆书三百一十四册、橱桌十件。26 日，雇到厨役，馆内开始供应伙食。

12 月 1 日，参加中央图书馆蒋复璁召开的接受收复区图书文物座谈会，主张将对战时图书、文物损失作详细调查，希望可追索赔偿。4 日，备文送到教育部所设调查文物损失委员会，附呈国学图书馆运往兴化被毁书目、印行书损失目录。19 日，奔赴镇江请款，26 日领到临时费用六十万元，27 日，访问理发员周仲敏，得知汉奸梁鸿志窃取馆中图书一批尚存于国民政府后楼，遂与国民政府文官处秘书沈勉后商谈，第二天，偕馆员数人到国民政府后楼清查图书，共收回图书八百四十种、四起三百一十四册及书画三件。

本年，发表论著：《三国志裴注义例》《从周官观其时之社会》（以上《中央大学文史哲季刊》）、《京口书人述》（《书法》）。

1946 年，六十七岁

1 月 18 日，教育部组织清理战时文物损失委员会（以下简称“清理委员会”）聘请柳诒徵为委员之一。21 日，清理委员会召开会议，通过各项条文。先生除通过委员会努力呼吁外，还通过各种途径先后从气象研究所、苏州文学山房、无锡社教学院、上海传薪书店、北平修文堂

等处索回、购回国学图书馆旧藏图书很多。

2月11日（?）

1947年，六十八岁

3月11日，被国史馆聘任为纂修，其后经常于周五出席国史体例商榷会议。史馆决定先为志传与编年二体之长编，作为修史之初步工作，此外则修订《清史稿》，匡谬删补。被推选为志传体总纂，于志传体例拟有志目。对《清史稿》之修订，主张以《清实录》与《清史稿》相校补，定其实事，纠正其中悖谬文字，凡明代遗民传记、著作应编入《明史》，并将《清史·艺文志》与国学图书馆书目及其他书目一一核对，为圈摘以供订补之用。

12月，《国史馆馆刊》出版，柳诒徵为馆刊总辑纂，与汪旭初、汪辟疆、刘成禺轮流主编。

整理《国学图书馆现存书目》，编印（翌年正式出版）。

本年发表论著：《赵伯先传》（《国史馆馆刊》创刊号）、《中国礼俗史发凡》《光绪会典馆之组织》（以上《学原》）。

1948年，六十九岁

1月，将抗战爆发以来与各方联系运寄馆书之公函及抗战胜利后与各方接洽收回馆书、财产等有关函件会变为《（?）山牍存》，作为“国学图书馆丛刊”第一辑出版。

2月，所著《国史要义》由中华书局出版。

9月下旬，“中央研究院”召开院士会，与陈垣、汤用彤、张元济、顾颉刚等八十一人当选为院士。会后胡适、陈垣、余嘉锡、杨树达等先后到国学图书馆参观访问。

本年，正中书局重印《中国文化史》为撰重版弁言。发表论著：《柯传》《碑传悬案》《论陆放翁之修史》（以上《国史馆馆刊》）、《与青年论读史》（《申论》）、《长者言》（《说文月刊》）。

1949年，七十岁

1月27日，将装箱的国学图书馆善本书全部运送到朝天宫地库。29日，将退休的呈文以快邮寄送江苏省教育厅，此后乃移居百子厅，女儿定生家暂居。

3月中旬，退休之请被教育厅批准，由金崇如接任国学图书馆馆长，但仍担任名誉馆长。

4 月初，监察院，提名任考试院考选委员。中旬，至国学图书馆正式办理移交。

6 月 9 日，出席在岳阳路中央研究院礼堂召开研究院成立二十一周年纪念大会，上海市市长陈毅、宣传部长舒同、文教处长李亚农等均到会。会后，陈毅市长又邀请会晤谈话。

8 月，被上海市文物保管委员会聘请为委员。与徐森玉、沈尹默、尹石公等共事。任图书组委员，每日赴会清理登记各方接受图书，不惮劳累。柳诒徵检书，逐日均有笔记，详细记载各书的版刻、收藏印记等，与有珍稀本就加以审订，前后积稿八册，名曰《检书小志》。公余之暇，又辑录奴隶史资料及人民生活史资料等。

下半年，在震旦文学院兼课一学期，授文字学及史学概论。

本年，在《国史馆馆刊》发表论著：《述实录例》。

1950 年，七十一岁

任上海市文物保管委员会委员。8 月初，保管委员会内部调整组织，始交出编纂组组长之职。得以专心致力审订文物、图书，此外每周只参与例会而已。时会中延致沈羹梅、顾颉刚、汪旭初等先后任委员或顾问。得时相过从论学。

1951 年，七十二岁

任上海市文物保管委员会委员。

3 月，上海市政府筹建上海图书馆，成立筹备委员会，与顾颉刚、顾廷龙、汪东等五人被聘为委员。17 日，上海史学会成立，致送书面意见，以当今提倡爱国主义历史教育，应就中国立国之本而加以宣扬，清除数十年来帝国主义、资本主义的历史观念，树立对伟大祖国历史的自豪感。

夏，与熊十力多次通函论学，熊氏评《国史要义》谓："字字出肺腑，能扶根、能入密，的确是体大思精之作。"柳诒徵则致书反复申论道学可哲学之说。

本年，积极向各方劝谏募捐书，谋划恢复绍宗藏书楼，到夏季得到唐寿民及马毅伯捐书二百箱，规模粗具，略补日寇窃书之失。

1952 年，七十三岁

任上海市文物保管委员会委员。

本年点读《续资治通鉴长编》，日必五卷，颇思依其自注编为义例。继续为绍宗藏书楼捐募图书，先后得到上海松禅图书馆藏书一万五千余册、陈保初私人藏书二万余册，到年底共得图书近五万册。

1953 年，七十四岁

任上海市文物保管委员会委员。

本年，仍与各方联系，为绍宗藏书楼募书，又得天津丁公藏书一万一千余册，到这时绍宗图书楼藏书超过七万册。

1954 年，七十五岁

任上海市文物保管委员会委员。间日赴文物保管委员会，参与评鉴文物、书画、古迹等事。

1955 年，七十六岁

任上海市文物保管委员会委员。

本年，体力骤衰，腿软行动不便，在家整理旧稿，偶尔去文物保管委员会，已不能像往日经常去工作。

1956 年，七十七岁

1 月 19 日，突然中风，请中西医治疗均无效。下旬，神志不清，不能进食。2 月 3 日（农历乙未年 12 月 22 日）上午九时三十分，与世长辞。

参考文献

文　献

柳诒徵:《砀山书影》，国学图书馆影印本 1929 年版。

柳诒徵:《国史要义》，华东师范大学出版社 2000 年版。

柳诒徵:《国学图书馆图书总目》及《补编》，江苏国学图书馆编印本，1933 年、1936 年。

柳诒徵:《历代史略》，江楚编译局印行本 1903 年版。

柳诒徵:《首都志》，南京市地方志编纂办公室（影印）1985 年版。

柳诒徵:《陶风楼藏名贤手札》，江苏国学图书馆影印本 1930 年版。

柳诒徵:《校补安南弃守本末》跋，江苏国学图书馆影印本 1935 年版。

柳诒徵:《中国版本说略》，明复图书馆 1931 年版。

柳诒徵:《中国商业史》绪论，江南高等学堂油印本，藏于复旦大学。

柳诒徵:《中国文化史》，东方出版中心 1988 年版。

柳曾符、柳定生:《柳诒徵史学论文集》，上海古籍出版社 1991 年版。

柳曾符、柳定生:《柳诒徵史学论文续集》，上海古籍出版社 1991 年版。

柳曾符、柳佳:《劬堂学记》，上海书店 2002 年版。

那珂通世:《支那通史》，1899 年上海重刻本。

杨共乐、张昭军:《柳诒徵文集》，商务印书馆 2019 年版。

《国风》杂志。

《国史馆馆刊》。

《江苏国学图书馆馆刊》。

《史地学报》杂志。

《史学与地学》杂志。
《史学杂志》。
《学衡》杂志。
《浙江图书馆馆刊》。
《中央大学文史哲季刊》。

著　作

安平秋：《龙门论坛》（《史记论丛》第二集），华文出版社 2005 年版。
白寿彝：《中国史学史论集》，中华书局 1999 年版。
卞孝萱、唐文权：《民国人物碑传集》，团结出版社 1995 年版。
陈登原：《中国文化史》，商务印书馆 1936 年版。
陈平原：《新文化的崛起与流播》，北京大学出版社 2015 年版。
陈平原：《在东西方文化碰撞中》，华东师范大学出版社 2014 年版。
陈其泰：《20 世纪中国历史考证学研究》，北京师范大学出版社 2005 年版。
陈其泰：《史学与民族精神》，学苑出版社 1999 年版。
陈崧编：《五四前后东西方文化问题论战论文选》，中国社会科学出版社 1985 年版。
陈学洵主编：《中国近代教育史教学参考资料》上册，人民教育出版社 1986 年版。
陈寅恪：《金明馆丛稿二编》，上海古籍出版社 1980 年版。
范红霞：《柳诒徵文化思想研究》，人民出版社 2010 年版。
龚书铎：《中国近代文化概论》，中华书局 1997 年版。
顾颉刚：《当代中国史学》，上海古籍出版社 2002 年版。
顾颉刚：《古史辨》（第一册），上海古籍出版社 1982 年版。
侯健：《从文学革命到革命文学》，（台北）中外文学月刊社 1974 年版。
胡逢祥：《社会变革与文化传统》，上海人民出版社 2000 年版。
胡逢祥、张文建：《中国近代史学思潮与流派》，华东师大出版社 1986 年版。
胡适：《胡适日记》（上册），中华书局 1985 年版。
胡适：《中国哲学史大纲》，东方出版社 1996 年版。

季羡林主编：《胡适全集》（第13卷），安徽教育出版社2003年版。
瞿林东：《中国史学史纲》，北京出版社1999年版。
雷家骥：《中古史学观念史》，（台北）学生书局印行，1990年版。
李零：《中国方术正考》，中华书局2006年版。
梁启超：《饮冰室合集》，中华书局1932年版。
梁启超：《中国历史研究法》，东方出版社1996年版。
梁漱溟：《中国文化要义》，学林出版社1987年版。
林语堂：《林语堂自传》，河北人民出版社1991年版。
刘梦溪主编：《中国现代学术经典·吴宓卷》，河北教育出版社1996年版。
刘泽华：《近九十年史学理论要籍提要》，书目文献出版社1991年版。
罗岗、陈春艳编：《梅光迪文录》，辽宁教育出版社2001年版。
罗志田：《国家与学术：清末民初关于国学的思想论争》，生活·读书·新知三联书店2003年版。
罗志田：《经典淡出之后：20世纪中国史学的转变与延续》，生活·读书·新知三联书店2013年版。
缪凤林：《中国通史纲要》，南京钟山书局1933年版。
缪荃孙：《日游汇编》，1903年江南高等学堂刊本。
缪荃孙：《艺风老人日记》，北京大学出版社1986年版［影印本］。
彭明辉：《历史地理学与现代中国史学》，（台北）台湾东大图书出版有限公司1995年版。
乔治忠：《清代官方史学研究》，（台北）文津出版社1994年版。
饶宗颐：《中国史学上之正统论》，（台北）宗青图书出版社1979年版。
任达：《新政革命与日本——中国，1898—1912》，江苏人民出版社1998年版。
桑兵：《国学与汉学：近代中外学界交往录》，中国人民大学出版社2010年版。
桑兵：《晚清民国的国学研究》，上海古籍出版社2001年版。
桑兵：《晚晴民国的学术与学人》，中华书局2008年版。
沈卫威：《回眸学衡——文化保守主义的历史命运》，人民文学出版社1999年版。
孙文阁、张笑川：《中国近代思想家文库·张尔田、柳诒徵卷》，中国人民大学出版社 2015 年版。
孙永如：《柳诒徵评传》，百花洲文艺出版社 1993 年版。
田亮：《抗战时期史学研究》，人民出版社 2005 年版。
田旭东：《20 世纪中国古史研究主要思潮概论》，中华书局 2003 年版。
汪荣祖：《史家陈寅恪传》，北京大学出版社 2005 年版。
王子舟：《陈寅恪读书生涯》，长江文艺出版社 1997 年版。
吴怀祺、林晓平：《中国史学思想通史（总论·先秦卷）》，黄山书社 2005 年版。
吴宓：《吴宓日记》，生活·读书·新知三联书店 1998 年版。
吴宓：《吴宓自编年谱》，生活·读书·新知三联书店 1995 年版。
吴泽主编：《中国近代史学史》，江苏古籍出版社 1989 年版。
吴泽主编：《中国史学集刊》（第一辑），江苏古籍出版社 1987 年版。
吴忠良：《传统与现代之间——南高史地学派研究》，华龄出版社 2006 年版。
许冠三：《新史学九十年》，岳麓书社 2003 年版。
杨翼骧：《学忍堂文集》，中华书局 2002 年版。
张其昀：《中华五千年史》，台北，中国文化大学出版部，1981 年版。
张瑞藩、张惠芬主编：《教育大辞典》（8），上海教育出版社 1991 年版。
张舜徽主编：《中国史学家传》，辽宁人民出版社 1984 年版。
张荫麟：《中国史纲》，山西古籍出版社 2001 年版。
赵庚奇：《修志文献选辑》，北京燕山出版社 1990 年版。
郑鹤声、郑鹤春：《中国文献学概要》自序，商务印书馆 1937 年版。
郑师渠：《晚清国粹派文化思想研究》，北京师范大学出版社 1997 年版。
郑先兴：《文化史研究的理论与实践（1900—2000）》，中央编译出版社 2004 年版。

日文著作

阿部洋：《中国的近代教育和明治时期的日本》，福村出版株式会社 1990 年版。

论　文

蔡振生:《中国教育史研究的历史回顾与反思》,《北京师范大学学报》(社会科学版)1988 年第 3 期。

胡逢祥:《中国现代史学的制度建设及其运作》,《史学集刊》2006 年第 1 期。

胡梦华:《青春文艺姻缘忆东南》,转引自沈卫威《“学衡派”与东南大学》,《文史知识》2002 年第 5 期。

纪维周:《卓越的图书馆事业家——柳诒徵》,《江苏图书馆工作》1982 年第 2 期。

纪振奇:《柳诒徵中国文化史学的理论与方法》,《晋阳学刊》2004 年第 3 期。

江湄:《正统论的兴起与历史观的变化》,《史学月刊》2004 年第 9 期。

瞿林东:《百年史学断想》,《中国史学史纲》,北京出版社 1999 年版。

瞿林东:《论史家的角色意识和史学的求真与经世》,瞿林东《史学与史学评论》,安徽教育出版社 1998 年版。

瞿林东:《探索建设史学理论的道路——谈谈〈史学要论〉和〈国史要义〉的启示》,王俊义主编《炎黄文化研究》,大象出版社 2004 年版。

李刚:《论学衡的作者群》,《南京晓庄师院学报》2002 年第 1 期。

柳曾符:《柳诒徵与柳诒徵的著作》,《柳诒徵说文化》,上海古籍出版社 1999 年版。

乔治忠:《章学诚学术的百年来研究及其启示》,瞿林东主编《史学理论与史学史学刊》2003 年卷,社会科学文献出版社 2004 年版。

乔治忠:《中国先秦时期的史学观念》,《文史论集(二集)》,天津社会科学院出版社 2001 年版。

区志坚:《科学史学与道德史学的论争》(论文打印稿)。

桑兵:《近代中国的知识与制度转型》,见赵立彬著《民族立场与现代追求:20 世纪 20—40 年代的全盘西化思潮》序,生活·读书·新知·三联书店 2005 年版。

苏渊雷:《柳诒徵史学论文集序》,柳曾符、柳定生主编《柳诒徵史学论文集》,上海古籍出版社 1991 年版。

孙文阁：《柳诒徵赴日事迹考》，《史学史研究》2005 年第 1 期。

汪荣祖：《五四与民国史学之发展》，原载于汪荣祖编《五四运动研究论文集》，（台北）联经出版事业公司 1985 年版。

王东：《正统论与中国古代史学》，《学术界》1987 年第 5 期。

向燕南：《引领历史向善：方孝孺的正统论及其史学影响》，《齐鲁学刊》2004 年第 1 期。

张旗：《柳诒徵对“以礼为核心之史”的论证》，《史学史研究》2004 年第 4 期。

张文建：《柳诒徵史学研究》，《中国史学研究集刊》（第一辑），江苏古籍出版社 1986 年版。

张文建：《柳诒徵与目录版本学》，《图书馆杂志》1984 年第 3 期。

郑师渠：《学衡派史学思想初探》，《北京师范大学学报》（社会科学版）1998 年第 4 期。

郑先兴：《论柳诒徵的汉代史研究》，《南都学刊》2003 年第 1 期。

郭奕彤：《柳诒徵的文化观研究》，硕士学位论文，西北大学，2015 年。

李绍坤：《学衡派背景下的柳诒徵思想研究》，博士学位论文，黑龙江大学，2016 年。

李中平：《前学衡时期的柳诒徵：1921—1925》，硕士学位论文，南京大学，2015 年。

后　记

这部书稿是在我的博士论文的基础上修改而成的。

2003年，我进入南开大学这座世界闻名的学府。在历史学院史学理论及史学史教研室，跟随乔治忠教授学习。乔先生是一位治学十分严谨的学者，又是一位善于循循善诱、诲人不倦的学者。史学理论及史学史教研室自南开大学著名学者杨翼骧先生创办以来，一直保持着这一严谨、笃实的治学作风，在这里学治史学史真是非常的荣幸。

入学后，要选学位论文的课题，乔先生让我根据自己的情况来选择，我对近代史学学术较感兴趣，于是在近代史学中寻找题目。后来发现柳诒徵作为中国近代著名的史学家，而对其研究的成果却寥寥无几。于是想以柳诒徵的史学作为研究的题目，得到了乔先生的首肯与鼓励，于是开始了这方面的研究。

后来，我的硕士导师徐兴海先生得知我做这一题目，十分高兴，并告诉我一件事。原来徐先生的授业恩师为徐震堮先生，而徐震堮则为柳诒徵南高的学生，说起来我与柳诒徵也算是有着一定学缘关系的学子。因此，研究柳诒徵史学对我来讲又有新的意义。

柳诒徵史学研究，从选题到收集资料到撰写都一直受到恩师乔治忠教授的悉心指导和帮助。在那三年多的时间，乔先生为我花费的心血，是不能用言语来形容的，论文中凝结着乔先生的大量心血。教研室的姜胜利教授和孙卫国教授对我的学习和生活有巨大关怀，对我论文的撰写帮助非常大，最终撰论文，并通过论文答辩。

博士毕业已经过去十几年了，经过了这样不算短的岁月。其间对书稿虽有修改，但其中的学术观点变化不大，有些虽然不一定正确，但我还是这样坚持。尤其是我的文笔较为艰涩，不能对柳诒徵的思想学术正确的描画出来，而这是要我自己负责的。

这次有机缘出版这一书稿，河北师范大学给予了极大支持，尤其是河北师大历史文化学院院长贾丽英博士、副院长王坚博士的大力促成，中国社会科学出版社的宋燕鹏博士也给予了大力的帮助，在此一并感谢。

2020 年 6 月